# 한국유학사

**류승국** 柳承國

충청북도 청원 출생. 성균관대학교 문학부 동양철학과 졸업, 동 대학원 동양철학과 수료. 서울대학교 대학원 철학과 및 동국대학교 대학원 불교학과 이수. 1975년 성균관대학교 대학원에서 철학박사 학위 취득.

충남대학교 전임강사, 성균관대학교 동양철학과 교수 및 유학대학장, 도서관장, 박물관장 역임. 대한민국학술원 정회원, 한국정신문화연구원 원장, 방송위원회 상임위원, 경희대학교 평화복지대학원 원장, 재단법인 동방문화연구원 대표이사, 율곡문화원 원장 역임.

주요 저역서로 『한국민족사상사 대계 개설편』(공저), 『동양철학논고』, 『한국의 유교』, 『유학원론』(공저), 『동양철학연구』, 『한국사상과 현대』, 『벽위편闢衛篇』 등이 있다.

# 한국유학사

1판 1쇄 발행 2009년 2월 28일
1판 3쇄 발행 2011년 4월 15일

지은이 | 류승국
펴낸이 | 김준영
펴낸곳 | 성균관대학교 출판부
등 록 | 1975년 5월 21일 제 1-0217호
주 소 | 110-745 서울특별시 종로구 명륜동 3가 53
대표전화 | (02) 760-1252~4
팩시밀리 | (02) 762-7452
홈페이지 | http://press.skku.edu

ⓒ 2009, 유교문화연구소

값 18,000원
ISBN 978-89-7986-786-2 94150
      978-89-7986-493-9 (세트)

* 잘못된 책은 구입한 곳에서 교환해 드립니다.
* 저작권자와의 협의에 따라 인지는 생략합니다.

본 출판물은 2008년 교육인적자원부의 수도권특성화지원사업비의 지원을 받아 수행되었음 (2008-0472-501)

유교문화연구총서 9

# 한국유학사

류승국 지음

儒敎文化硏究所
성균관대학교 동아시아학술원

 내가 세종대왕기념사업회의 부탁을 받아 '한국의 유교'를 펴낸 것이 1976년이었다. 이 책은 종래의 유학사와 같이 학술사, 학설사로 집필한 것이 아니고 원고지 1천 매 가량의 아담한 분량에다 일반인들이 쉽게 읽을 수 있도록 교양국사 총서의 하나로 펴낸 것이다. 그러나 교양서이면서도 일정하게 학술적 수준을 갖추어, 한국유학의 흐름을 거시적으로 조망하고 그 특질을 탐색하고자 하였다. 또 조선시대의 유학사상을 중심으로 다루던 것을 지양하고, 그동안 거의 다루어지지 않았던 삼국시대와 고려시대에 비교적 많은 분량을 할애하여 안배에 유의하였다.

 본서를 집필하게 된 동기와 저술에 흐르는 정신은 머리말에 담았으므로 다시 말할 필요는 없을 듯하다. 다만 요점을 간단히 추리자면, 먼저 한국유학의 본질과 특성이 인간을 중시하는 점에 있고 또 이러한 사고가 군자국君子國으로부터 내려오는 우리의 전통이었음을 밝히고자 하였다. 이어서 한국유학의 정신이 유학 본래의 정신과 어떤 점에서 같고 다르며, 또 어떻게 한국적으로 발전하였는지를 살피고, 나아가 유학사상이 정치·경제·사회·문화 등 현실사회의 여러 분야에 어

6

떻게 응용되고 기능하였는지를 포괄적이고 통섭적으로 고찰하려 하였다. 특히 한국유학이 유학 본래의 정신을 잘 계승하면서도 항상 현실성, 시의성時宜性에 유념하여, 상황에 능동적으로 대처하는 원동력으로서 우리 민족사의 발전에 주도적인 구실을 해왔음을 밝히는 데 주안을 두었다.

이 책이 처음 나온 지 33년이 되었다. 여러 가지로 미진한 부분이 적지 않지만 수정 보완할 겨를을 얻지 못하였다. 그러다가 성균관대학교 유교문화연구소에서 이 책을 새롭게 개정하여 총서의 하나로 간행하겠다고 한다. 구십을 바라보는 현재의 처지에 새로 쓴다는 것은 어려운 일이고, 이전의 묵은 원고를 기초로 수정 보완할 수밖에 없었다. 전반적으로 문장을 다시 다듬고 각주를 보완하였으며, 종래 7장이었던 것을 전 3부 10장으로 편차를 다시 짰다.

제1부 제1장 '군자국의 전통과 한국유학의 본질', 제3부 제3장 '현대의 유학사상', 맺음말 '한국유학사상의 특성과 미래 전망' 등을 추가하였고, 정암 조광조, 퇴계 이황, 율곡 이이 등 한국의 대표적인 유학자의 학술과 사상을 보완하였다. 이밖에도 손질한 곳이 적지 않다.

처음에 책이 나온 뒤 오자와 탈자가 적지 않고 미진한 부분이 있어 늘 마음이 쓰였는데, 이제 여러 동학들의 주선으로 다시 펴내게 되어 마음이 한결 놓인다. 그리고 이 책이 단순한 교양서가 아니고 한국유학의 흐름과 특성을 학술적으로 서술한 만큼 '한국유학사'로 이름을 바꾸는 것이 좋겠다는 후학들의 건의를 따라 책이름을 바꾸게 되었음을 밝혀둔다.

끝으로 책이 나오기까지 여러 동학들의 노고가 있었음을 기억하고자 한다. 30여 년 전 '한국의 유교'를 집필할 때 이동준·금장태·이동희 교수의 노고가 컸으며, 이번에 다시 펴내면서 한국전통문화학교 최영성 교수 등 성대 후학들이 애를 많이 썼다. 이 책을 다시 펴낼 수

있도록 주선을 해준 성균관대학교 유교문화연구소 최일범 소장에게
고마운 마음을 전하며, 이 책이 동 연구소 총서로 나오게 된 것을 기
쁘게 생각한다.


2009년 2월
단천정사丹川精舍 연경당研經堂에서 저자 씀

# 제2부 | 고려시대의 유학

# 제3부 | 조선시대와 현대의 유학

## | 머리말 |

　유교는 공자孔子(B.C 551~479)를 중심으로 한 교학 사상敎學思想이다. 한국의 유교가 중국으로부터 전래한 것을 말하면 고구려 소수림왕 2년(372)에 태학太學을 세워 자제를 교육하였던 것을 우선으로 들 수 있다.[1] 이는 유학이 처음 들어왔다는 뜻이 아니라, 중국 제도를 본 따서 국립대학을 세웠다는 뜻이다. 유교사상은 이미 그 이전 위만조선衛滿朝鮮·한사군漢四郡 시대 이래 중국 한나라의 문물제도와 학술 사상과 함께 전반적으로 이식되었다고 볼 수 있다. 낙랑樂浪 사람 왕경王景은 한나라 명제明帝 때에 치수治水에 공적이 있다 하여 노강태수盧江太守의 벼슬을 받았는데, 그는 『주역周易』에 능통하였고 천문과 술수術數를 잘 알았으며 다른 기예도 많았다고 한다.[2] 이를 통해 낙랑시대만 하더라도 이미 중국 고전에 능통한 이들이 많았음을 짐작할 수 있다.

　그 이전으로 올라가 『위략魏略』에 보면, 위만조선시대 연소왕燕昭王 29년(B.C 283)에 조선 후왕朝鮮侯王이 연燕나라와 국제 외교관계를

---

1 『삼국사기』 권18, 「고구려본기」 소수림왕 2년조 "立大學 敎育子弟."
2 『후한서』 권76, 「열전」, 〈王景〉 참조.

행하였다고 하니,[3] 당시 한자와 함께 그 속에 내포한 유교사상이 아울러 전래되어 사람들이 이미 습득하고 있었던 것으로 추측된다. 예를 들면 '효孝' 자를 통해서 부모를 섬기고 존경하는 도리를 배우고, '충忠' 자를 통해서 신하가 임금에게 충성하는 도리를 배우며, '신信' 자를 통해서 붕우간이나 국제간에 지켜야 할 도리를 배웠을 것이다.

이러한 충효사상은 중국에서 공맹유학孔孟儒學 이후에 우리나라에 들어와 삼국시대에 자기 나라의 수호와 가정 윤리로서 지대한 영향을 끼쳤다. 고대 한국에서는 『위략』에 기록된 바와 같이, 부여扶餘나 고구려 사람들이 조상을 숭배하는 관념이 강하여 죽은 사람을 반드시 후장厚葬하고 돌을 쌓아 봉토封土를 한 다음 송백松柏을 둘러 심어서 아름답게 하였다고 한다.[4]

공자는 세상에 도가 행하지 않는 것을 개탄하고 뗏목을 타고 바다를 건너 '군자의 나라'에 가서 살고 싶다고 말한 적이 있다.[5] 이것으로 보면 공자의 교학사상이 전래하기 이전에도 고대 한국은 중국 사람들로부터 '군자국君子國'·'동방예의지국東方禮義之國'이라는 일컬음을 받았음을 알 수 있다.

삼국시대에 태학太學에서는 유교의 경전을 가르치고 충효사상을 교육하였다. 그리하여 공자의 충효사상은 삼국 전란시戰亂時에 자국의 안보를 위해 용이하게 받아들여졌음을 알 수 있다.

특히, 우리나라는 지리적으로 중국과 인접하고 있어서 일찍부터 중국 유학을 수용하였다. 그 과정과 내용을 설명하면, 다음과 같이 4기로 나누어 고찰할 수 있다. 첫째는 삼국시대로 한대의 오경사상五經思

---

3 『魏略』 참조.
4 『삼국지』 권30, 「魏書」, 東夷傳, 〈고구려〉 "厚葬 金銀財幣 盡於送死 積石爲封 列種松柏."
5 『논어』, 「子罕」·「公冶長」 참조.

想이 들어온 시기다. 둘째는 통일 신라·고려 전기 시대로 수隋·당唐
나라 시대의 문학적 유학사상이 들어온 시기다. 셋째는 고려 말엽·조
선 초기로 주자朱子 사상이 들어온 시기인데, 이는 송대宋代 성리학을
대표한 것으로 근세 한국의 학술 문화와 사상에 획기적인 영향을 주었
다. 넷째로는 조선 후반기로 임진왜란과 병자호란 이후 국력의 배양을
위하여 청대淸代의 실학사상이 들어온 시기다. 영조·정조 이래로 유
형원柳馨遠(1622~1673)·이익李瀷(1681~1763)·정약용丁若鏞(1762~
1836) 등 실학파가 새로운 학풍을 조성하게 되었다. 당시 청나라의 학
술 사상은 종래의 공소한 송·명시대의 이학理學에 반대할 뿐 아니라,
서학西學의 전래와 더불어 새로운 근대적 서구 문명이 접함에 따라 실
사구시實事求是의 학풍을 이루게 되었다. 그리하여 중국에서는 재래
성리학의 쇠퇴를 가져왔다. 명나라 말엽의 의리학자義理學者들과 청
조의 공양학파公羊學派들이 민족사상을 고취하여 배청사상排淸思想으
로 민족적 자주성을 강조한 바 있다. 그 영향을 받아 조선조 후반기의
한국의 유학사상은 실학의 흥기와 더불어 구한말舊韓末 일본강점기까
지도 민족의 자주성을 고취하는 의리사상과 국권 회복을 위한 의병운
동으로 전통적 주자학이 일관되어 왔다고 하겠다.

　유교는 공자로부터 비롯한다고 말하지만, 공자 이전에 전혀 없었던
것이 공자에 의하여 만들어진 것은 아니다. 공자 이전부터 역사적으로
흘러오는 전통적 사상과 생활 풍습이 있었다. 이와 연관된 것을 고찰하
지 않고는 그 진의를 온당하게 이해하기 어렵다고 할 것이다.

　공자는 "나는 옛 성인聖人의 도를 풀이하되 지어 내지는 않았다"[6]
고 하였으며, 『중용中庸』에서는 "요堯임금과 순舜임금을 제일 높은
분으로 받들고 문왕文王과 무왕武王을 본받는다"[7]고 하였다. 유교는

6 『논어』, 「述而」 "子曰 述而不作 信而好古."
7 『중용』, 제30장 "仲尼祖述堯舜 憲章文武."

공자 자신이 창작한 것이 아니라고 하였을 뿐 아니라, 맹자孟子(BC. 372?~289?)도 공자를 평하여 종래의 사상을 집대성한 분이라고 하였다.[8] 특히 맹자는 공자의 집대성이야말로 대교향악을 처음으로부터 끝까지 연주하는 것과 같은 것이라고 칭찬하였다. 금성金聲은 시조리始條理요, 옥진지玉振之는 종조리終條理라고 하여 시조리는 지혜로운 것이며, 종조리는 성스러운 일이라고 높이 평가하였다.

이것은 공자가 종래의 사상을 맹목적으로 추종하고 인습적으로 답습하였다고 하는 것이 아니라, 전통적인 요소를 이지적으로 분석·판별하여 그 진수를 계승하고, 현실에서 원만하고 유감없이 종합·정리하여 문화의 재창조와 건설에 이바지하였다는 뜻이다.[9]

그런 점에서 보면 공자는 그 문화 양상을 계승하되 형식만 유지하여 생명이 없는 것을 반대하였다고 하겠다. '온고이지신溫故而知新'이라든가, 군자유君子儒와 소인유小人儒를 구별하여 소인유가 되지 말라고 한 것[10]은 성실성과 창의성이 없이 단순하게 형식적 예법이나 문자만 가르치는 직업적인 유자儒者를 반대한 것이라 하겠다.

토인비Toynbee Arnold Joseph(1889~1975)[11]는 다음과 같이 말하였다.

일개의 문명사회는 그 주체의 자기 결정의 능력 상실에 의해서 붕괴해 갈 수 밖에 없고 드디어 해체될 뿐 아니라, 그 민족 문화는 단절되고 멸망되던가 아니면 화석化石과 같이 되어 생명이 없는 것으로 잔존하게 된다. 이와 같은 사회는 흔히 다른 민족에 의해서 직접 간접의 지배를

---

8 『孟子』, 「萬章 下」
9 『맹자』, 「萬章 下」 "孔子之謂集大成 集大成也者 金聲而玉振之也 金聲也者始條理也 玉振之也者 終條理也 始條理者 智之事也 終條理者 聖之事也."
10 『논어』, 「雍也」 "子謂子夏曰 女爲君子儒 無爲小人儒."
11 영국의 역사학자. 영국 옥스퍼드대학 교수, 『역사의 연구(A Study of History)』는 그의 주저로 1933년부터 1939년에 걸쳐 간행되었다.

받게 되고, 그 사회에 사는 다수의 내적 프롤레타리아트가 발생하게 된
다. 그들은 경제적으로나 정신적으로 소외자가 되고 자기 자신들은 자
기 사회 속에서 살면서도 그 사회의 주체에 속하지 않는다는 소외의식
으로 젖게 된다.[12]

공자가 말하는 기본정신은 무능력한 인습적인 추종자를 만들려는
것이 아니고, 사건에 대응해서 처리할 수 있는 능력자와 문화를 향상
발전시킬 수 있는 원천적인 힘을 기르려고 하는 데 그 본지가 있다.
예를 들면, 시詩를 배우고 읽는다 할 때 단순하게 어떤 낭만적인 시
구를 외우고 즐긴다는 것이 아니라 시를 통해서 인간과 사회를 알며
진실한 인간이 된다는 뜻이다. 공자는 인간의 진실성을 촉구하여 "『시
경』 3백 편을 한 마디로 말하면 생각함에 사특함이 없다"고 하였고,[13]
시를 모르는 사람은 담장을 마주보고 선 것과 같다고 하였으니,[14] 세
상 물정을 모르는 답답한 사람이기 때문이다. 시로 말미암아 온溫·유
柔·돈敦·후厚한 인간이 되고 물질적 이욕에 매몰되지 않는, 일종의
인간화 운동을 지향하는 것이라고 하겠다. 현대와 같이 비인간적인 복
잡한 조직 사회에서 소외된 인간을 인간다운 인간으로 순화해 가는 운
동인 것이다. 이 인간성의 회복은 다름 아닌 사리 판단의 합리성과 인
간의 이성적 자율화를 의미하는 것이라 하겠다.
대개 중화사상中華思想이라 할 때 그것은 당시의 문화의식이라는 뜻
에서 자기 민족의 발전과 발양을 전제한 것이지, 중국 민족을 위한다는
뜻은 아니다. 자기 자신 및 자기 국가를 다스리는〔修己治國〕 주체성의

---

12 『역사의 연구』 제17~18장.
13 『논어』, 「爲政」 "詩三百 一言以蔽之日 思無邪."
14 『논어』, 「陽貨」 "子謂伯魚曰 女爲周南召南矣乎 人而不爲周南召南 其猶正牆面而立
也與."

확인이요, 그런 의미에서 춘추정신은 그 진의를 갖는다고 하겠다. 진정한 주체는 타인의 주체성을 해치지 않을 뿐 아니라, 상호 부조할 수 있는 공주관성共主觀性과 애린정신愛隣精神을 전개하는 것이라 하겠다.

유교를 올바로 배우면 개인적으로는 인격이 이루어지고, 사회적으로는 정의와 질서가 있게 되고, 민족적으로는 자주성이 확보되는 원리를 알게 된다. 유교는 인의 사상仁義思想으로 인간을 애호하는 인도정신人道精神이 있고, 비인도적인 요소를 배제하려 하는 정의감을 일깨우게 된다. 이것이 공자가 말하는 인도仁道 정신이라고 할 것이다.

유교에서는 특히 나[己]를 중시한다. 참된 자기를 위하여[爲己] 비본래적인 자기를 극복함[克己]을 제일의第一意로 삼는다. 허위와 기만이 없는 진정한 자기를 찾아 그 본연의 모습으로 복귀함을 강조한다. 퇴계退溪 이황李滉(1501~1570)은 『경연강의經筵講義』에서 중국 북송 때의 철학자 장횡거張橫渠(1020~1077)의 『서명西銘』에 나오는 '오吾' 자를 들어서 자아의 철학을 논한 바 있다. 『서명』 짧은 글 속에서 장횡거는 '오吾' 자를 10회나 반복하여 강조했다. 이에 대해 퇴계는 다음과 같이 설명하였다.

『서명』의 작자인 장횡거만을 가리킨 것이라고 하지 말아야 하며, 사람 사람이라고 하여 타인에게 미루지도 말아야 한다. 모두 마땅히 나 스스로가 책임져야 할 자기의 일로 여길 때만이 비로소 『서명』에서 말하는 '인仁'의 본뜻을 체득하게 될 것이다. …… 공허한 개념으로서의 내가 아니라 절실하게 느끼고 체득한 자기로 돌아가 그 나로부터 본원을 삼아야 한다. 마음속으로부터 남을 측은하게 여기는 마음이 우러나 충만하게 넘쳐흘러서 무엇을 보든지 무엇을 듣든지 공감을 느껴 나와 남이 막힌 데가 없고 두루 하지 않는 데가 없는 것을 '인'의 실체라고 할 것이다. 이와 같이 측은하게 사랑하는 이치를 알지 못하고 추상적 관념으로 천지만물이 하나가 되는 것을 인이라 한다면 그러한 인체仁體는 방탕하여

아무 느낌도 없으니 나의 몸과 마음으로 더불어 무슨 관계가 있겠느냐.[15]

여기에는 퇴계의 성실하고 실존적인 인간관이 잘 드러나 있는데, 인격의 내면성과 주체성을 무엇보다 강조하고 있음을 볼 수 있다.

현대인은 과학의 세계에서 생활하고 있는 만큼 과학적 사고를 강조한다. 이지적인 인간 혹은 지성인을 현대의 인간상으로 여기는 나머지 정서적 인간과 교양을 소홀하게 생각하는 경향이 없지 않다.

그러나 유교에서는 지성과 더불어 덕성을 더욱 중시하여 전인성全人性을 강조하므로 그 용어에서도 이성이나 감성이라기보다는 '성리性理', '성정性情'이라는 말을 쓴다. 이것은 인간이 본원에서 분열하지 않은, 종합된 인간상을 강조한 것이다. 즉, 편벽된 인간과 불균형의 사회가 아니라 원만하고 균형이 있는 인간, 더 나아가 그런 사회를 지향한다. 그 바탕에 중화사상中和思想이 깔려 있다고 하겠다. 그런 의미에서 중국의 근대 학자 장군매張君勱(1887~1969)는 다음과 같이 말하였다.

유교란 일종의 낡은 교육이나 제도를 의미하는 반면, 근대화란 말은 낡은 것으로부터 새로운 것으로의 변혁 또는 새로운 환경으로의 적응을 의미한다고 이해하는 것이 공론이다. 그러나 유교 철학의 근원에 이르다 보면, 유학은 이성의 자율성, 지성의 발달, 사고와 숙려의 작용, 그리고 탐구와 분석의 방법과 같은 확실한 원리에 기초 지워져 있음이 틀림없다. 이것이 사실이라면 유교사상의 부활은 중국의 근대화 과정의 기

---

15 『퇴계문집』권7, 經筵講義,「西銘考證講義」"凡讀是書者 於此十字 勿徒認作橫渠之自我 亦勿讓與別人之謂我 皆當自任以爲己事看 方得夫西銘本以狀仁之體 而必主自己爲言者 何也 …… 使其反之於身 而認得仁體最切實處 今橫渠亦以爲仁者 雖與天地萬物爲一體 然必先要從自己爲原本 爲主宰 仍須見得物我一理 相關親切意味 與夫滿腔子惻隱之心 貫徹流行 無有壅閼 無不周徧處 方是仁之實體 若不知此理 而泛以天地萬物一體爲仁 則所謂仁體者 莽莽蕩蕩 與吾身心有何干預哉."

초가 될 수 있는 새로운 사상적 방법을 이끌어 낼 수 있는 것이다.[16]

공자의 제자 자장子張이 "십세十世 뒤의 일을 알 수 있겠습니까?"
라고 물었을 때, 공자는 다음과 같이 말한 바 있다.

> 은殷나라는 하夏나라의 문물제도의 전통을 계승하였으되 그 손익損
> 益한 바를 알 수 있으며, 주周나라는 은나라의 전통을 계승하였으되 그
> 손익한 바를 알 수 있으니, 이다음에 주나라의 전통을 이어받아 그 현실
> 에 맞도록 가감할 수 있는 이가 있다고 하면, 이다음 백세百世 후라도
> 이와 같이 될 것을 알 수 있지 않겠느냐?[17]

손손損하고 익益하는 것은 시대의 변천에 따르는 것이다. 그러나 어느
시대이든 손익할 수 없는 것이 있으니 그것은 바로 인간의 본성이다
(吾道一以貫之). 바로 이 변하는 것과 변하지 않는 것의 변증법적 구조
를 역사적으로 실현해 가는 것이다. 이것은 단순한 원칙을 고집하는
규범주의가 아니라, 현실의 상황을 통찰하고 이에 알맞게 처리할 수
있는 능력을 가지고 대응하는 것을 말한다.

현대를 사는 우리는 경전經傳에 담긴 공자의 기본 정신을 체득하고,
긍정적·기능적 본질을 계승하여야 할 것이다. 아울러 전근대 사회에
서의 유학사상과 제도 중에서 시대 변천과 더불어 시정되어야 할 비현
실적 요소는 재구성하여 새롭게 재집성再集成하여야 할 것이다.

그런 점에서 공자의 시중지도時中之道는 오늘날에도 역사의식과 새
로운 가치관 모색의 계기를 열어주고 있다고 하겠다.

---

16 고려대학교 아세아문제연구소 주최 「근대화 세미나」 연구 발표.
17 『논어』, 「爲政」 "子曰 殷因於夏禮 所損益 可知也 周因於殷禮 所損益 可知也 其或
   繼周者 雖百世可知也."

# 제1부 고대의 유학

# 제1장 君子國의 전통과 한국유학의 본질

　유학은 인도주의 사상이다. 또한 공맹孔孟을 중심으로 한 인륜사상
이다. 유학에서는 천天·지地·인人 삼재가 그 사상 구조를 이루고 있
다. 이 중에서 '천'에 대한 문제를 철학적 문제로 삼지만, 가장 중요한
개념은 인간에 있다. 종래에는 인간 이상의 형이상학적 초월자에 대
해 관심을 갖는 종교와 철학사상에 치중해 왔으나, 근대사상의 특징
은 반형이상학적·반종교적인 물질과학의 영역으로 그 관심 대상이
옮겨지고 있다고 하겠다. 이와 같이 유학은 그 근본 사상에서 천·
지·인 삼재를 중요시하지만, 중용사상으로서 천도가 인도에 내재하
며, 인간은 물질의 주인으로서 인간이 물질을 지배하는 가치 체계를
가지고 있다.

　현대는 물질이 인간을 지배하는 자본·기술·과학시대가 되었다. 과
학의 발달이 현대문명의 특징이다. 과학의 힘에 의해서 현대인의 생
활이 영위되고 편리해진 것은 사실이다. 그 공헌을 과소평가하려는
것은 아니지만, 인간이 소외되고 물질만능, 과학만능인 현대인의 가치
의식에 대해서는 반성을 하지 않을 수 없는 것이다.

　유학은 고대로부터 중세·근세·현대에 이르기까지 인도적 정신과
윤리 도덕을 중시하여 왔다. 시대의 변천에 따라 유학사상의 내용도
변해 왔지만, 윤리적이고 인간적인 인륜사상을 고취해온 점에서는 고
금의 차이가 없다.

특히 한국은 고대로부터 인도주의 정신이 정신사와 사상사에 연면히 흘러 내려 왔다고 할 수 있다. 고대 중국인들은 동방의 한반도에 거주하던 부족의 나라를 일컬어 군자국이라고 하였다. 이 군자국이란 용어는 중국인이 자기들을 지칭한 말이 아니라 동방의 부족을 가리킨 것이다. 『삼국사기』나 중국 측 사료를 보면 신라를 '군자국'이라고 하였다는 기록이 나온다.

일찍이 공자가 제자들과 문답할 때, 중국에서 도가 행해지지 않는 것을 개탄하고 바다에 떠서 구이九夷에 가서 살고 싶다고 한 적이 있다. 어느 제자가 "누추한 땅에 가서 어떻게 살려고 하십니까?"라고 물었다. 그러자 공자는 "군자가 살고 있거늘 무슨 누추함이 있겠느냐?"고 하였다고 한다.[1] 지금으로부터 2천 5백여 년 전에 공자가 바다 건너에 있는 동부를 '군자국'이라고 한 것이다. 이 사실을 들어 『후한서』에서는 "동부족은 천성이 유순하여 서방이나 북방·남방의 족속과는 다르다"고 하면서, 공자의 말을 이끌어 "그 말씀이 그럴법한 일"이라고 하였다. 또 같은 책에서는 "동방에 군자가 죽지 않는 나라가 있다(東方有君子不死之國)"고 하였다. 『회남자淮南子』「지형훈墬形訓」에서도 "동방에 군자국이 있다"고 하였다.

당나라 현종이 신라 성덕왕에게 보낸 국서에서는 "문장과 예악이 군자의 풍도風度를 드러내어 밝혔다"고 하여 신라에 군자국의 기풍이 있다고 하였다. 신라의 대석학 최치원崔致遠은 「대낭혜화상비大朗慧和尙碑」에서 "산악의 신이 신령한 성품의 사람을 내려 군자국에 태어나게 하여 특별히 대사찰을 세우게 하였다(岳降于一靈性 俾挻生君子國 特立梵王家)"고 하였고, 「지증대사비智證大師碑」에서도 신라를 '군지지향君子之鄕'이라고 하였으니, 최치원도 우리나라를 군자국이라고 자처했

---

던 것이다. 이 '군자'란 용어는 유교에서 바람직하게 여기는 이상적 인간상의 상징이다. 이 동방의 군자국을 중국인들은 인방仁方 혹은 인방仁邦, 의국義國, 인의지향仁義之鄕, 예의지국禮義之國 등으로 일컬었다. 송나라의 영종은 고려 문종에게 보낸 국서에서 고려에 대해 "옛날부터 군자의 나라라고 칭송되었다(古稱君子之國)"고 하였고, 고려는 의관衣冠을 하고 띠를 두른 신사紳士가 사는 '예의의 나라(寔冠帶禮儀之國)'라고 일컬었던 것이다.

이처럼 유교가 전래하기 이전부터 공자가 동방을 군자의 나라라고 하였거니와 『조선왕조실록』에까지도 조선은 동방예의지국이란 말이 자주 나온다. 역사적으로 자타가 공인하는 군자국이요, 예의의 나라라는 자부심이 담겨 있다. 『한서』 「지리지」에서는 은말殷末·주초周初 고조선 시대의 인정 풍속을 기록하였는데, 사람들이 서로 도둑질 하는 일이 없어 문호門戶를 닫지 않고 지내며, 혼인을 함에 매매하는 버릇이 없으며, 부인들은 정신貞信하여 음란하지 않으며, 예의가 바르고 음식에서 범절이 있었으나 중국의 상인들이 들어간 뒤에 풍속을 흐리게 하였다고 한다. 이것으로 보면, 공자 이전에 고조선 사람들이 군자적 기풍을 가졌음을 알 수 있다.

이뿐만 아니라 그 이전에 중국 상고대의 역사를 살필 수 있는『산해경山海經』「대황동경大荒東經」을 보면 "바다 건너 동쪽에 군자국이 있으니, 그 사람들은 의관을 하고 칼을 찼으며 짐승을 먹이는데 두 큰 호랑이를 곁에 있게 하고, 그 사람들은 양보하기를 좋아하고 다투지를 않는다"는 군자국에 관한 내용이 있다. 이『산해경』은 청나라 시기의 학자들이 위서僞書라 하여 문헌적 가치가 없는 것으로 버려두었으나, 1898년 갑골문이 발굴됨에 따라 상황은 달라졌다. 즉,『산해경』의 기록과 갑골 복사卜辭에 서로 일치하는 부분이 적지 않음이 고증되었고, 상고대 역사적 사실이 들어 있는 귀중한 문헌적 가치를 재인식하게 되었다. 이뿐만 아니라 동방 고대 군자국의 모습과 흔적을 확신할 수 있게 되었던 것이다.

　이렇게 볼 때 고대 한국인은 유교가 들어오기 이전에도 서로 양보하고 다투지 않는(互讓不爭) 인도주의 정신이 농후한 부족이었음을 알 수 있다. 유학의 이상이 부덕한 소인이 아닌 유덕한 군자가 되는 것이 그 목표라 한다면, 한국 고대인들은 공맹의 유학이 들어오기 이전에 이미 그 같은 이상형을 추구하는 사람들이었음을 알게 하는 것이다.

　중국 고대의 고전이나 유교 경전 성립 이전의 옛 사실을 연구하려면, 기원전 12세기부터 8세기 무렵의 유물인 청동기나 철기에 새겨진 금문金文을 먼저 살피지 않을 수 없다. 이 상고대의 금문에는 동이족에 관한 내용이 자주 보인다. 즉 주나라 초기에 이루어진 금문으로서

周代 金文

소신속구小臣艅敲나 종주명宗周鐘의 명문銘文은 대개 주왕조가 동이를 정벌하여 연해까지 원정을 하고 돌아와 군인들에게 논공행상論功行賞을 한다든가, 제왕의 위력을 상제上帝와 백신百神에게 고하는 내용들이다. 그 가운데 한 명문을 보면 "동이가 크게 반역하므로 백무보白楙父를 장수로 하여 정병 8개 사단을 거느리고 동이를 정벌한다……"라 한 것이 있다. 이 원문에 의하면 '동이東夷'라 하지 않고 '동인東人'이라 하였다. 후기로 오면서 '인人'자를 '이夷'자로 바꾸어 쓰고 점차 중화사상을 고취하게 되었으나, 본디 '夷'자가 아니고 '人'자였음은 주의해서 보아야 할 것이다. 이 때 '人'이라 함은 사람이라는 뜻이 아니라 동부의 족속을 가리키는 용어이다.

이뿐 아니라 B.C 1400년 무렵의 은대殷代 갑골복사를 보면, 동부족을 동인이라고도 하지 않고 '人'자만 썼음을 주목할 필요가 있다. 이 '人'은 사람을 나타내는 보통명사가 아니고 인방족人方族을 일컫는 고유명사인 것이다. 동부족은 일찍부터 동이문화권을 형성하여 동해 연해주 지대에 살았으니, 요동遼東·발해渤海·산동山東·서북 조선 등의 일련의 지대는 지상의 유적과 지하의 유물을 통해서 동질의 문화권임이 고고학상으로 증명되었다. 이 인방의 문화는 은조殷朝에도 상당한 문화적 수준을 가진 족속으로 인정을 받았다.

유학사상은 공자를 중심한 사상이며, 공자의 사상은 '인仁' 자로 집약할 수 있다. 이는 전인적인 성격을 나타낸 개념인 만큼 간단히 정의를 하기 어렵다. 이 '인' 자에 대해서는 『논어』에서 58장에 걸쳐 105자나 언급되고 있지만, '인'의 존재 방식을 각각 다르게 설명하고 있다. 공자는 '인仁'과 '인人'자를 통용하였다. 예를 들면 『논어』에서 공자가 "은나라에 세 인자가 있다"[2]고 하였는데, 여기서 삼인三仁은 은

---

2 『논어』, 「微子」 "孔子曰 殷有三仁焉."

나라의 미자微子·기자箕子·비간比干 세 사람을 가리키는 말이다.『중용』제20장에서는 "인仁은 사람다움이다"[3]고 하였고『맹자』에서도 "인仁이란 사람다움이다"[4]고 하여 '인仁'을 참다운 사람, 즉 '인人'의 개념으로 보았다. 사람이 사람답게 되는 것은 '인仁'이 있어서다. 그 인을 이루는 것이 다름 아닌 성인聖人이다. 유학사상이 인仁에 중심을 두었다고 하는 것은 인도人道에 그 중심이 있다는 의미다.

『설문說文』에 의하면 "이夷는 동방 사람이다(東方之人也)"라 하였고, 갑골학자 동작빈董作賓은 갑골에 나오는 인방人方은 곧 이방夷方이라고 하였다. 주대周代 후기에 '夷'라 함은 그 원형이 '人'자에서 기원한 것임을 알 수 있다. 공자의 '인仁' 사상이 역사적으로 그 연원이 동부족 인방에 있음을 알게 하는 것이다.

공자가 항상 최고의 이상적 인간상으로 숭앙했던 성자는 요순堯舜이다. 공자가 유교 선성先聖의 공덕을 찬양함에 있어 요임금에 대한 것도 있지만 순임금의 공덕에 대한 말씀이 무수히 나온다.『맹자』에도 순임금의 덕에 대하여 칭송하는 문구가 많이 나온다. 유교에서 최고의 실천 덕목으로 효를 강조했는데, 대효자大孝子를 말한다면 순임금을 그 대표로 든다.『맹자』를 보면 "순임금은 동이 사람이다(東夷之人)"[5]고 하였다. 즉 순임금은 고대 동부족 출신으로 인방의 성자인 것이다. 이 순임금이 실재했던 것과 사적에 대하여는 갑골학자들이 고증하여 확인하였다.

이와 같은 사실들을 종합하여 보면 유학사상은 시대의 변천에 따라 그 사상도 변천하였지만, 그 근본사상으로 중핵을 이루는 것은 인도仁道의 정신으로, 인간의 생명과 인권을 존중하는 인도주의 사상이라

---

3 『중용』, 제20장 "仁者 人也."
4 『맹자』, 「盡心 下」"仁也者 人也."
5 『맹자』, 「離婁 下」"舜 東夷之人."

하겠다. 그러나 단순한 인본주의가 아니라 천도가 내재한 인도요, 현실과 유리한 인도가 아니라 현실에 발을 딛고 만물을 명석하게 합리적으로 처리하는 능력을 가진 인도사상인 것이다. 맹자는 순임금의 위대한 점을 칭찬하여 "순임금은 외적으로 서물庶物에 밝으며 내적으로 윤리를 성찰한다"고 하였으며, 『주역』에서 "위로는 하늘의 도에 밝고 아래로는 백성의 연고를 살핀다"[6]고 하였다. 공자는 천을 내재화시켜 인간의 내면성인 인仁으로 집약하고, 이를 외면으로 드러내 예禮로써 실천하였다. 객관적 사실이 합리화된 진선진미眞善眞美한 상태가 인간의 성실한 인에 바탕을 두어야 하는데 이 인은 만인 공통의 보편성이므로 천에서 유래한 것이라고 말하지 않을 수 없다. 공자는 "하늘이 나에게 덕을 부여하였다"[7]고 하였다. 또 "내 깊은 마음 속을 사람은 몰라도 하늘은 알 것이라"고 말했다.[8]

송대의 주자朱子는 천도의 높음을 인심에 심화시켜 '거경居敬'이라 하였고, 사물의 합리적 영역을 추구하는 것을 '궁리窮理'라고 하여 객관적 진리의 실재성을 동시에 겸수兼修하는 거경·궁리의 성리학적 인간상으로 유교를 심화시켰다. 이와 같이 천·지·인 삼재 가운데 인간을 중심으로 천도와 지도를 인도 속에 일원화하는 것이 유학의 본령이니, 곧 한국 고대 동방예의지국의 군자의 인간상과 상통하는 것이라 아니할 수 없다.

그러나 중국유학은 중국 민족성과 풍토 아래 그 역사적 배경과 사회적 여건을 바탕으로 발전하였다. 또 한국유학은 한국 고유의 민족성과 풍토에서 우리의 여건을 바탕으로 발전하여 온 만큼 그 사상 경

---

6 『주역』, 「繫辭 上」 "明於天之道 而察於民之故."
7 『논어』, 「述而」 "子曰 天生德於予."
8 『논어』, 「述而」 "子疾病 子路請禱 子曰 有諸 子路對曰 有之 誄曰 禱爾于上下神祇 子曰 丘之禱久矣."

향이 중국과 일치할 수는 없다. 중국유학이 일찍부터 전래하여 한국
화하는 동안에 쉽게 수용·섭취되는 측면이 많았던 반면, 한국의 사
고 유형이나 사상적 경향과 달라서 반발을 초래한 측면도 없지는 않
았다.

중국유학은 주대 이래로 발전해 온 예제문화禮制文化이다. 주나라
무왕이 은나라 왕조를 공략하여 혁명한 이래, 은대의 복사卜辭에 보
이는 바와 같은 신비적 종교문화 대신 인문주의적 예제문화를 확대시
켜 나갔다. 따라서 주례周禮의 제도가 상제上帝 중심으로부터 인간
중심의 문화로 전환하기 시작했고, 공자에 이르러서는 인간적·합리
적 요소가 더욱 두드러지게 되었다.

공자를 중심으로 한 유학사상은 공자 이전의 천天이나 천명天命,
천도天道 같은 사상적 요소를 이어 받았지만, 공자가 제자들과 문답
한 것을 보면 이 같은 형이상학적 초월자에 대한 설명은 그리 많지
않았다.

그러나 한국의 사상은 고대로부터 종교적 신비적 요소가 우리 민족
성 속에 흘러 왔으므로, 단순히 인간세계의 합리적 측면만 가지고는
만족하지 못하는 민족적 기질이 있다. 이것을 비합리적인 미신의 측
면에서 이해해서는 안 된다. 오히려 맑고 밝은 총명과 슬기, 영검한
신비성을 가진 민족성의 차원에서 보아야 할 것이다. 역사적으로 보
더라도 중국적 인본주의, 합리적 유교사상만 가지고는 한국인의 정서
를 만족시킬 수 없을 뿐 아니라 한국의 주변에 둘러 있는 중화족이나
만주·몽고·왜족들의 강렬한 공세를 막아내고 생존할 수 있는 지혜와
힘이 나오지 않는다. 유교가 서민적·인습적·샤먼적 요소를 합리화하
고 특히 통치제도와 교육제도에서 많은 기능적 역할을 했다고 보지만,
지나친 인간 본위의 현실주의적 경향에 대해 거부 현상이 있었던 것
은 어쩌면 당연한 일이라 할 수도 있다.

예를 들면 고려 후기의 대문호 이규보李奎報(1168~1241)는 유명한

『동명왕편東明王篇』을 저술하였는데, 선배 유학자 김부식金富軾(1075
~1151)이 『삼국사기』에서 고구려 동명왕의 신이적神異的 요소를 제
거한데 대하여 나직하지만 분명하게 유감을 표시하였다. 김부식이 신
화와 역사적 사실을 구별하고 신화라 하여 제거한 것은 유교사관儒教
史觀에 입각한 자신의 처지에서는 당연한 일일지 모르지만, 우리나라
고대의 신화는 공자가 말하는 괴력난신怪力亂神이 아니라고 지적하고
동명왕의 설화는 성신聖神의 실재라고 하였다.

『삼국유사』의 저자 일연一然도 유가의 평범한 인본적·현실주의적
사고방식에 대해 "대저 옛 성인(孔子)이 바야흐로 예악으로 나라를 일
으키고, 인의仁義로써 교화를 베풀었으니, 괴력난신을 말하지 않는 바
가 있다. 그러나 제왕이 장차 나라를 일으킴에 천부天符의 명에 응하
고 신비한 도록圖錄을 받으니 반드시 보통 사람들과는 특이한 것이
있다"[9]고 하였다.

이것은 바로 유교사상과 한국 고유사상의 차이를 단적으로 지적한
것이라 할 수 있다. 즉, 인문주의적 인의사상이나 예악의 제도, 그리
고 괴력난신을 말하지 않는 합리적 정신은 긍정하지만, 신비적인 요
소와 형이상학적 세계가 희박하다고 보는 것이다.

이규보는 『동명왕편』 서문에서 "우리나라는 신비하고 이적異蹟이
있는 나라로서 그 창업이 신묘하다. 우리나라는 성인의 고장〔聖人之
都〕이다"고 하였다.[10] 우리나라에 예부터 고유사상(古神道)이 있어 후
대까지 전래해 왔음을 은근히 부각시키고자 하였던 것이다.

이렇게 중국유학과 한국유학은 그 본질적·기질적 측면에서 차이가
있다. 한국의 통유通儒나 순유純儒들은 이러한 한국적 신비성과 고매

---

9 『삼국유사』 권1, 「紀異篇 敍」 참조.
10 「동명왕편」, 〈序〉 "東明之事 非以變化神異 眩惑衆目 乃實創國之神迹 則此而不述
 後將何觀 是用作詩以記之 欲使夫天下知我國本聖人之都耳."

한 영명성靈明性을 유교의 인도주의 사상 속에 내재시키고 발전시켜
중국유학보다 일보 전진한, 더 폭이 넓은 학술사상을 창출하였던 것
이다.

# 제2장 삼국시대의 유학

## 1. 삼국시대 유학의 개관

  삼국시대는 고구려·백제·신라가 정립鼎立하여 서로 침략과 공격을 치열하게 계속하면서도 중국의 식민지인 한사군漢四郡을 비롯한 외민족에 대해 부단히 대립 저항하였다. 그리하여 문화의 흐름에 있어서 두 갈래로 나뉘는 양상을 보이게 되었으니, 우리 고대 사회의 토착 문화와 낙랑樂浪을 위시한 중국계 대륙 문화가 그것이다. 그것은 삼국 상호간의 대내적인 갈등과 한족漢族을 비롯한 북방 외민족 내지 남방의 왜족倭族 등에 대한 대외적인 항쟁이라는 시련을 통하여 종족의 자주의식을 각성시키면서 더불어 고대 국가로의 발전을 촉진하게 되었다.

낙랑 채협칠기

채협칠기 효자도(외)

삼국시대에 들어서는 그 이전의 청동기시대를 넘어서 철기 문화를 갖추게 되었다. 철제 농기구를 통한 농경 생활의 발전은 고대 왕권국가의 경제적 기초를 제공하였다. 또한 정치 및 사회 윤리로서 중국의 유교를 습득하였고, 종교적인 면에서는 불교 사상을 수용·섭취함으로써 개성 있는 민족 문화를 형성·확립시켜 나갔다.

고구려는 한반도의 북부에 자리 잡아 중국과 대륙으로 인접하고, 백제는 반도의 서남에 위치하여 서해를 건너 중국과 마주함으로써 일찍부터 중국 문화를 수입하여 발전시켰다.

그러나 신라는 지리적으로 동남에 치우쳐 고구려와 백제를 통해 중국 문화를 수입하였으므로 삼국 초기에는 문화적·정치적 낙후성을 면하기 어려웠다.

또한 고구려는 중국 북조 계통의 문화를 수입하여 북방의 질박하고 강건한 문화 유형을 형성하였으나, 백제는 남조南朝 계통의 문화를 받아들여 남방의 난숙하고 섬세한 문화 유형에 영향을 받았음을 볼 수 있다.

고구려는 강직한 중국 북방계 문화의 영향을 받기에 이전에, 나라의 기틀을 압록강 유역의 산곡山谷에서 세웠다. 이 때문에 토지의 생산력이 빈곤하여 국민들의 근면과 절약정신이 단련될 수 있었다. 또한 중국 대륙을 비롯한 북방 외민족과 남방의 백제·신라 및 왜국의 침략 속에 투쟁을 지속함으로써 용맹하고 웅건한 민족정신을 연마하였다.

이와는 달리 백제는 고구려와 동일한 부여 계통이지만 그 사회적 지반을 달리하고 있었다. 백제는 본래 부여족夫餘族의 한 갈래가 세운 나라로 고구려와 대결하여 남하한 민족이었다.

원래 선주민先住民이 살고 있던 마한馬韓 사회를 정복해 가면서 성장하였기 때문에 여러 가지 조건이 신라나 고구려와는 달리 좋지 못하였다. 일단 남으로 이동하여 기성 부족을 정복하면서 북으로는 고구려, 남으로는 신라와 대항하면서 성장하지 않으면 안 되었다. 따라서 백방으로 지혜를 모아 나름대로 최선을 다하여 국가와 민족을 발전시켜 갔던 것이다.

백제는 초기에 고구려나 신라에 비하여 전통성과 독자성의 기반이 결여되어 있었다. 이러한 요소들은 백제 문화의 발전에 저해 요인이 되었다. 또한 삼국간의 경쟁 시기에 백제인들은 무용武勇은 고구려만 못하였고 은의恩義는 신라만 못하였다.

그러나 백제를 세운 주류 세력은 일찍부터 중국 문화의 영향을 받은 이주민으로서 낙랑·대방帶方 등과 빈번하게 왕래하였다. 또한 중국의 군현郡縣 제도를 모방하여 국가 질서를 확립하였고 중국의 학술 문화를 수입하여 마침내 문화 수준에서는 고구려보다 높은 면을 보여주었다. 이 뿐만 아니라 일찍부터 중국 남조와의 교섭이 있었기 때문에 북방계의 씩씩한 문화를 수용한 고구려와 달리 남방의 난숙하고 섬세한 문화를 받아들였다.

또 백제는 중국 문화의 수용에서 그 자신이 고도의 수준에 도달하였음은 물론, 이를 일본에 전파하는 데 중요한 역할을 하였다. 경학을 비롯하여 의약 기술에 이르기까지 백제가 일본에 전파한 대륙문화는 일본 문화의 개창자開創者로서의 구실을 하였다.

기록에 의하면 신라의 건국은 고구려·백제보다 앞섰다. 그러나 실은 이 두 나라의 문화에 자극되어 뒤늦게 국가 형태를 수립하였다. 하지만 신라는 고유한 전통을 조화 있게 성장시켜 그 후진성을 극복하고 고구려와 백제를 요령 있게 견제했다.

통일 이전의 신라 문화를 그 발전 단계에 따라 살펴보면, 건국 이래로 내물왕 때까지를 외세의 간섭 없이 자라온 청동기 문화 시대라고 할 수 있는데, 이때부터 고구려를 통하여 중국 북조계의 문화를 수입하는 등 나라의 기초를 튼튼히 하였다. 또한 이 시기에 백제, 왜倭와의 관계에서는 고구려의 비호를 받는 보호 국가적 존재로 있었다. 그 다음 소지왕炤知王 때부터는 고구려의 남침 세력에 대항하는 시기였다. 이때에는 백제와 동맹을 맺고 백제를 통하여 중국 남조계의 세련된 문화를 수용할 수 있었다. 셋째 단계로는 진흥왕 때 이르러 그 동안 축적한 국력을 발휘하여 고구려와 백제에 대하여 동시에 대등한 위치에서 대립하는 입장을 취하고, 고구려와 적대 관계에 있던 수隋·당唐과 직접적으로 통하여 우호 관계를 맺었던 시기다. 이 시기 신라는 고구려·백제에 대한 문화적 예속 관계를 탈피하고 중국 대륙으로부터 수·당의 문화를 독자적으로 받아들이면서 삼국 통일의 기반을 다져갔다.

삼국시대 유학사상을 개관하면서 특히 유의할 점은, 중국의 유학사상이 삼국의 고대 국가 건설과 발전 과정에서 자주정신과 저항의식을 통하여 고대의 부족 사회에 공동체 정신을 고취하는 데 중대한 역할을 하였다는 사실이다.

전국시대에 나타난 투쟁의 원리는 한민족에게 지혜와 용기를 북돋아 주는 용감성을 길러 주었다. 그리고 국제간의 외교에서 약한 자가 강한 자에 저항하는 외교적 원리와 원칙을 춘추정신에서 배울 수 있었다. 이처럼 중국으로부터 사상적인 영향을 받을 수 있었던 것은 춘추 전국시대로부터 한대漢代에 성립된 경학사상이 전래됨으로써 가능하였다.

유학사상은 정치 원리 뿐만 아니라 예속, 법제 등 삼국시대의 사회 생활 전반에 걸쳐 광범하게 영향을 미쳤다. 즉 장례, 혼례는 물론 하늘과 조상을 숭배하는 제사의 풍속도 유교의 예법을 수용한 것이었다.

또 한문자漢文字가 들어옴으로써 우리 스스로가 외교 문서를 작성하고 우리의 역사를 기술하였으며, 고대의 시가詩歌와 같은 우리의 문학을 기록하는 등 문자 생활을 하게 되었다. 이로써 삼국시대에는 문화의 원시성을 탈피하였고, 문화 발전의 새로운 기원을 마련하게 되었다. 특히 한문자 속에 내포된 유학사상을 통하여 개인 윤리와 국가 윤리를 배웠다. 그리하여 삼국시대인의 사생관死生觀·민족관·국가관은 그 이전의 막연한 의식을 벗어나 확신과 체계를 갖추게 될 수 있었다.

삼국시대를 전체적으로 조망해 보면, 삼국은 각각 자기 부족의 성장과 발전을 위하여 중국 문화를 적절히 섭취함으로써 전통적인 자주성을 발휘하는 데 활용하였음을 알 수 있다. 사상적인 면과 더불어 법제, 학제學制, 전제田制, 병제兵制 등 사회제도 전반에 걸쳐서 중국 문화의 체계를 수용하고 이식하였음을 볼 수 있다.

## 2. 고구려의 유학

### 1) 한문의 전래와 유교

언어와 문자는 민족 문화 형성에 중심적인 역할을 한다. 고대 우리 민족에게 고유한 언어는 있었으나 문자는 없었던 것 같다. 따라서 한문의 전래는 한국 민족의 문화사에서 획기적인 공헌을 하게 되었다. 한문의 전래가 한국 문화의 독립성을 저해하고 중국적 사고에서 헤어나지 못하게 하는 사대주의적 사고방식을 조장한 것으로만 여기는 경향이 많지만, 훈민정음訓民正音이 창제되기 이전까지 천 수백 년 동안 우리 글이 없는 상태에서 한문 역시 없었다고 가정한다면, 우리 민족은 문화적인 원시 상태에 머물러 있었을 것임에 틀림없다.

한문의 전래는 문자만이 들어온 것이 아니고 문자에 담긴 사상이나 감정이 동시에 전래한 것이라 볼 수 있다. '글은 진리를 담는 그릇이라〔文者貫道之器〕'란 말이 있거니와 한문은 문자의 역할과 사상적 역할을 동시에 담당했다고 보아야 한다.

그러나 한문의 문법 구조와 우리말의 구조가 일치하지 않으므로 한자의 습득은 용이한 일이 아니었다. 따라서 한문을 우리의 생활 속에 적응시키기 위하여 한자로 우리말을 표기하여 어문語文을 일치시키려는 시도가 일찍부터 일어났다. 이것이 신라의 향찰鄕札 또는 이두吏讀였다. 향찰과 이두는 훈민정음 이전에 한자를 빌어서 우리의 생각과 말을 기록한 우리의 글이라 할 수 있다. 여기서 우리의 고유정신은 한국 문화의 전통성의 기반을 이루고 있음을 엿볼 수 있다.

우리 민족이 일찍부터 한문을 사용한 것으로 추측되지만 언제부터 사용했는지 문헌상으로 고증하기는 쉬운 일이 아니다. 『삼국사기』에 의하면 고구려는 건국 초기에 문자를 사용하기 시작했다. 고구려의 역사를 기록한 『유기留記』1백 권이 전해 왔는데, 영양왕 11년(600)에 태학박사 이문진李文眞이 왕명을 받아 이것을 간추려 『신집新集』5권을 편찬했다고 한다.[1] 백제에서도 근초고왕 30년(375)에 박사 고흥高興을 시켜 처음으로 『서기書記』라는 백제 역사를 기록하게 하였다.[2] 신라에서도 처음에는 문자가 없다가 백제를 통해 한자를 배웠다 하며[3] 진흥왕 6년(545)에 거칠부居柒夫 등을 시켜 『국사國史』를 편찬케 하였다.[4] 이로써 삼국 이전에 우리 민족이 직접 서술한 역사나 문화의 기록은 찾아보기 어렵고, 대체로 본격적인 편찬 사업은 삼국시대 이후에 나타나고 있음을 볼 수 있다.

그런데 당시의 정치 기구 및 계급의 명칭 또는 특수한 고유명사 등이 한문자를 통하여 표현되는 동안, 그 속에 유교사상이 작용하고 있었던 흔적은 쉽게 찾아볼 수 있다. 『삼국지三國志』에서 인용한 『위략魏略』에 의하면

옛날 기자箕子의 뒤에 조선후朝鮮侯는 주周나라가 쇠약하자, 연燕이 스스로 자만하여 왕이라 칭하고 동부를 공략하고자 함을 보고 조선후 역시 왕이라 자칭하고 군사를 일으켜 연나라를 공격하여 주실周室을 높이고자 했다. 그때 대부大夫 예禮라는 사람이 이를 간諫하여 그치게 했다. 그래서 예를 연나라에 보내어 유세하게 하여 연나라가 공격을 하지 않도록 하였다.[5]

고 하였다. 여기서 '대부'라는 관직명이나 '조선후'라는 제후의 칭호

---

1 『삼국사기』 권20, 「고구려본기」, 영양왕 11년조 참조.
2 『삼국사기』 권24, 「백제본기」, 근초고왕 30년조 참조.
3 『梁書』 권54, 동이전, 〈신라〉 "無文字 刻木爲信 語言待百濟而後通焉."
4 『삼국사기』 권4, 「신라본기」, 진흥왕 6년조 참조.
5 『삼국지』 권30, 「魏書」, 〈韓傳〉 "魏略曰 昔箕子之後 朝鮮侯 見周衰 燕自尊爲王 欲東略地 朝鮮侯 亦自稱爲王 欲興兵逆擊燕 以尊周室 其大夫禮諫之 乃止 使禮西說燕 燕止之 不攻."

는 모두 중국의 제도이다. 또 간한다는 간법諫法은 유교에서 극히 중
요시하는 유교정신의 한 형식이다. 이것은 아랫사람이 윗사람에게 옳
은 도리를 건의하는 방법이다. 군왕이나 부모의 명령이라 할지라도
그것이 부당할 때에는 맹종하는 것이 아니라 올바른 도리를 따르기
위해 윗사람의 생각이나 정책을 고치도록 건의하는 것이다. 오늘날의
항쟁이나 고발정신과 상통하는 점이 없지 않으나, 간법은 그 태도에
서 서로의 신뢰와 은의恩義를 전제로 하는 점에서 더욱 깊은 유교정
신을 바탕으로 하고 있는 것이다. 상하가 화목한 가운데 사실 처리의
합리적 타당성을 모색하는 방법을 강구하여 질서와 정의를 원칙으로
하고, 신의와 예의를 지키며, 불의와 배신을 미워하고, 정도正道를 실
천하는 것이 춘추정신의 요체이다. 이와 같은 유교 사상을 연나라 소
왕昭王 시절(B.C. 311~270)의 고대 고조선 사회에서 습득하고, 국제간
의 어려운 문제를 해결하는 원리로서 활용했다고 하는 사실은 공맹
사상이 기원전 4세기 무렵에 이미 한국 사회에 기능적인 역할을 한
것으로 볼 수 있다.

한자와 유학과의 관계에서 한자가 언어 역할만 하는 것이 아니라,
그 내재된 사상이나 가치관을 동시에 이해하고 배우게 했다는 것이
독특하다. 삼국시대의 독서 목록에서 볼 수 있는 것과 같이 고대의 학
문을 말할 때, 제왕帝王이나 지식층의 교육 이념에서 주로 유교의 오
경사상과 중국의 『사기史記』・『한서漢書』・『후한서後漢書』 같은 역사
책과 『자림字林』・『자통字通』과 같은 문자에 관한 책, 『문선文選』과
같은 문학에 관한 책을 두루 습득했다고 한다.

이처럼 고대인들이 경학・사학・문학을 습득했다고 함은 기본적인
경학의 이념을 근본사상으로 하여 역사 서적과 문학 서적을 탐독하고
익혀서 현실사회에 활용했음을 말해주는 것이다. 문학과 사학과 경학
은 서로 뗄 수 없는 불가분의 내면적 관계를 가지고 있다. 그러므로
한자의 습득은 한학漢學의 습득이 된다고 하겠고, 그 한학 내용은 경

학經學, 즉 유학儒學이 위주가 되었음을 알 수 있다.

대학大學의 과정을 보아도 명경과明經科를 본과本科로 하고, 그 나머지로 제자학諸子學·율령학律令學·의학醫學을 별과別科로 했던 것은 그 학문의 경중을 나타낸 것이다. 그러므로 고대의 한문학자는 유학자를 지칭한 것이라 하겠고, 한문의 습득은 유학의 습득이라는 말과 같은 의미로 사용된 것을 알 수 있다.

오늘날에는 어학과 사상은 별개의 것으로 분류하지만, 유가儒家의 경전은 한문으로 되어 있고, 그 내용의 근본 가치를 사상에 두고 있기 때문에 한문과 유교는 뗄 수 없는 관계라는 것을 알 수 있다. 그러므로 한문의 전래는 곧 유학의 전래를 반영하는 것이라 하겠다.

흔히 우리들은 한문이라는 것이 한나라에서 들어온 글이라고 말하지만, 넓은 의미에서 중국의 글이라고 생각할 수 있다. 전국시대의 진晋·연燕 두 나라로부터 중국의 문화와 모든 제도가 한문과 함께 위만조선과 한사군 때에 본격적으로 우리나라에 이식되었던 만큼 한문漢文이란 칭호가 붙게 되었다.

그러나 한문의 기원을 생각해 볼 때 선진先秦 시대를 더 올라가서 금석문金石文이나 청동기에 쓰여 있는 금문金文 또는 은殷나라 때의 갑골문에서 상고대 문자를 발견하는 것은 중요한 의미를 갖는다. 1898년에 이르러 처음으로 발견되기 시작한 갑골문자는 지금부터 약 3,500년 전 고대에 사용했던 문자였음이 밝혀지고 있다. 그 사실은 중국의 문자가 어느 정도 고대에까지 소급할 수 있는가를 알려 주고 있다.

갑골학자들의 연구 결과에 의하면 갑골문은 은대殷代에 이룩된 것이 아니며, 그처럼 정제한 자형字型과 문법을 사용할 수 있었다는 것은 이미 훨씬 그 이전의 고대로부터 한자가 사용되어 왔음을 의미하는 것이므로 적어도 4, 5천년 이상으로 소급된다고 말하고 있다.[6]

그리고 갑골학자들은 은나라 부족이 동부에서 기원하여 점점 발전해서 중국으로 이동해 갔다고 고증을 하고 있다. 갑골학에 저명한 호후선胡厚宣은 은허문자殷墟文字는 그 연원이 흑도黑陶 문화를 계승해서 온 것이라고 밝히고 있다. 그는 은나라 사람들이 구복龜卜(거북이 등에 점치는 것)을 숭상하는 습성은 동방의 수골獸骨에 점치는 방법이 점차 발전되어 간 것이라고 증명했다.[7] 더욱 중요한 것은 흑도 표면에 쓰인 글씨 가운데 '子'자 혹은 '犬'자와 같은 형태가 갑골에 있는 문자와 아주 근사하다는 것을 발견하게 된 점이다. 그리고 은나라 시대의 옛 도시〔古都〕인 정주 이리강二里岡에서 최근에 발굴된 회도灰陶 표면에 쓰여 있는 글자가 갑골문자와 유사함을 발견했다고 밝혔다.[8]

이와 같이 한문의 기원을 소급하여 보면 그 연원이 동부족에 있다는 것은 주목할 만한 일이다. 이는 한문과 동부족이 고대로부터 문화적으로 깊은 관계가 있다는 것을 실증하는 것이라 하겠다.

한중韓中 관계가 일찍부터 전쟁, 무역 또는 망명亡命 등으로 이루어진 사실을 알 수 있다. 연燕나라에는 작은 칼모양으로 생긴 명도전明刀錢이라는 화폐가 있었다. 이 명도전은 제齊나라 때의 화폐라고 하는 사람도 있으나, 연燕이든 제齊든 간에 전국시대의 화폐로서 기원전 3세기경의 것임은 틀림없는 사실이다. 또 그 분포를 보면 중국의 북경에서 시작되어 요동을 거쳐 순천·요양 등지에 이르고 우리나라 평북 영변 부근, 한강 하류, 전남 무안 부근에까지 걸쳐 있음을 알 수 있다.

이것은 기원전 3세기경에 이미 중국 대륙과 우리나라 사이에 경제적인 교환과 문화적 교섭이 이루어져 있었음을 증명할 수 있는 좋은 사료이다. 또한 이 명도전에 새겨진 글자들에 의해서 한자의 전래와

---

6 陳夢家,『殷墟卜辭綜述』, 北京: 과학출판사, 1956, 74쪽.

7 胡厚宣,『甲骨學商史論叢』初集, 616~617쪽.

8 陳夢家,『殷墟卜辭綜述』, 74쪽.

한자를 매개한 고대 역사적 사실을 단편적으로 찾아볼 수 있다.

## 2) 태학의 건립과 율령 반포

우리 민족은 고래로부터 오랜 역사를 가지고 살아오는 동안 일정한 사회의 법속과 전통적 가치관을 지니고 발전해 왔다. 그러므로 문헌상으로 뚜렷한 제도의 창설을 발견할 수 없다 하더라도 관습적으로 사회 질서에 필요한 어떤 제도가 있었으리라고 생각된다.

고구려 소수림왕 2년(372)에 교육기관으로서 태학太學을 건립하게 되고, 율령을 반포하여 사회의 통치 체제를 재정비하게 되었다. 이와 같은 학제나 법제는 모두 진秦·한漢 이래로 내려오는 중국의 제도를 수입하여 국가의 체제를 완비한 것이라 하겠다. 소수림왕 2년에 태학이 건립되었는데, 그해 6월에는 중국 부견이 전진前秦의 불교를 처음으로 고구려에 전래하기도 했다.

그러나 태학에서는 불교를 가르친 것이 아니라, 유교경전을 위주로 경학·사학·문학 등을 가르쳤다. 그것은 한漢나라 이래 위魏·진晉 시대를 거치는 동안 발전해 온 중국의 대학 제도를 모방한 것으로 유교를 중심으로 한 인재 양성소였다.

본래 동양에서 교육이라는 용어가 처음 나온 것은 『맹자』에서 "천하의 영재를 얻어서 교육한다"[9]라는 말에서 비롯되었다. 주대周代 이래로 전승되어 온 제도와 사상을 공자 때에 집대성하여 새 기원을 이루었는데, 맹자의 교육이념은 이러한 공자의 사상을 이어받아서 제시된 것이었다. 그 당시의 교육제도와 교과의 내용은 유가의 오경사상을 중심으로 하였으며, 이 원리에 따라서 제왕들이 통치원리로 삼았던 것이다.

---

9 『맹자』, 「盡心 上」 "得天下英才而教育之."

그리하여 한무제漢武帝 때부터는 오경박사 제도를 두어, 시경박사
詩經博士·서경박사書經博士·주역박사周易博士라 하였고,『예기』·『춘
추』에 이르기까지 전문적으로 한 경전만을 전공하는 학자가 생기게
되었으며, 분과별로 전문화하여 그 학파가 계승되었던 것이다. 한무제
는 기원전 108년에 한반도에 한사군을 설치하고, 식민지 통치를 할 때
에 중국의 이러한 제도와 유교의 사상을 이용하였다. 한나라의 패도정
치覇道政治를 이론적으로 합리화한 정치인이나 어용학이 없었던 것은
아니었다.

그러나, 공맹사상의 본뜻은 제왕이라 할지라도 권력을 가지고 인권
을 억압하는 태도를 패도라 하여 반대하고, 양심과 도덕으로써 질서
있는 정치와 왕도王道를 중시한다. 지식인은 그런 정치를 위해 항거하
고 기꺼이 희생한다. 그것은 중국뿐만 아니라, 한문을 사용하고 있는
아시아 모든 민족의 고대 학술사상의 공통된 이념이었고 제도였다.

고구려의 태학 건립은 건국된 지 4백여 년이 지난 후 소수림왕 2년
에 비로소 가능했고, 그것은 백제나 신라보다도 앞섰다. 그럼에도 이
미 앞에서 언급한 것과 같이 고대 한·중 관계를 보면 고대로부터 왕
래 교섭이 있었고, 지금까지 그런 사실을 입증하는 옛 기록은 물론 유
적과 유물들이 많이 존재하는 것을 통해서 우리는 고구려의 학술적
역량이 이미 그 이전부터 상당한 수준이었음을 알 수 있다. 뿐만 아니
라 문자를 통한 학술의 교류 역시 상당히 오래 전부터 이루어졌으리
라고 생각된다.

고구려가 중국과의 왕래를 통해 단순한 사상이나 풍속, 습관의 수
용만이 아니라, 중국의 학제나 법제를 받아들였다는 것은 고대 우리
민족의 내적 발전의 수준을 말해 주는 것이다. 즉, 성숙과 필요성에
의하여 이와 같은 수용 능력 태세가 이미 갖추어져 있었음을 의미하
는 것이다. 그것은『문헌비고文獻備考』학교조에 보면, 사관이 고구려
소수림왕 2년에 태학을 비로소 세우게 된 것을 의아하게 생각하여 다

음과 같이 적고 있는 것을 통해서도 알 수 있다.

고구려가 나라를 세운 지 4백여 년이 지난 지금에 와서 태학을 세워 자제子弟를 교육한다고 하니 어찌 그리 늦었느냐.[10]

고구려 소수림왕 2년을 소급하여 보면 지금으로부터 1천 6백 년이 넘는다. 이 때는 고구려가 평양으로 도읍을 옮기기 이전 압록강 북쪽 국내성國內城(지금의 만주 집안) 통구通溝에 수도를 정하고 있을 때다.

고구려의 태학의 건립은 한국 대학 교육사의 효시이며, 한국 대학 역사의 시작이다. 고구려의 태학에서도 박사 제도가 있었던 것으로 믿어진다. 영양왕 11년에 왕이 태학박사 이문진李文眞을 시켜서 역사를 편찬하여 『신집』 5권을 만들었다고 한 것을 보면, 태학에 박사직이 있었다는 것을 의미하고, 이 박사들은 오경은 물론 역사에서도 정통한 학자들이었음을 알 수 있다.

박사의 칭호는 본래 학위의 칭호로만 된 것이 아니라 관직명이었다. 한나라 이전부터 진나라 때까지 박사란 관직은 고금의 역사를 맡은 관원이었으며, 한나라 시대의 박사는 태상관(역사를 맡은 관원)이었다. 그러던 것이 한나라 무제 때에 비로소 오경박사를 두어서 총명하고 인격이 있는 사람을, 그리고 후기에 와서는 학문이 높은 대학의 교수직 사람을 박사라 부르게 되었다. 고대 우리나라에서도 B.C 2세기 무렵 연나라 사람인 위만衛滿이 망명해 왔을 때, 조선 준왕準王은 위만을 믿고 총애하여 박사라는 칭호와 함께 서쪽 1백리 지역을 봉封해 주었다는 기록이 있다. 이것이 우리나라 박사 칭호의 효시라 하겠다.

이와 같이 박사의 칭호는 관직명으로 또는 학위 명칭으로 쓰였으나,

---

10 『증보문헌비고』 권202, 「學校考(一)」, 〈太學(一)〉 참조.

그 공통적인 내용은 학문과 지식을 중시하는 칭호라는 사실은 틀림이 없다. 이때의 교과 내용에 관한 것이 『삼국사기』에는 기록되어 있지 않으나, 중국의 『구당서』를 보면, 『오경五經』과 『사기』·『한서』·『후한서』·『진춘추晉春秋』·『옥편玉編』·『자통』·『자림』 등이 있었으며, 『문선文選』을 더욱 애중하였다고 되어 있다. 여기서 『오경』은 유교의 경전이요, 『사기』·『한서』·『진춘추』 등은 역사에 관한 서적들이며, 『자림』·『자통』·『옥편』은 한문에 관한 사전류이다.

특히 『문선』은 중국 고대의 시·수필·논문·책문 등을 기록한 문학 서적이다. 그러므로 경학은 철학인 동시에 윤리·종교와 같은 영역에 관한 서적이며, 사학과 문학을 겸수한 것이었다. 이 경학·사학·문학 중에서도 가장 중요한 과목은 역시 경학이고, 그 다음이 사학과 문학 이다.

그러므로 고구려 학자들은 오경을 모르는 학자가 거의 없었을 것이다. 한 가지 예를 들어 보면, 고구려의 화가 담징曇徵이 영양왕 21년(610) 6월에 백제를 거쳐 일본으로 건너가서 법륭사法隆寺 금당벽화金堂壁畵(四佛淨土圖)를 그렸는데, 동양의 명화로 오늘날에도 그 화풍을 찬양하고 있다. 그런데 일본의 고기록(日本 推古天皇)에 의하면 그는 유가의 오경에 정통하였고, 그림과 공예에도 뛰어나 종이와 먹과 채색과 맷돌을 만들었다고 하였다.[11] 그의 신분이 승려이면서도 유가의 오경에 통했다고 하는 것은 당시 고구려 학자들이 학문에 정규 과목으로 오경을 습득했다는 것을 알 수 있게 하는 좋은 근거다. 오경은 『시경』·『서경』·『주역』·『춘추』·『예기禮記』를 말한다.

고구려 제2대 임금 유리왕瑠璃王이 〈황조가黃鳥歌〉[12]를 지었는데,

---

11 『일본서기』 권22, 推古天皇 18년조 “春三月 高麗王貢上僧侶曇徵法定 曇徵知五經 且能作彩色及紙墨 并造碾磑 蓋造碾磑 始于是時歟.”
12 『삼국사기』 권13, 「고구려 본기」, 유리왕 3년조.

그것은 『시경』의 형태를 모방한 시가詩歌였다.

> 날아드는 저 꾀꼬리는
> 암수가 서로 짝하는도다.
> 외로워라 이내 몸
> 뉘와 더불어 돌아갈꼬.

> 翩翩黃鳥
> 雌雄相依
> 念我之獨
> 誰其與歸

자기가 읊고자 하는 내용에 앞서 꾀꼬리 자웅이 노는 모습을 이끌어 온 것은 『시경』「관저關雎」장에서 다음과 같이 후절 한 구절을 끌어 온 형식을 취한 것이었다.

> 정겹게 지저귀는 물수리
> 물가에서 노니네.
> 아리따운 처녀는
> 군자의 좋은 짝이라네.

> 關關雎鳩
> 在河之洲
> 窈窕淑女
> 君子好逑

이러한 형태를 『시경』에서는 흥興의 뜻이라고 한다. 이것은 얼마나 시경을 많이 읽고 그 형태에 맞추어 자기의 정감을 구사한 것인가를

알 수 있게 한다. 물론, 이 원문이 본래 한문이었는지 우리의 말을 후
에 한역한 것인지는 확실히 단언하기 어렵다.

그러나 후기에 지었다고 하는 고구려 광개토대왕의 비문 문장의 솜
씨만 보더라도 중국 본토의 대금석 학자나 서도의 대가라도 그 문장
력을 따를 수 없을 만큼 걸작인 것을 미루어 볼 때, 〈황조가〉가 고구
려 초기의 작품이라 하여도 의심될 것은 없을 것이다.

특히 영양왕 11년조에 기록된 바와 같이 고구려 국초에 한문을 사
용하여 『유기留記』1백 권을 저술했다고 한 것을 보면 당시의 한학의
수준을 알 수가 있다.

또한 『서경』의 형태는 광개토대왕의 비문에서 볼 수 있고, 『주역』
의 하도낙서河圖洛書는 광개토대왕 비문의 내용에서 알 수 있다. 즉,
적에게 쫓겨 강가에 다다랐을 때, 거북이들이 물속에서 나타나 다리
를 놓아 건너가게 해 주었으며, 동명왕이 승천할 때 황룡을 타고 갔다
고 하는 것은 하도와 낙서를 상징하는 음양사상이다. 이 주역의 음양
사상은 고구려의 고분 벽화에도 나온다.

『춘추春秋』는 위에서도 말한 바와 같이, 조선후朝鮮侯가 연나라에
대항해서 자주 의식을 발휘하였으며 존주尊周를 말하여 춘추 의리를
주장한 것 등은 그런 정신을 잘 이해한 소치인 것이다.

『예기禮記』의 경우를 보면, 단순한 개인의 도덕적 행위나 규범뿐 아
니라, 사회의 제도, 정부의 조직 법제에 이르기까지 두루 적용한 것들
이 넓은 의미에서 모두 예에 속하는 것이라 할 수 있다. 고구려 소수림
왕 3년에 율령을 반포하여 국가의 규범을 정할 때, 그 모든 규범은 『주
례周禮』에서 근원한 것이었다. 중국을 비롯하여 한국 · 일본에 이르기
까지의 모든 법제나, 당률唐律 내지 한대의 율법은 모두 『주례』를 근본
으로 하고 그 시대에 맞도록 가감 · 정리한 것이었다. 그러므로 중국문
화는 주대周代 이래로 3천 년 동안 모든 법제가 주대의 『주례』 · 『의례
儀禮』 · 『예기』 등 삼례에 근원한 것이라 볼 수 있다.

우리나라의 『경국대전經國大典』이나 『대전통편大典通編』·『대전회통大典會通』 역시 그 벽두에 『주례』를 원칙으로 제시하고 있음을 볼 수 있다.[13]

### 3) 광개토대왕의 통치 이념과 유교

우리나라의 고대 기록으로서 현존하는 고문헌 가운데 가장 오래 되고 확실하게 내세울 수 있는 것이 광개토대왕의 비문이라 하겠다. 우리나라 역사의 고기록으로는 『삼국사기』와 『삼국유사』가 있지만, 이는 11세기에서 14세기에 이루어진 것으로 우리 고대사를 논증하기에는 빈약한 감을 느끼게 한다. 그래서 한국 고대사를 연구할 때 당시에 기록된 금석 유문遺文들을 근본 사료로서 중요시할 수 밖에 없다.

우리나라 사람의 손으로 만든 금석 비문 중에 가장 오래된 것이 고구려 광개토대왕비다. 그 이전에 평안남도 용강군 운평동에 있는 점제현秥蟬縣 신사비가 서기 85년에 건립된 것으로 추정되어 광개토대왕비보다 329년을 앞섰다고 알려졌지만, 이 점제비는 중국인의 통치하에 세워진 한계漢系의 비문이다. 우리나라의 고대 풍속과 사회의 모습이 고금석학에 들어 있었다 하더라도 한漢 왕조의 세력권에 있었던 당시에 세워진 만큼, 고구려 전성기인 광개토대왕의 한국적 입장과는 사관史觀이 다른 것이다.

그러므로 고구려 광개토대왕 비문은 고구려 내지 한국 고대사 연구에서 가장 중요한 국보적 가치를 지닌 것이라고 하겠다. 이 비문의 내용을 통해서 고구려의 고대 신앙과 정치 이념 및 당시의 국제 상황을 알 수 있을 뿐만 아니라, 그 학문의 높은 수준은 오늘날의 학자들도

---

13 「大典會通序」 "우리나라의 『경제육전』·『경국대전』은 멀리는 周官 제도의 글을 본 뜨고, 가까이는 『대명회전』 6부를 준거로 하였다(我朝之經濟六典·經國大典 遠倣周官制度之書 近準大明會典六部)."

광개토대왕비

모두 이를 숭앙할 정도다. 특히 광개토대왕비는 그 서법書法에서 후기의 금석학자나 서도 대방가大方家들이 한결같이 높이 평가하며, 지극히 귀한 것으로 여기고 있다.

이 비의 크기나 규모에 대해서는 이미 많은 학자들이 논술하였거니와 중국에서도 드물게 보는 거대한 비다. 비문은 모두 42행으로 되어 있으며, 1행에 41자로 글자수를 모두 합하면 1,722자나 되는 엄정상신嚴整詳愼한 대규모 비다.

장수왕 2년(414)에 세워진 이 광개토대왕비는 우리 민족이 만든 가장 오래된 것이지만 학계에서 크게 문제가 된 것은 최근 1세기를 넘지 않는다. 우리나라 금석문의 대가인 추사秋史 김정희金正喜가 북한산 진흥왕 순수비眞興王巡狩碑를 발견한 것은 해동금석학사에서 크게 기록될 업적이지만, 그는 순수비보다 훨씬 이전에 세워진 이 거대하고 웅박雄樸한 광개토대왕비를 보지 못했다.

비문 내용을 보면, 전반적으로 광개토대왕 일대의 업적을 찬양하였다. 비문의 앞부분은 고구려 시조 동명왕의 건국 신화와 건국이념 및 통치 철학을 기록하였고, 끝부분에서는 이 비를 수호하기 위해 많은 부족을 능 옆으로 이주시키고 잘 수호할 것을 법제화하여 만일 이를 어기는 사람은 엄벌에 처한다는 것이다. 조상숭배 관념, 조국 내지 주권을 수호한다는 관념과 관련된 것으로서, 한국사상의 원형을 살피는 데 중요한 사료가 된다. 고구려의 역사와 이념을 이해하기 위해 이규보李奎報의 『동명왕편』을 중요시하는데, 이와 상응해서 이 광개토대왕 비문에 나오는 동명왕의 기록은 전후의 사실을 더욱 고증하는 근거가 되고 있다.

고구려의 건국의 주축이 된 인물은 간난艱難한 전란 속에서 성장해왔다. 그러므로 당시의 지도자상指導者像은 평화로운 덕성을 가진 사람, 즉 문덕文德보다는 용맹이 있어 말과 활에 능한 무인武人으로서 외방의 모든 것을 막아내고 전쟁으로부터 이겨낼 수 있는 무덕武德을

갖춘 지도자를 갈구하였다. 이 비문에서는 동명왕의 출현을 높이 찬
양했다. 골격이 기이하고 영특하여 나이 겨우 7세에 재주가 뛰어나
스스로 활과 화살을 만들어 쏘는 데 백발백중하였다고 한다. 그 당시
의 나라 풍속으로는 활 잘 쏘는 사람을 '주몽'이라 이름하였으므로 동
명왕을 고주몽이라고 부르게 되었다고 한다. 당시의 이상적이고 바람
직한 최고의 지도자의 모습을 이같이 표현했다. 이것은 당시 사람들
이 그 사회의 생존과 멸망을 위협하는 것이 다름 아닌 외적의 침해로
인식하였음을 알게 하는 것이다.

고대 원시사회에서는 생존을 위협하는 최대의 문제가 기근과 질병
이었으므로 원시 농경사회에서 농사의 풍년과 흉년은 당시 사람들의
생명을 위협하는 화복禍福·길흉吉凶을 가르는 것이었다. 길흉의 관계
는 농사의 풍흉에 달렸고, 농사의 풍흉은 우순풍조雨順風調의 기후에
달려 있었다. 그러므로 비가 오면 풍년이 들고 가물면 흉년이 드는 결
과를 가져 왔다. 비가 오고 안 오는 것은 고대인의 인력人力 이상으로
하늘이 좌우하는 것으로 여겼다. 그래서 고대인들은 기우제祈雨祭를
경건하게 올렸을 뿐만 아니라, 신을 풍우를 좌우하는 기능을 가진 존
재로 추앙했던 것이다.

단군신화에 환웅신이 이 세상에 내려왔을 때, 풍백風伯(바람의 신),
우사雨師(비의 신), 운사雲師(구름의 신)를 거느리고 내려 왔다고 한 것은
이들이 소망의 신으로서 민생의 생활과 고통을 좌우할 수 있는 기능을
가진 신을 의미하는 것이었다. 그는 농경사회를 상징하는 곡식의 주主
요, 생명·질병·형벌의 주였으며, 선과 악을 주관하는 존재였다. 여기
서 모든 것이 신으로부터 왔다고 하는 신관을 갖게 된 것이다. 흉년이
들면 사방에서 도적이 일어나 사회의 안녕과 질서를 혼란케 하므로,
기근과 도적과 질병 같은 이 모든 것이 신의 의지에 좌우된다고 믿었다.

그러므로 고대인에게 제천의식祭天儀式은 정치와 더불어 가장 신중
하게 여겨졌던 행사였다. 위에서 말한 점제비[14]나 광개토대왕 비문에

서도 이러한 현상은 공통으로 나타나 있다. 고대인의 공통된 신념은 풍우에 관한 것과 오곡이 풍성한 것과 도적이 일어나지 않는 것을 찬양하는 것이었다. 그리하여 신이 지닌 위력과 제왕이 보인 은덕은 고대인들의 찬양 대상이었다.

당시 고구려인들의 기질에 대하여 『삼국지』, 「위서」, 〈고구려전〉에서는 다음과 같이 기록하고 있다.

고구려 사람들은 성질이 흉급하고 덤비기를 좋아한다.[15]

또 다음과 같은 기록도 보인다.

나라 사람들이 기력이 있고, 전투에 익숙하며, 옥저와 동예를 모두 예속시켰다.[16]

이를 보면 그 시대의 상황과 고구려인의 감투적敢鬪的 용맹 일변도의 경향을 알 수 있다.

광개토대왕비문에는 동명왕이 18년간을 통치하고 승천할 때 세자 유류왕儒留王을 돌아보고, "도로써 나라를 다스려라"고 명하였다고 적혀 있다. 유류왕은 이 유명을 받들어 나라를 다스렸으며, 그러한 유명 속에서 17대 왕으로 광개토대왕이 오르게 되었다고 한다. 여기에서 주목할 것은 '이도여치以道輿治'라 하여 도로써 다스리라고 하였고, 힘으로 다스리라고는 하지 않았다는 것이다. 이때의 도는 고신도

---

**14** 『조선금석총람』 상권, 1쪽, 「점제현신사비」 "平山君德 配代崇□□□□ 佑秿蟬興甘風雨惠開土田考 五穀豊成 盜賊不起 …… 出入吉利 咸受神光."

**15** 『삼국지』 권30, 「魏書」, 〈高句麗傳〉 "其人性凶急 喜寇鈔."

**16** 위와 같음 "國人有氣力 習戰鬪 沃沮東濊皆屬焉."

적古神道的인 전통사상도 내포되어 있지만,[17] 유교의 공맹사상인 제
왕帝王의 학學으로서 도를 뜻하는 것이라 하겠다. 이 도는 의지의 용
맹성과 지성의 판단력, 인종의 관용성을 종합적으로 내포하고 있는
것이라고 보아야 한다.

고구려 초기에 어떻게 유학정신을 섭취해서 이같이 활용할 수 있었
는가를 반문할지도 모른다. 하지만, 이미 앞에서도 말한 바와 같이『
위략』에서 A.D 3~4세기 무렵에 조선후왕이 존주尊周 의식을 가졌다
고 하는 것이나, 신하가 제왕에게 간했다고 하는 사실들은 벌써 동명
왕보다 수백 년 전인 춘추전국시대 공맹사상이 전래하여 활용된 것을
의미한다.

동명왕이 이 같은 유언을 남긴 것은 당시 최고의 학식과 이상과 염
원을 표현한 것이라고 할 수 있다. 말하자면 당시 사상의 종합적 표현
이라는 것이다. 동명왕이 세자를 돌아다보고 명하는 격식은 유교의 경
전인『서경』과 동일하다. 즉, 상서尙書에 나오는 태갑太甲(은나라 왕)이
태자에게 "하늘의 밝은 명을 돌아보아 살피라"고 분부한 것과 그 형식
이 흡사한 것이다. 여기에 '돌아본다〔顧〕'든가 명命이라 하는 형식이
같고, 부왕父王이 세자에게 임종시 신중하게 정치의 도리를 부탁하는
격식이 같다. 이것을 후기의 제왕들이 모방한 것이라 하겠다.

그 다음 문구에 광개토대왕이 18세에 즉위하여 칭호를 영락대왕永
樂大王이라 하였다는 것이 나온다. 그런데 이 '영락'이라는 연호는 통
치권의 자주 독립이 없는 나라는 사용할 수 없는 것이어서 한·중 관
계에서는 이 칭호를 잘 쓰지 않았다. 당시 고구려는 중국과의 관계가

---

17 '以道興治'에서의 도는 유·불·도 삼교가 우리나라에서 토착화하기 이전 재래의
   신비한 古神道와 연결지어 볼 수 있다. 최치원이 말한 '國玄有妙之道'에서의 '도'와
   성격이 서로 통한다고 볼 수 있으니, 바로 음양사상에 입각하고 또 고대신앙과 관련
   되는 신비한 사상이라고 볼 수 있다.

B.C 2, 3세기경 진·한 이래로 중국의 세력이 점진적으로 밀려들어 오는 때였음에도 의연히 그 자주성과 국방력을 확보하여 성장 발전해 왔었다. 특히 고구려 광개토대왕 때에 이르러서는 문자 그대로 고구려의 영토가 가장 크게 확장되었으며, 국력을 유감없이 내외에 과시하던 때였다. 그러므로 자주국으로서의 상징인 '영락'의 연호를 가진 것은 그 당시의 국제법상으로 보아 자주 독립국임을 상징하는 징표요, 이 같은 사상은 공자의 춘추사상을 활용한 것이라 하겠다.

또 다음 구절에 영락대왕의 공적을 찬양하여 "대왕의 은택이 하늘에까지 사무치고 위무威武의 정신은 사해四海에까지 뒤덮여서 나쁜 무리를 쓸어 없애고 백성들은 그 직업에 안정되었다"[18]고 기록한 것을 볼 수 있다. 이것은 마치 『서경』「요전堯典」편의 다음 구절과 흡사하다.

요제堯帝의 공헌이 넓게 퍼졌으니, 공경하고 밝으시며 환하고 깊은 생각에 안정되어 진실로 공손하며 사양하여 빛이 사방에 덮여 상하에 이르렀다.

日若稽古帝堯 曰放勳 欽明文思安安 允恭克讓 光被四表 格于上下

여기서 '은택이 하늘에 사무치고 위무가 사방에 덮혀서 만백성이 평안하다'고 찬양한 것은 『서경』에서 "빛이 사방에 덮여 상하에 이르렀다"라 함과 같은 것이다. 이 같은 표현은 유교 경전의 정치 원리를 표준으로 삼는 것이라 하겠다. 여기에서 단순히 위무만 말하지 않고, 은택을 먼저 말한 것은 광개토대왕의 이념이 은택의 문文과 위무의 무武를 겸비하여 덕과 용맹을 균형 있게 발전시키려는 것을 이상으로

---

**18**「廣開土大王碑」"大王恩澤 洽于皇天 威武柳被 九夷掃除 庶寧其業 國富民殷 五穀 豊熟."

여겼음을 말해 준다. 그리하여 그와 같은 정치의 공적을 올릴 수 있었
던 것이라고 볼 때, 이것은 광개토왕이 유가의 중용사상을 유감없이
활용한 것이라 하겠다.

## 4) 경당과 유교 경전의 습득

고구려의 국립대학 건립에 대해서는 이미 앞에서 서술하였다. 이
대학은 중국에서나 후기 신라의 대학 제도에서도 보듯이 나라의 귀족
의 자제들이 다니는 최고 학부였다. 그 신분 계층에 따라서 입학이 허
락되었고, 일반 서민들은 대학에 들어갈 자격이 없었다. 왕자와 사대
부급 자제들과 신분 구별이 있었던 당시의 사회제도였으므로 일반 천
민층은 대학(후기의 국학·국자감)에 들어갈 자격이 없었던 것이다. 그
러므로 고구려에서는 일반 귀족들이 나라의 정치·경제·국방에 대하
여 책임을 지고 있었다. 『삼국지』, 「위서」, 〈고구려전〉을 보면 다음과
같은 기록이 나온다.

> 나라 안에 중대가中大家 집은 농사를 짓지 않고 앉아서 먹는 자가 1만
> 여 가구나 되며, 하층급의 천민들인 하호下戶는 먼 곳으로부터 식량과
> 어염魚鹽을 운반하여 공급한다.[19]

또 『삼국지』 「위서」 〈부여전〉에서도 다음과 같은 내용을 볼 수 있다.

> 외적의 침입이 있을 때에는 사방의 제가諸加들이 스스로 전쟁에 임
> 하고 하호는 모두 양식을 운반하며 음식을 공급한다.[20]

---

**19** 『삼국지』 권30, 「魏書」, 〈高句麗傳〉 "其國中大家不佃作 坐食者萬餘口 下戶 遠擔米
糧魚鹽供給之."
**20** 『삼국지』 권30, 「위서」, 〈夫餘傳〉 "有敵 諸加自戰 下戶俱擔糧飮食之."

이런 것들은 고구려의 사회 조직이 왕과 호족 대가豪族大家와 서민 하호로 신분적 계층이 나뉘어져 있었고, 귀족과 천민이 그 직분을 달리 하였음을 말해 준다. 그러므로 귀족들의 군대만으로 외적을 막기에 충분치 못하여 미혼의 천민 남자를 모아서 훈련하는 단체가 있었는데, 이를 '경당扃堂'이라고 불렀다.

이 미혼 청년 단체는 신라의 화랑도와도 비슷한 성격을 가졌지만, 신라의 화랑은 귀족층의 단체였고, 고구려의 경당은 천민들의 단체라는 점에서 달랐다. 『구당서』〈고구려전〉을 보면 다음의 기록이 나온다.

풍속이 서적을 사랑하고, 목축을 하는 천하고 가난한 가정에 이르기까지 모두 거리마다 큰 집을 지어 놓고 이를 경당이라 불렀는데, 미혼의 자제들이 밤낮으로 여기에 모여서 글 읽기와 활쏘기를 연습하였다.[21]

이로써 보면 고구려의 경당이라는 것은 국민 교육 기관인 동시에 비상시를 대비하는 무예武藝 훈련소와 같은 것이었다. 평시에는 농상農商에 종사하면서 문무를 겸수하여 일단 유사시에는 국민이 모두 군병이 될 수 있게 한 제도였다. 태학은 국립으로서 상류 계급의 자제를 교육하는 데 반하여, 경당은 지방의 사립학교로 일반 평민층의 자제들을 교육하고 훈련하는 기관이었다. 경당에서의 교과 내용은 경학·사학·문학을 배웠으며, 한자와 한문을 습득하였다. 따라서 태학이나 경당에서 주로 가르친 교과는 유교의 경학이 위주였던 것이다. 『신당서』〈고구려전〉을 보면 다음과 같은 내용이 있다.

사람들이 배우기를 좋아하고 궁벽한 촌리村里나 백정 같은 천한 집

---

21 『구당서』권199(上),「東夷傳」,〈高麗〉"俗愛書籍 至於衡門厮養之家 各於街衢造大屋 謂之扃堂 子弟未婚之前 晝夜於此讀書習射."

에 이르기까지 상부상조하였다. 거리 옆에다 엄옥嚴屋(큰 집)을 지어 경
당이라 이름하고, 미혼의 자제들이 모여서 경經을 외우고 활쏘기를 익
혔다.[22]

태학과 경당에서 가르치는 교과 내용이 유교의 경전이 위주였다고
하는 것은 유교의 사상이 고구려 사상의 주류를 형성한 것이라 볼 수
있다. 본래 고구려는『삼국지』「위서」〈동이전〉에 기록된 바와 같이,
큰 집을 건립해서 귀신을 제사하고, 또 천상에 별들과 사직신에게 제
사하였음을 알 수 있다.
또『구당서』〈고구려전〉에는 다음과 같은 내용이 나온다.

그 풍속은 음사淫祀가 많아서 영성신靈星神·일신日神·가한신可汗
神·기자신箕子神 등을 제사하고 있으며, 수도 동쪽에는 큰 굴이 있는
데 이를 귀신굴〔神穴〕이라 이름하여 10월에는 모두 모여서 왕이 스스
로 제사한다.[23]

고구려는 본래 원시적 고대신앙을 가졌던 전통사회로서 유교윤리
와 예제사상을 수용하여 이를 윤리적이고 합리적인 사회로 변형시켰
다고 하겠다. 또한『논어』에서 다음과 같이 말한 바 있다.

어진 사람은 인민을 교화함에 7년이면 그들로 하여금 군무에 나가게
할 수 있다. 가르치지 않은 백성을 거느리고 전쟁터에 나가 싸우게 하

---

**22**『당서』권220,「동이전」,〈고려〉"人喜學 至窮里厮家 亦相矜勉 衢側悉構嚴屋 號扃
堂 子弟未婚者曹處 誦經習射."

**23**『구당서』권199(上),「東夷傳」,〈高麗〉"其俗多淫祀 事靈星神日神可汗神箕子神 國
城東有大穴 名神隧 皆以十月 王自祭之."

는 것은 백성을 버리는 것이다.[24]

앞에서 말한 고구려의 경당제도는 『논어』의 이러한 정신을 잘 실천한 사례라 할 것이다.

## 3. 백제의 유학

### 1) 초기 신앙과 유학

온조왕을 시조로 하여 6, 7백년간 지속하다가 의자왕 20년(660)에 나당 연합군에 의하여 멸망한 백제는 원래 고구려의 경우와 같이 한반도의 북방 고국故國인 부여夫餘에서 기원하였다. 『주서周書』「이역전異域傳」, 〈백제전〉에 의하면

> 백제는 그 선대先代가 마한의 속국으로서 부여夫餘의 별종別種이다.[25]

라 하였고, 또 『위서魏書』〈백제전〉에 보면 백제가 중국에 보내는 표문表文의 첫머리에서는

> 신臣과 고구려는 그 선조가 부여에서 나왔다.[26]

고 하였다. 이는 백제가 곧 고구려와 같은 부여 족속이었음을 알려주는 것이다. 백제의 백百은 맥貊이란 글자와 원래 상통하는 것이다. 고

---

24 『논어』,「子路」"子曰 善人教民七年 亦可以卽戎矣 以不教民戰 是謂棄之."
25 『주서』 권29,「百濟傳」"百濟者 其先蓋馬韓之屬國 夫餘之別種."
26 『위서』 권100,「열전」〈百濟〉"臣與高句麗 源出夫餘."

구려의 시조 주몽朱蒙이 원자元子인 유리孺留(또는 類利)를 태자太子
로 삼아 고구려의 제2대 왕으로 삼음에 따라 나머지 두 아들인 비류
沸流와 온조溫祚는 신하[十臣]들과 백성들을 이끌고 남쪽으로 내려가
마한馬韓 땅에 이르러 근거지를 잡았다.

　비류는 미추홀彌鄒忽(지금의 인천)에 도읍하였다가 실패하였으나,
온조는 하남 위례성河南慰禮城에 도읍을 정한 다음 백제국의 기반을
닦았다. 백제는 결국 마한 지역을 지배하는 강국으로 발전한 것이다.

　이와 같이 백제는 북부족이 남하하여 건설한 나라였으며, 백제를
구성하고 있는 백성들은 마한 사람들로서 고래古來의 토속적 풍속과
신앙, 그리고 생활 습속을 지니고 있었다. 그러나 백제는 계속 건설
발전하면서 국속國俗이 차차 바뀌어갔다. 특히 대륙의 영향을 받고
유교의 영향을 입어서 적지않이 변화하였다.

　마한·진한辰韓·변한弁韓으로 일컬어지는 삼한시대에는 아직 삼국
(고구려·신라·백제)이 성립되기 이전이었고, 또 중국 문화와도 본격적
인 접촉이 적었으므로 재래의 고유한 습속을 그대로 지녀 왔던 것이
다. 그러나 한편 『삼국지』의 〈한전韓傳〉을 보면

　　북방의 군(漢四郡)에 가까운 여러 나라는 예속에 밝았다.[27]

라고 말하듯이 비교적 중국 문화와의 접촉을 가지고 그 영향을 입고
있었음을 알 수 있다. 또 〈변진전弁辰傳〉에서 볼 수 있듯이

　　남녀의 혼인을 예속禮俗으로 하였고, 남녀가 유별有別하였다.[28]

----

27 『삼국지』 권30, 「魏書」, 〈韓傳〉 "其北方近郡諸國 差曉禮俗."
28 『삼국지』 권30, 「魏書」, 〈弁辰傳〉 "嫁娶禮俗 男女有別."

라고 하여 당시에도 예법이 있었음을 알 수 있다. 그러나 외부로부터
의 영향이 크게 미치지 않았던 것 같다. 삼한시대는 읍락邑落이 잡거
雜居한 부족 국가 시대로서 통치기구의 지배적인 기능이나 예의규범
이 보편화되지 못하였다.

삼한시대 사람들은 초월적 존재를 신봉하고 제사하였다. 최치원崔
致遠(857~?)은 그의 『지증국사비智證國師碑』에서 "마한에는 소도의
의식(蘇塗之儀)이 있었다"[29]고 기록하였으며, 『삼국지』 마한조馬韓條
에서도 귀신을 신봉하고 소도를 두었던 일에 대하여 다음과 같이 기
록하였다.

귀신鬼神을 섬기어 국읍國邑에 각기 한 사람을 세워서 천신天神을
주제主祭하였으니, 이름하여 천군天君이라 하였다. 또한 제국諸國이 각
기 별읍別邑이 있었으니 소도蘇塗라 이름하였다. 그 소도를 둔 의의는
불교와 같으나 선악善惡을 평가하는 가치 기준이 다르다.[30]

이는 고대의 고유한 신앙으로서 고신도를 말하는 것으로 후세의 것
과는 전혀 구별되는 것이다. 또 삼한 시대에 대한 다음과 같은 기록은
그 사회가 대략 원시적이고 예법이 마련되지 못한 사회였음을 보여
준다. 즉

그 풍속에 기강이 없어서 비록 국읍國邑을 주장하는 사람〔主師〕이 있
더라도 읍촌에 사는 이들이 잡다하여 서로 선을 권하고 악을 규제하지

---

**29** 『조선금석총람』 상권, 89쪽, 「智證大師寂照塔碑銘」 "昔當東表鼎峙之秋 有百濟蘇
塗之儀 若甘泉金之祀."
**30** 『삼국지』 권30, 「魏書」, 〈韓傳〉 "信鬼神 國邑各立一人 主祭天神 名之天君 又諸國
各有別邑 名之爲蘇塗 …… 其立蘇塗之義 有似浮屠 其所行善惡有異."

못하였으며, 무릎을 굽혀서 배례拜禮함도 없고, 거처하는 집은 초막 흙
집으로 만들어 살았으니 그 모양이 무덤과 같았다. 그 문은 위에 있고
가족들이 모두 한 방에 있어서 장유 남녀長幼男女의 분별이 없었다.[31]

이와 같이 마한은 사회기강이 서 있지 않았으며, 예법 역시 매우 원
시적이었음을 알 수 있다. 앞에서 설명한 바와 같이 북방의 중국 문화
에 가까운 지역은 예속에 밝았다고 할 수 있거니와 반대로 왜倭와 가
까운 곳에서는 그 영향을 입어 남녀가 문신文身을 하였다고 기록하고
있다.[32]

그러나 백제의 지배세력이 차차 발전하여 부족국가 체제를 완비해
감에 따라 유교적 영향 속에서 큰 변모를 가져오게 되었다. 그 내용을
살펴보면 대략 다음과 같다.

첫째, 백제인들의 생활 습속은 이미 예법을 갖추고 있어 삼한 시대
와는 전혀 다르게 되었다. 『주서周書』〈백제전〉에 보면

조정에서 배례拜禮하고 제사 드리는 경우에는 관에 두 깃을 달았으
며, 전쟁 때에는 이를 중지했다. 배알拜謁하는 예禮는 두 손을 땅에다
대고 경의를 표하였다.

라 하였다. 또한 당시의 풍속에 대하여

부인들의 옷은 포袍로 하는데 소매가 다소 크다. 출가하기 전에는 편

---

**31** 『삼국지』 권30, 「魏書」,〈韓傳〉"其俗少紀綱 國邑雖有主帥 邑落雜居 不能善相制御
無跪拜之禮 居處作草屋土室 形如冢 其戶在上 擧家共在中 無長幼男女之別."
**32** 『삼국지』 「弁辰傳」을 보면, "今辰韓人 皆褊頭 男女近倭 亦文身"이라 하여 백제에
서도 왜국과 가까운 까닭에 왕래하던 사람들 사이에 문신하는 이들이 있었다고 한
다. 『北史』〈백제〉조에서도 "其國近倭 頗有文身者"라 하였다.

발編髮하여 머리 뒤에 얹으며, 한 줄로 내려뜨려 수식[飾]을 하고, 출가
한 사람은 양쪽으로 나눠서 한다.[33]

라고 하였다. 이러한 풍속은 이미 정제整齊한 예법을 갖추어 남성과
여성의 복식을 구별하였을 뿐만 아니라, 미혼녀와 기혼녀도 외모에서
분별할 수 있도록 한 것이었음을 알 수 있다.

둘째로, 국가의 금령禁令과 법제가 뚜렷해졌음을 볼 수 있다. 즉,
백제는 반도의 서남쪽에 위치하여 안으로는 북부에서 내려온 지배층
과 원래 있던 부족 간의 갈등과 조화가 문제되었다. 또 대외적으로는
고구려나 중국 같은 강대국의 압력 하에 있었다. 따라서 국가적으로
자주 역량을 기르고, 기강을 확립하여야만 했다.『주서周書』의 기록에
서 보듯이, 백제는 그 형벌에서 반역자, 전쟁에서 퇴각하는 자 및 살
인한 자는 사형에 처하고, 도둑은 유배流配시킴과 동시에 훔친 것은
두 배로 배상시켰다. 또 부인으로서 간음한 경우는 남편의 집에 몰입
沒入하여 종[婢]으로 삼는다고 하였다. 그리고 혼례법은 중국의 풍속
과 거의 같았으며, 부모와 남편이 죽으면 삼년상을 입었다고[34] 기록
되어 있다.

이러한 예속은 기자箕子의 팔조금八條禁을 연상케 하는 것으로서
유교사상이 깊은 영향을 주어 양속良俗을 이루었음을 말하는 것이라
할 수 있다.

---

33 『주서』권29, 「異域傳 上」,〈百濟〉 "若朝拜祭祀 其冠兩廂加翅 戎事則不 拜謁之禮
以兩手據地爲敬 婦人衣以袍 而袖微大 在室者 編髮盤於首 後垂一道爲飾 出嫁者 乃
分爲兩道焉."
34 『주서』권29, 「異域傳 上」,〈百濟〉 "其刑罰 反叛 退軍及殺人者斬 盜者流 其贓兩倍
徵之 婦人犯姦者 沒入夫家爲婢 婚娶之禮 略同華俗 父母及夫死者 三年治服."
특히 三年喪은 孔子도 일찍이 天下의 通喪이라고 하였듯이 유교사상과 관련하여
주목할 만한 것이라 하겠다.

셋째로, 재래의 삼한 시대에는 소도蘇塗와 천신·귀신 등, 신비적 대상에 대한 신앙을 매우 중요시하였다. 그러나 백제인들은 처음부터 인간적이고 윤리적인 특징이 있었다. 그들은 하나의 제왕으로서, 그리고 지도적 통치자의 자격으로 천지에 제사지냈으며, 임금이 등극할 때마다 동명왕의 사당에 제사를 드렸으니,[35] 이는 유가적인 조상 숭배의 정신과 종묘宗廟의 뜻을 지니는 것이라 할 수 있다.

넷째로, 백제는 중국의 역법을 사용하여 인월寅月, 즉 음력 정월로 1년의 시작을 삼았다. 역법에서는 동짓달(11월)을 자子, 섣달(12월)을 축丑, 그리고 1월을 인寅이라 하여 지지地支로 표시하였다. 하夏·은殷·주周가 각기 역법을 달리 하였으나, 일찍이 공자는 역법에서는 인월을 세수歲首로 하는 하나라의 역법을 사용하는 것이 좋겠다고 말한 바 있다.[36] 백제는 그 당시 이미 중국 송나라의 원가력元嘉曆을 사용하여 인월로 세수歲首를 삼았는데,[37] 그 시기를 정확하게 말하면 백제 구이신왕久爾辛王(재위 420~427) 때에 해당된다. 역법이란 농경과 해양海洋 생활에서 매우 중요한 것으로 백성을 통치하고 국가 체제를 완비함에도 중대한 의미를 가지는 것이라 할 수 있다.

이밖에도 백제에서는 민속 생활의 한 유희遊戲로 유교의 『예기禮記』에 자세히 수록되어 있는 투호投壺라든가, 그 외에 저포樗蒲와 같은 놀이가 성행하였다고 한다.[38] 투호란 중국 고대 유희 중의 하나인데, 연회 때 큰 병 하나를 적당한 거리에 놓고 먼저 빈주賓主가 화살을 던

---

**35** 제1대 온조왕 때부터 시행되었다. 『삼국사기』 권23, 「백제본기」 온조왕 원년조 참조.

**36** 『논어』, 「衛靈公」 "顏淵問爲邦 子曰 行夏之時 乘殷之輅 服周之冕 樂則韶舞."

**37** 『주서』 권29, 「異域傳 上」, 〈百濟〉 "用宋元嘉曆 以建寅月爲歲首."

**38** 『주서』 권29, 「異域傳 上」, 〈百濟〉 "兵有弓箭刀矟 俗重騎射 頗解屬文 又解陰陽五行 用宋元嘉曆 以建寅月歲首 亦解醫藥卜筮占相之術 有投壺樗蒲等雜戲 然尤尙奕棊 僧尼寺塔甚多 而無道士."

져 병 속으로 들어가게 하여 승부를 정하는 좌흥坐興으로서, 이긴 자가
진 사람에게 술을 권하게 된다. 이것이 백제 때 들어와서는 문사文士들
의 유희가 되었으며, 이후 조선시대를 거쳐 최근까지도 행하여 온 것이
다. 퇴계 이황을 모신 도산서원陶山書院에도 당시의 투호가 보관되어
있으며, 성균관대학교에서는 지금도 투호놀이 행사를 하고 있다. 이러
한 사실은 백제 사회에서 유교를 중심으로 한 중국 문화가 들어와서
어떻게 밀착되었는가를 알려주는 것이라 할 수 있다.

### 2) 백제의 통치 이념과 유교

백제의 정치를 논하기에 앞서 그 건국과 성장의 입지 조건이 신라
나 고구려에 비하여 특이한 점을 이해하여야 하겠다.

백제는 북방의 부여족夫餘族 일파가 한강 유역으로 남하하여 남한
南韓 제족을 정복 병탄倂呑하여 건국하였다. 따라서 신라나 고구려와
같이 공고한 조직의 기반을 가지고 자연스럽게 발전한 것이 아니라,
외부로부터 통제를 가하는 전제 국가적 성격을 농후하게 지니고 있는
것이다. 그 뿐만 아니라, 강한 고구려의 세력에 대항하여 항시 긴장
상태를 유지해야만 하는 어려운 처지에 있었다. 그러므로 백제는 가
까이 신라와 국교를 열어 선린善隣 관계를 맺었으며, 멀리는 중국 대
륙과 일본과의 국제 외교에 특별한 관심과 노력을 경주했음을 알 수
있다. 항상 자주 독립과 주권 신장을 위하여 모든 정책과 계획을 도모
하였던 것이다.

그러나 고구려 세력이 남만주로부터 한반도로 뻗어옴에 따라 백제
는 한강 유역의 위례성慰禮城으로부터 금강錦江 유역의 웅진熊津·부
여扶餘로 밀려나게 되었다.

백제는 제1차 위례성시대와, 제2차 웅진시대로 정치 조직이 정비되
어 갔으며, 특히 사비시대泗沘時代에는 정제한 전제국가로서 그 체제
를 갖추었다고 하겠다.

제1단계 위례성시대는 건국 초창기로부터 제21대 개로왕蓋鹵王(474)이 고구려의 남침으로 피살되자 그 뒤를 이은 문주왕文周王이 남쪽 웅진으로 천도하기까지의 시기를 말한다. 이는 상당히 오랜 기간이었으나, 이 시기 중 백제가 중앙 집권적 국가의 면모를 갖춘 것은 제7대 고이왕古爾王(234~285) 때라고 하겠다. 고이왕 27년에 중앙 관제를 일신하여 6좌평제六佐平制를 두었고, 16관계十六官階의 품등品等을 두어 정치적 지배 체제를 정립하여 발전의 터전을 마련하였다. 여기서 좌평이란 대신급大臣級을 이름이요, 6좌평은 6대신으로 국가 사무를 분장分掌한 정부의 부서部署를 말한다. 육좌라 함은『주례』의 육관六官에 연유하여 온 중국의 육전六典을 모방 섭취한 것이라 하겠다. 특히『삼국사기』를 보면 "여신余信을 상좌평上佐平으로 삼고 군국 정사軍國政事를 위임하였다. 상좌평직은 이로부터 시작하였으며, 지금의 총재冢宰와 같다"[39]고 기록되어 있다. 상좌평은 육좌평을 총괄하는 총재로서『주례』의 천관天官에 해당하고 후대後代의 영의정에 상당하는 것이라 할 수 있다.

그리고 16관등을 살펴보면 1좌평에서부터 6나솔奈率까지의 6품과, 7품 장덕將德으로부터 11품 대덕對德까지의 5품과, 12품 문독文督으로부터 16품 극우剋虞까지 5품 등 셋으로 구분하여 공복公服의 빛깔〔色〕을 구별한다. 7품부터 11품까지의 5품 명칭들은 덕德이란 글자가 들어 있어서 문관을 상징하고, 12품부터 16품까지의 5품은 독督이나 군軍이나 무武 또는 우虞(외침의 우환) 등의 글자를 사용하고 있어 무관을 표시한 듯하다. 상위의 6품에서 5품과 6품은 무武를 상징하고, 3품과 4품은 문文을 상징하여 은솔恩率 또는 덕솔德率이라 하였다. 또 1품과 2품은 문무文武의 여러 관원을 통솔하는 총재, 부총재와 같

---

**39**『삼국사기』권25,「백제본기」, 전지왕 4년(408)조.

다고 할 수 있다. 즉 문무를 가르는 법은 중국 고대로부터 전래하여
온 과제이며, 그 이후에도 내관과 외관, 동관과 서관의 양반兩班으로
구분하여 왔던 것이다. 이것은 모두 음양사상의 사고 유형이 그 바닥
에 기초하고 있는 것이라 하겠다. 음양사상은 정치 제도뿐만 아니라,
자연과학에서 의학이나 약학, 그리고 천문 지리·풍수 등에도 그 원리
를 제공하고, 심지어 고분의 벽화나 혼·상婚喪의 제도에까지도 영향
을 주고 있는 것이다.

그 다음 웅진시대에 이르러서는 중앙 관제뿐만 아니라, 지방의 군현
제郡縣制까지도 제정하게 되었다. 『양서梁書』「백제전」에 의하면 "다
스리는 성城을 고마固麻라 하고, 읍읍을 담로檐魯(혹은 擔魯)라 하였는
데, 중국의 군현郡縣과 같다. 그 나라(백제)에는 담로가 있는데, 모두
왕족의 자제나 종족들이 나누어 관할하였다"⁴⁰라 하였다. 담로가 웅진
시대에 설치되었다고 보는 것은 다스리는 성城을 '고마'라고 한 데서
도 근거를 찾을 수 있다. 웅진의 웅熊과 고마, 즉 곰이 상통하는 데서
확실하다고 하겠다. 당나라 시대의 『한원翰苑』에 인용된 『괄지지括地
志』에 보면, 웅진성이 있는데 일명 고마성이라 한 구절이 있다. 웅진시
대는 문주왕 원년(475)부터 성왕 16년(538)까지 64년간이었다. 『양서』
이전의 기록에는 이러한 구절이 나오지 않으며, 양나라가 건국한 연대
는 무령왕 2년(502)이었으므로, 22담로의 설치는 웅진 시대, 특히 무령
왕 대에 시작된 것이라고 보인다. 22군현에는 왕의 자제와 종족을 파
견하여 통치하였다고 하는 것은 중앙으로부터 지방 군현에 이르기까
지 백제의 왕족과 귀족들이 지배 체제를 확립한 것이라고 보겠다. 이와
같이 혈연적으로 지방의 토지와 그 인민을 지배한 것은 중국의 주대周
代나 한대漢代의 봉건적 전제 국가의 형태를 취한 것이라 하겠다.

---

**40** 『양서』 권54, 「동이전」, 〈백제〉 "號所治城曰固麻 謂邑曰檐魯 如中國之言郡縣也
其國有二十二檐魯 皆以子弟宗族分據之."

『수서隋書』나 『북사北史』에 보면 "백제의 대성大姓으로 8족이 있으니, 사沙·연燕·협協·해解·진眞·국國·목木·백苩씨이다"라고 하였다. 이들은 왕권과 협조하기도 하고 대립하기도 하면서 백제의 정치적 세력 기반을 형성하였던 부족들이라 할 것이다. 이들을 통제하기 위하여 왕은 자제와 종족으로 22담로제를 설치했던 것임을 알 수 있다.

『북사』의 기록에 따르면 22부의 관제는 대개 남천 이후에 실시했던 것으로 보인다. 위에서 말한 6좌평과 16등의 관직은 남천 이전의 고이왕 때에 성립된 것으로 일찍부터 신라나 고구려에 비하여 한국의 고유한 원시적 형태가 중국화 되었음을 알 수 있다. 그리고 22부의 관서官署 제도는 내관 12부와 외관 10부로 나뉘어 있으며, 내관은 국내의 관부를 말함이요, 외관은 중앙의 행정 관서이다.

여기서 내內와 외外로 분류한 것이라든지 10부 12부로 나눈 것은 십간十干 십이지十二支와 같이 중국 고대의 육갑수六甲數의 관념이 작용한 듯하다. 또 내와 외, 즉 음양陰陽·양의兩儀의 사고방식이 전제되어 있는 듯하다. 특히 외관 사도부司徒部(교육·문화부와 같음)·사공부司空部(토목부와 같음)·사구부司寇部(법무부와 같음)의 사도司徒·사공司空·사구司寇 등은 일찍이 중국의 『주례』에 나오는 관서 명칭을 모방한 것임을 알 수 있다.

### 3) 남당제도

『삼국사기』 고이왕 28년(261)조를 보면 "정월 초 길일吉日에 왕은 자색紫色 유포의 청금색 바지를 입고, 금으로 수식한 관을 쓰고, 실띠를 띠고, 검은 가죽신을 신고 남당에 앉아 정사를 보았다"고 하였다. 이때의 남당은 고관을 거느리고 조회를 받으며 정령을 내리는 정청을 의미한다. 동성왕 11년(489)조에도 여러 대신들이 남당에서 연회宴會를 베풀었다고 하였다.[41] 이 남당제도에 대해서는 백제뿐만 아니라, 신라에서도 볼 수 있다. 첨해 이사금沾解尼師今 3년(249) 7월 왕궁 남쪽에 남당을 지었다고 하였으며, 같은 왕 5년(251)조 정월에는 남당에서 정사를 보았다고 하였다. 미추왕 7년(268)에는 봄과 여름에 비가 오지 않으므로 왕은 여러 대신들을 남당에 모아 놓고 친히 정사와 형벌의 득실을 묻고 또 사자使者 5명을 각지로 파견하여 백성들의 괴로움을 살피고 이를 위문하였다고 한다. 눌지왕 7년(423) 4월에 왕은 남당에서 양로를 위한 잔치를 베풀어 친히 음식을 먹이고 곡물과 포백布帛을 하사하였다고 하였다. 또 진평왕 7년(585) 3월에 가뭄이 있자 왕은 정전을 피하였으며, 식사를 할 때마다 반찬을 줄이게 하고 남당에 나가 친히 죄수를 보살폈다는 기록이 있다. 이와같이 남당에 관한 기록이 『신라본기』에 5번이나 보이고 있다. 이렇듯 백제와 신라에서 남당을 두어 임금과 신하가 모여 국가에 대사를 의논하고 결정했던 제도를 남당제도라 한다. 이 남당제도를 달리 도당都堂이라고도 부르며, 고려시대에는 도평의사사都評議使司로 그 제도가 계승되었다. 또 조선시대 초기부터 설치된 의정부議政府 및 군무를 결의하는 기관으로 비변사備邊司를 두었던 것에서도 그 연속성을 볼 수 있다.

남당제도는 일찍이 백제나 신라 때부터 있었던 것이지만 이 제도는 중국의 명당제도와 밀접한 관계가 있음을 알 수 있다. 그러나 이 같은 형식을 모방하기에 앞서서 백제나 신라에는 재래의 국속國俗이 있었던 것을 잊어서는 안 된다. 즉, 원시적 의회 제도로서 신라의 화백和白 회의나 신라 초기에 육부 촌장들이 영산靈山에 모여 국사國事를 결정했다는 것이 그것이다. 백제의 선주민인 마한에 소도의 의식이 있어 천신을 숭배하는 국중 대회를 열고 단합 정신을 기르며 신상필벌을 행했던 것이라든지, 또 백제의 지도자 선출의 한 방법으로서 정사암政事巖 사적 같은 것을 볼 수 있다. 이것은 모두 남당제도 이전

---

**41** 『삼국사기』 권26, 「백제본기」, 동성왕 11년조 "十一月 宴群臣於南堂."

원시사회로부터 전래하는 것으로, 중의를 모아 의결하는 옛 풍속의 한 제도라 하겠다.

이 같은 원시사회의 재래 유속이 중국의 선진 제도를 수용하여 그 형식과 내용이 갖추어진 상태로 발전하여 남당제도가 수립하게 된 것이라 하겠다. 중국의 유교 고전인 『예기』의 「명당明堂」 편을 보면, 고대의 상제를 제사하고 선조를 제사하며, 제후들을 조회 받고 노인을 보살피며, 어진 사람을 존경하는 것 같은 큰 예전禮典에 관한 일은 모두 명당에서 행하였다고 하였다. 이렇듯 명당에서 행하는 일과 남당에서 행하는 일이 같은 것이었음을 알 수 있다. 백제 고이왕 때 왕이 남당에서 정사를 보았다든가, 남당에서 동성왕이 군신들과 함께 잔치를 베풀었다든가, 눌지왕이 남당에서 양로하였다고 하는 것들은 모두 명당의 제도와 상통되는 것이라고 할 수 있다.

백제 온조왕 원년(18) 동명왕의 묘를 세워 조상을 숭배한 종묘제도라든가, 다루왕 2년(29) 남단南壇에서 천신에게 제사를 지냈다고 하는 남단과 남당은 고대에 제사와 정치가 서로 분리되지 않아 상호 불가분의 관계에 있었음을 보여준다. 고대 중국의 명당제도는 종교와 정치가 혼합된 것임을 알 수 있다.

『예기禮記』「월령月令」 편을 보면 명당은 오로지 남향한 집을 가리켜 이름한 것이라 하였다. 이 남향한 집, 즉 남실南室이 다름 아닌 남당이라 하겠다. 남향 또는 남면南面이라는 용어는 제왕이 만민을 정치하는 대명사로 고전에서 쓰이고 있다. 『논어』「위령공」 편에서 공자가 "억지로 함이 없이 다스리는 것은 그 순임금이로다. 그것이 어떻게 하는 것인가 하면 통치자 자신이 몸을 바르게 하며 남면할 따름이다"라고 하였다. 이 남면이란 말은 왕도정치를 상징하는 용어이다.

『주역』「설괘전說卦傳」을 보면 "성인이 남면하여 천하에 정치를 하는 것은 밝은 것을 향해서 다스림이라"[42]고 하였다. 이때에 남면과 향명向明의 관계를 알 수 있고 남南과 명明은 같은 뜻으로 사용한 것이니, 남당제도는 고대 중국의 명당제도를 수용한 것이라 하겠다. 즉 백제의 고신도적 정치 형태가 중국의 제도를 모방하여 발전해 온 것이라 하겠다.

『삼국유사』에는 정사암에 관한 기록이 있다. 백제의 수도인 부여읍 부근 호암사虎巖寺에 정사암(지금 부여의 규암면 호암리)이라는 바위가 있는데, 국가에서 재상을 선출하고자 할 때 당선 후보자 3, 4인의 이름을 써서 봉합하여 그 바위 위에 두었다. 잠시 후에 열어 보고 그 이름 위에 발자국이 있는 사람을 재상에 임명하였으므로 그 바위를 정사암이라 불렀다고 한다.[43] 일종의 선거제도라고 할 수 있으나, 그 당선 결정을 인위적으로 만장일치라든가 다수결이 아니라, 신의에 의해서 결정했다고 하는 것은 백제 후기까지도 고대의 원시적인 의식이 지도층에 남아 있는 것을 알 수 있다.

### 4) 오부 오방 제도와 유학사상

백제의 행정구역 편제에 대하여 살펴보면 5부五部·5방五方으로 구분되어 있다. 이는 중국의 『수서隋書』·『주서周書』·『북사北史』 등에 보이는 제도로, 백제의 경우 남천 이후 22담로제가 실시된 다음부터 시작되어 사비시대에 완성되고 말년까지 시행되었다.

수도의 경내 구역을 5부로 나누고, 지방에는 5방으로 나누어 행정 단위를 관할하였다. 그리고 수도의 5부는 다시 각 부를 5항으로 나누었다. 5방은 각각 방령(책임자) 한 사람씩을 두어 다스리게 하였는데, 이 방령은 행정과 국방을 담당한 책임자라 하겠다. 또 1방에는 10군을 두고, 1군에는 장수 3인을 두어 1천 2백 인 이하 7백 인 이상의

---

**42** 『주역』, 「설괘전」 "聖人南面而聽天下 嚮明而治."
**43** 『삼국유사』 권2, 「紀異 下」, 〈南扶餘〉; 『신증동국여지승람』 권18, 〈충청도 부여현〉 참조.

병사를 통솔했다고 한다. 이와 같이 방과 군은 행정구역인 동시에 군사적 임무를 책임지고 있었으므로, 각 성진城鎭은 모두 험준한 산악에 의거한 산성山城이었다.

이와 같이 행정 단위나 군대 조직을 5분법으로 나눈 것은 오행사상과 깊은 관계가 있는 것이다. 『북사』 백제조에 의하면 백제인들은 의醫·약藥, 시蓍·구龜 등의 점치는 법, 상술相術(관상법)을 알고 있었다고 한다. 중앙이나 지방을 5부·5방·5항 등의 5분법으로 구분하는 방법은 백제뿐만 아니라, 삼국 이전부터 고조선 사회에 공통된 제도라할 수 있는 것이다. 고구려의 오부제五部制(內部 또는 黃部·北部 또는後部·東部 또는 左部·南部 또는 前部·西部 또는 右部), 신라의 오원경五原京(南原·西原·中原·東京·北原), 발해의 오경五京(上京·北京·東京·南京·西京), 고대 부여의 사가四加 등이 모두 공통된 오행사상에 근본을 둔 제도라 하겠다.

이 오분법은 고려와 조선조를 통해서 지금까지도 동방사상의 기본적 사고 유형을 형성해 온 것이다. 왕도 서울의 동서남북에 문을 두고중앙에 보신각을 둔 것 역시 오행사상에 연유한 것이다. 공간적으로동서남북만이 아니라, 시간적으로 춘하추동 역시 그러하다. 뿐만 아니라, 사시四時의 변화 과정을 원형이정元亨利貞으로 설명한다든지, 인간의 본성을 인의예지신仁義禮智信으로 구분하는 사고방식은 오행사상에서 유래한다고 하겠다.

동양의학에서는 오장이나 약리의 상생·상극을 오행으로 설명하였으며, 빛〔色〕이나 맛까지 오행으로 설명하고 있다. 특히 한국 의학에서 이제마李濟馬(1837~1900)의 사상의학四象醫學은 한국 특유의 의학이론이라 하겠다. 또한 훈민정음에서 후음喉音을 수水라 하고, 아음牙音을 목木이라 하고, 설음舌音을 화火, 순음脣音을 토土, 치음齒音을 금金이라고 한 것도 역시 오행사상에 원리를 둔 것이다. 고구려의고분 벽화를 보면 동쪽에 청룡, 남쪽에 주작朱雀, 서쪽에 백호白虎, 북

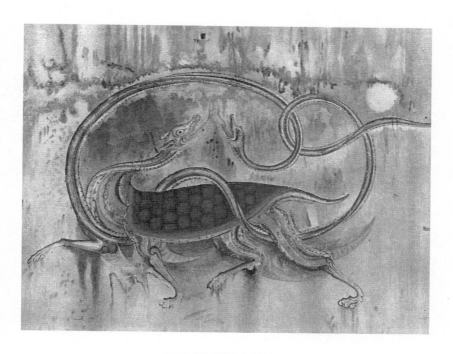

고구려 벽화 사신도 중 현무도

쪽에 현무玄武를 둔 것도 오행사상에 근원한 것이다. 이같이 고대로부터 현대에 이르기까지 한국사상은 자연과학·사회과학·인문과학에서 오행사상을 중국보다도 더욱 활용하고 있다는 특색을 보인다.

백제의 5방 5부제와 고구려의 5족 5부제를 비교하여 보면 고구려의 5부는 사방에 거주하는 부족의 명칭에 의하여 구분하였으나, 백제의 5부제는 방위적인 구분과 형식에 의해서 내용을 규제하는 구획 방법이었다. 즉,『후한서』「동이전」고구려조에서는 소노부消奴部·절노부絶奴部·순노부順奴部·관노부灌奴部·계루부桂婁部의  5족이  있다고 하였다. 이것을 5부로 나누어 부른 것이니, 계루부는 내부 또는 황부라 하여 중앙에 해당하고, 절노부는 후부라 하여 북부에 해당하고, 순노부는 좌부라 하여 동부에 해당된다. 또 관노부는 전부라 하여 남부에 해당하고, 소노부는 우부라 하여 서부에 해당하였으니, 이 고구려의 5부는 부족의 근거지를 중심으로 하여 나누어진 것을 알 수 있다.

그러나 백제는 고구려와 같이 씨족이나 부족을 중심하여 성장된 것이 아니라, 진한·마한의 기성 부족을 병합하고 국가의 행정 조직을 통하여 집권 체제를 확립하여간 전제국가인 것이다. 따라서 중국식 중앙집권의 관제와 군제를 모방하여 정비하여 간 것이라 하겠다.

## 5) 백제의 학술사상

백제는 고구려(372)나 신라(682)와 같이 유교대학의 건립에 관한 기록을 찾아볼 수는 없다. 그러나 근초고왕 30년(375) 조에 "고기古記에 말하기를 백제는 아직 개국 이래 문자로써 사건을 기록한 것이 없었는데, 이때에 이르러 박사 고흥高興이 처음으로『서기書記』를 만들었다"고 한 것으로 미루어 일찍부터 역사기록이 있었음을 알 수 있다. 이것은 문자로 국사를 기록한 것이 처음이라는 뜻이지, 한문이 처음 들어왔다는 뜻은 아니다. 이는 신라 진흥왕 6년(545)에 거칠부가 신라의 국사를 수찬하였다고 한 것보다도 170년이나 앞선다.『양서』「신라전」

을 보면 신라는 문자가 없어서 나무에 새겨 신표를 삼았으며, 언어는
백제를 매개로 하여 양梁나라와 통하였다고 하였으니, 백제가 신라보
다 대륙의 문화를 먼저 받아들였다고 보아야 할 것이다. 『주서周書』
「백제전」을 보면

> 병기는 활·화살·칼·창矟(긴 창) 등이 있으며, 백제의 풍속은 말타기
> 와 활쏘기를 중히 여겼다. 서책과 역사의 기록을 애호하였으며, 그중
> 뛰어난 사람들은 매우 글을 잘 지었고 또한 음양오행법을 해독하였다.
> 송나라 원가의 책력을 사용하여 인월寅月(즉 지금의 음력 정월)을 정월로
> 삼았다. 또한 의학과 약학을 해득했으며, 점치는 법과 관상보는 법도
> 알았다. 또 투호投壺와 저포樗蒲와 같은 놀이도 있었으며, 특히 바둑을
> 숭상하였다.[44]

라고 하였으니 문학·철학·사학·의학 등 다방면에 능통하였다고 하
겠다. 『구당서』 백제조에서 그 서적에는 오경자사五經子史가 있으며,
표·소문은 중국의 법식에 의거하였다고 하였음을 볼 때, 오경 및 제
자서, 그리고 중국의 역사를 많이 읽고 공부하였음을 알 수 있다.

박사의 칭호는 백제에서도 일찍부터 보인다. 위에서 말한 고흥도
박사였으며, 일본에 논어와 천자문을 전하였다고 하는 왕인 역시 박
사 왕인이라고 부른다. 무령왕·성왕 때에도 오경박사가 있었으니,[45]
『역경』·『시경』·『서경』·『예기禮記』·『춘추春秋』 등 경서에 능통한 사
람에게 준 것이 박사의 호칭이다. 이 외에도 의박사醫博士, 역박사曆
博士 등의 칭호가 있었다. 『양서』 「백제전」을 보면 "양나라에 사신을

---

**44** 『주서』 권29, 「異域傳 上」, 〈百濟〉 참조.
**45** 무령왕 때 오경박사 段楊爾·高安茂 등이 서로 교대로 일본에 건너갔다고 한다.
『和漢三才圖會』 등 참조.

백제사신도

보내어 백제의 산물을 드리고 아울러 『열반경涅槃經』 등의 경의經義와 모시박사毛詩博士를 청했으며, 또한 공장工匠과 화가들을 요청하여 왕이 허락해 주었다"[46]고 하였다. 모시박사라 함은 유교경전인 오경 중 하나인 『시경』을 전문으로 연구한 박사를 칭함이요, 이를 초청하여 시경 연구를 더욱 깊이 하였으리라고 본다. 백제뿐만 아니라, 신라나 고구려에서도 여러 박사의 칭호가 있었지만 그 중에서도 오경박사가 가장 중심이 되었던 것이다.

오경박사 한나라 무제가 학관學官을 세워 관학을 장려하면서 제도화 한 것이다. 또한 당시에는 그때까지 전래해 온 묵자墨子나 노자老子의 경전을 묵경墨經·도경道經이라 칭하였지만, 오경박사 제도가 성립된 이후에는 제자학諸子學을 배척하고 공자가 산정刪定한 전적만을 경經이라고 불렀다. 오경박사란 유교 경전의 전문가를 일컫는 것이다. 그러나 백제에서는 유교 이외에도 침류왕 원년에 불교가 전래하게 되었다. 그 후 불경에 관한 연구가 점점 심화됨에 따라 불교의 학술과 문화도 국내에 많은 영향을 주었을 뿐 아니라, 백제 성왕 때에는 일본에까지도 많은 영향을 끼쳤다. 그러나 유교의 사상은 제왕의 학으로서 치국하는 원리를 유교에서 배웠으며, 인간 교양을 담당한 교육사상 내지 윤리도덕은 주로 유교의 경전을 통해서 습득했던 것이다. 특히 한문의 수용은 고대문화 발전의 계기를 형성하여 국교문서의 교환이나 시문의 작성 또는 역사의 기록 등에 획기적인 역할을 하였으니, 이것은 모두 중국 대륙의 문화적 영향이라 할 것이다.

백제는 한문화의 영향을 일찍부터 깊이 받은 북방 부여계의 일종으로 건국 당시부터 지도층에서는 한자를 습득했다고 볼 수 있다. 개로왕 18년(472)에 북위北魏에 보낸 외교문서는 오늘날 우리가 볼 수

---

**46** 『양서』 권54, 「동이전」, 〈백제〉 "中大通六年 大同七年 累遣使獻方物 并請涅槃等經義 毛詩博士 并工匠畵師等 勅並給之."

있는 바와 같은 비범한 고문의 형식으로서 거기에 인용된 역사의 전
고나 문장의 표현이 현대학자도 따를 수 없는 고급 문장임을 알 수
있다. 백제는 막강한 고구려에 대항하기 위하여 정치적 외교적으로
중국 및 일본과의 교섭이 잦았으며, 따라서 중국의 남북조 문화를 깊
이 섭취했던 것이다. 또한 일찍부터 백제에서는 유교나 불교 외에 남
북조시대의 도교사상을 받아들였음을 알 수 있다. 근초고왕 30년(375)
에 고구려가 북변의 수곡성水谷城(지금의 平山)을 침입하였을 때 왕은
태자를 시켜 이를 크게 격파하고 달아나는 적을 추격하여 수곡성의
서북에까지 이르렀다. 그 때 장군 막고해莫古解가 "일찍이 도가道家
의 말을 들으니 만족할 줄 알면 욕되지 않고, 그칠 줄 알면 위태롭지
않다고 하였는데, 지금 소득이 많거늘 어찌 더 많이 구하려 하겠는가"
라 하자, 태자는 이 말을 옳게 여겨 그만두었다고 한다.[47] 이것을 보
면 도가의 사상을 장군들이 병법으로도 응용한 것을 알 수 있다. 『주
서』백제조에 이른 바와 같이 음양오행이나 점치는 법, 관상술을 잘
했다고 하는 것은 남북조시대 도교사상의 영향 받은 것이라고 하겠다.
광복 직후 부여에서 발견된 백제의 사택지적비砂宅智積碑의 비문에서
도 육조시대의 사륙변려체四六騈儷體로 쓴 것을 볼 수 있고,[48] 남북조
시대의 도교사상의 영향을 많이 받은 것을 알 수 있다.

　백제는 중국의 대륙 문화를 일찍부터 수용하여 생활화하고 토착화
하는 한편 이를 충분히 섭취하였을 뿐만 아니라, 일본에까지 문자와
학술을 전파하여 일본 고대 문명을 계발하고 문화국으로서의 자질을
갖추도록 하였다. 백제의 오경박사·천문박사·의박사 등이 일본에 자

---

47 『삼국사기』 권24, 근구수왕 즉위년조.
48 "甲寅年正月九日, 奈祇城砂宅智積 慷身日之易往 慨體月之難還 穿金以建珍堂 鑿玉
　以立寶塔 巍巍慈容 吐神光以送雲 峩峩悲狠 含聖明以□……"; 洪思俊, 「百濟砂宅
　智積碑에 대하여」, 『역사학보』 제6집, 1954 참조.

주 왕래하였음을 『일본서기日本書紀』와 『화한삼재도회和漢三才圖會』
등의 기록을 통해 알 수 있지만, 특히 왕인 박사가 일본에 건너가 일
본 학술에 끼친 영향은 지대하였다.

왕인은 백제 사람으로 일본에 처음으로 『논어』와 『천자문』을 전달
하여 일본학술의 비조가 되었다. 그러나 왕인에 관한 기록은 우리나
라 고문헌에서 직접 찾아보기 어렵다. 일본 고사서古史書인 『고사기
古事記』[49]에 가장 먼저 나오고 그 뒤의 역사서인 『일본서기』[50] 또는
『속기』 등에 왕인에 관한 기록이 비교적 자세하게 보인다. 이외에도
아직기와 왕인에 관한 기록이 많이 있지만 위에서 말한 『고사기』(712)
와 『일본서기』(720) 이후의 것들이다. 이 두 저술은 그 기사 연대에서
부정확한 것도 있지만 고대의 역사를 연구함에 귀한 자료가 된다고
하겠다.

『고사기』(중권 應神條)에 의하면 "백제국 임금 조고왕照古王(近肖古
王)이 아지기시阿知吉師란 사람을 시켜 숫말[牡馬]과 암말[牝馬] 각 1
필, 그리고 칼과 거울을 보내왔다. 일본의 왕이 백제국에 현인이 있으
면 보내 달라고 청하니, 백제에서 와니기시和邇吉師란 사람에게 『논어
』 10권, 『천자문』 1권 모두 11권을 가지고 와서 전하게 하였다. 또 수
공인과 야공[卓素] 및 직조공[西素]을 일본에 보냈다"고 하였다.[51]

---

49 일본에서 가장 오래 된 역사책. 일본 元明天皇 和銅 5년(AD. 712) 太安萬侶가 奉勅
하여 稗田阿禮의 口述을 기초로 편찬한 것이다.

50 天武天皇의 명으로 舍人親王이 중심이 되어 편찬한 역사서. 편찬 시기는 680년
경에 착수, 720년에 완성된 것으로 추정된다. 모두 30권이며, 이 밖에 系圖 1권이
있었다고 하나 오늘에 전하지 않는다. 일본 六國史 가운데 으뜸으로 꼽히는 正史
이다. 순한문의 편년체로 『百濟記』·『百濟本記』·『百濟新撰』 등 한국의 사료와 『
魏書』·『晉書』 등 중국의 역사서를 주로 이용하여 일본에서 비교적 객관적인 역사
서라고 자부하고 있다. 그러나 한국과 관계되는 역사적 사실에서는 왜곡된 부분이
많다.

51 『古事記』, 中卷 "百濟國主照古王 以牡馬壹疋牝馬壹疋 付阿知吉師以貢上 亦貢上橫
刀及大鏡 又科賜百濟國若有賢人者貢上 故受命以貢上人 名和邇吉師 卽論語十卷

『일본서기』에는 아직기와 왕인의 도일渡日에 대해 다음과 같이 기술하고 있다.

응신천왕應神天皇 15년 가을 8월 임술삭壬戌朔 정묘일丁卯日에 백제왕이 아직기阿直岐를 시켜 양마良馬 두 필을 보내왔다. …… 아직기를 시켜 맡아 기르게 하였다. …… 아직기가 또한 경전을 읽을 줄 알아 그를 태자 도도치랑자菟道稚郎子의 스승으로 삼았다. 이 때 천왕이 아직기에게 "너의 나라에 너보다도 더 나은 박사가 있느냐"고 물으니 "왕인(와니)이란 사람이 제일 우수하다"고 하였다. 왜왕倭王은 황전별荒田別·무별巫別을 백제에 보내어 왕인을 초빙하기로 하였다.[52]

응신천황 16년 봄 2월 왕인이 오자 태자 도도치랑자가 스승으로 모시고 여러 경전을 배워 통하지 않은 것이 없었다. 그래서 왕인을 소위 서수書首(文人職)의 시조라고 하였다. 이 해에 아화왕(아신왕)이 죽자 천황이 직지왕을 불러 본국에 돌아가 왕위를 계승하라 하고 동한東韓의 땅을 주어 보냈다.[53]

그 이후의 문헌들이 있지만 왕인에 관한 것은 위의 두 책이 가장 중요한 원전이라 할 수 있다. 그 중에도 『고사기』가 더욱 오래된 것으로서 원형이 된다.

---

千字文一卷 幷十一卷 付是人卽貢進 又貢上手人韓鍛名卓素."

**52** 『日本書紀』, 권10, 應神條 "十五年秋八月壬戌朔丁卯 百濟王遣阿直岐 貢良馬二匹 …… 因以阿直岐令掌飼 …… 阿直岐亦能讀經典 卽太子菟道稚郎子師焉 於是天皇問阿直岐曰 如勝汝博士亦有耶 對曰 有王仁者 是秀也 時遣上毛野君祖 荒田別·巫別於百濟 仍徵王仁也."

**53** 일본서기, 권10, 應神條 "十六年春二月 王仁來之 則太子菟道稚郎子師之 習諸典籍 於王 王莫不通達 故所謂王仁者 是書首等之始祖也 是歲百濟阿花王薨 天皇召直支王謂之曰 汝返於國以嗣位 仍且賜東韓之地而遣之."

『고사기』에서는 왕인이라고 부르지 않고 화이길사和邇吉師라 하였
다. '길사'는 문사文士의 존칭이요 '화이'가 그 이름이다. 화이와 왕인
은 동인이명同人異名으로서 일본어에서는 다 같이 '와니'(ワニ)라고
부른다. 원명은 왕인이 아니요 '와니(和邇)'이다. 일본의 『하내지河內
志』에 의하면, "왕인의 무덤이 하내국河內國 교야군交野郡 등판촌藤
坂村 동북어묘곡東北御墓谷에 있는데 오늘날 이묘爾墓라고 한다"(王
仁墓在河內國交野郡 …… 今稱於爾墓云云)라 하였다. 여기서 '이爾' 자
는 고유명사이다. '爾'와 '邇'는 통용되는 예가 많다.

『속기』에서는 왕인을 중국계로 보았다. 한나라 고조의 후손인 왕란
王鸞의 손자 왕구王狗가 백제에 와서 살았는데, 백제 구소왕久素王(仇
首王) 때에 왕구의 후손인 왕인이 일본에 온 것이라고 하였다. 이것은
화이를 왕인이라고 바꿔 읽은 다음 왕씨가 중국계라고 견강부회한 것
이다.

왕인에 관한 우리나라 문헌으로는 먼저 한치윤韓致奫의 『해동역사
海東繹史』를 들 수 있다. 이는 일본문헌을 인용하여 왕인의 사적을 기
록한 것으로 "왕인은 여러 경전에 능통하였고, 또한 사람의 관상을 잘
보았다"고 하였다.[54] 이후 추사 김정희가 1백여 년 전에 왕인에 관하
여 특기한 것이 있어 총독부 박물관에 보관되어 있다고 일본인 등총린
藤塚鄰 교수가 증언한 바 있다.[55] 이밖에 일본 강점기 때 편찬된 『호
암지湖岩誌』 영암군 〈고적〉조를 보면, 왕인박사에 대한 기사가 나온
다. 특이한 것은 없으나 영암의 고적에서 왕인을 다룬 연유는 인정할
수 있을 듯하다.

그런데 『동국여지승람』 영암군 〈산천〉조를 보면, 고려 명종 때 학
자 김극기金克己의 시 가운데 매우 주목할 만한 구절이 나온다.[56]

---

**54** 『해동역사』 권67, 「人物考(一)」, 〈王仁〉
**55** 『朝鮮文化の研究』, 1937 참조.

상사相師께서 신선이 되어 아득하게 떠나시고
삽상한 유풍은 천고의 세월동안 남아 있네
상사께서 지난날 홀로 가실 뜻이 있어
소나무 아래 돌문에서 날로 거처하셨네.
……

해상海商들이 한결같은 목소리로 예부터 바다 건너 가시기를 청하니
산 위에서 신광神光으로 아득히 멀리 바라보셨네.
산에 올라 성현을 뵙고 마침내 사실 만한 집을 지으시니
동구에 쑥과 띠풀이 다투어 넝쿨을 이루었네.
종신토록 다시는 고향 생각 않으시고
석간수 마시고 초식하며 바위 밑에 의지하셨네
푸른 벽에는 자금상紫金像만 덩그렇게 남아 있고
내려와 역사를 살펴 누가 다시 알아 주리오
스님과 촌로들이 억지로 칭찬하지만
눈을 새기고 구름을 찌르며 숲 속 느릅나무에 패찰이 붙어 있네
비바람은 무정하게 상각像閣을 거꾸러뜨려
갈라진 서까래와 깨진 주춧돌만 어지럽게 흩어져 뒹굴 뿐이네
백척 층대層臺만이 홀로 아득히 서 있고
네모진 무덤은 좌우로 우뚝하게 쌓여 있네
이옹이 홀연히 나를 방문하였는데
온 목은 학발이요 몸은 닭의 가죽이었네.

---

**56** 『신증동국여지승람』 권35, 靈巖, 山川,〈月出山〉 "相師化去杳安往 颯爽遺風千古吹
相師平昔獨往意 松下石閨日棲遲 …… 海商百口昔超海 山上神光遙望之 登山謁聖
遂卜築 洞口蓬茅爭芟夷 終身不復念故里 澗飮木食依岩扉 靑壁分明紫金像 降從觀
史誰復知 林僧野叟强稱讚 鏤雪鑱雲林枌牌 風雨無情倒像閣 斷橡破礎紛離披 百尺
層臺獨跨迥 方墳左右高纍纍 邇翁貿貿忽訪我 滿領鶴髮身雞皮."

위에 나온 '상사相師'라든가 '초해超海', '알성謁聖', '불부넘고리不
復念故里', '강종도사수부지降從覩史誰復知', '도상각倒像閣', '방분方
墳'과 같은 것은 모두 왕인박사의 일대기를 회상하고 추모하는 내용
이다.

특히 간과할 수 없는 것은 일본 기록에도 왕인은 유자儒者이면서도
도사의 성격을 가져 방술方術에 능했다고 한 것이다. 또 백제에 오경
박사·역박사·의박사·채약사採藥師·주삼사呪森師(聖王時) 등의 여러
박사들이 있었고 특히 복서와 관상, 그리고 바둑〔圍碁〕 등에 능하다
고 하였던 점이다. 여기서 상사相師의 주인공은 다름 아닌 화이사和邇
師라 할 수 있고, 그 다음 구절인 '이옹이 홀연히 나를 방문하였는데
(邇翁貿貿忽訪我)'라 한 이옹邇翁은 이사邇師라 하겠다.[57]

왕인이 일본에 건너간 시기를 일본 응신천황 15년이라 한 것은 후
대에 추정한 것으로서 확실하다고 볼 수 없다. 이것은 근자 일본 사학
계에서 응신천황과 인덕천황이 각각 1백년 이상 왕위에 있었다는 불
합리를 지적한 것으로도 알 수 있다. 그러므로 『일본서기』에 나오는
연대는 내려잡지 않을 수 없다.

『동국통감』에 "아신왕이 돌아갔을 때 태자 전지腆支는 왜나라에 인
질로 가 있었는데 …… 왜의 왕이 병사 1백 명으로써 전지를 호위하여
돌려 보냈다. …… 이에 나라 사람들이 반갑게 맞아 왕으로 세웠다"[58]
라 하였다. 전지腆支는 곧 직지直支이다. 『삼국사기』에 이르기를 "전
지왕은 혹은 직기라고도 하였다"(腆支王, 或云直支)라 하였으니 전지는
직지이고, 직지는 직기이니 아직기인 것이다. 또한 『동국통감』에는 전

---

**57** 이상 류승국, 「왕인 박사 史蹟에 관한 문헌적 탐구」, 『한국사상과 현대』, 41~44쪽
참조.

**58** 『동국통감』 권4, 전지왕 원년조 "秋九月 阿莘王薨 太子腆支質倭國 …… 倭主以兵
百人 衛送腆支 …… 國人迎立爲王."

지왕 원년은 진晉 의희원년義熙元年(405)이라 하였다.

『삼국사기』와 『동국통감』, 그리고 중국의 『진서』를 종합하면, '왕인도동王仁渡東' 연대는 응신천황대가 아니라 이중履中 천황 6년에 해당한다. 그 연대를 120년 내려잡지 않으면 안 된다. 종래 일본 학자들은 『일본서기』의 기년紀年을 시정하고 않고 그것을 근거로 다른 역사를 비판하였을 뿐만 아니라 아직기와 직지왕을 별개의 인물로 보았다. 그러나 직지왕이 곧 아직기인 것이다.

『일본서기』 응신천황 16년에 "이 해에 백제 아화왕阿華王(阿莘王)[59]이 돌아가니 천황이 직지왕直支王을 불러서 '네가 나라(백제)에 돌아가 왕위를 계승하라'하고 보내 주었다"고 하였다. 아화왕이 죽은 해는 405년이다. 따라서 응신 천황 16년(285)으로부터 120년을 내려잡지 않을 수 없고, 120년을 내려잡으면 전지왕이 곧 직지왕인 것이다. 아직기阿直岐가 바로 직지왕이요, 직지왕이 곧 전지왕이다.[60] 아직기는 백제 왕자로서 아화왕 6년(396)에 일본에 인질로 갔다가 아화왕이 죽은 405년에 귀환하여 왕이 된 것이다.

이같이 연대가 고증되고 사실이 일치하므로 아직기의 역사적 사실이 확실하게 규명되는 것이다. 그리고 아직기의 연대가 확실한 만큼 아직기가 소개하여 일본에 가게 된 왕인의 연대와 사실도 확인되는 것이다.

한국의 학자들은 일본의 『고사기』나 『일본서기』 등의 사료적 가치를 과소평가하는 경향이 있어 아직기·왕인 기록을 간과하는 수가 많다. 그러나 한국과 일본 두 나라 고대의 역사적 사실을 연구함에 동일한 사건에 관하여 양측의 기재 연대는 다소 다르더라도 사실 내용이 상합하는 것을 보면 참고할 만한 가치가 있다고 하겠다.

---

59 아신왕과 아화왕은 표기상의 착오이다. 아화왕이 바른 표기라고 본다.
60 아직기의 '岐'와 직지의 '支'는 다같이 'ki'라고 발음하며 한자는 통용한다.

예를 들면 신라 내물왕의 아들 미사흔未斯欣에 관한 사화史話가 『일본서기』와 『삼국사기』, 『삼국유사』에 각각 기재되어 있다. 이와 관련하여 박제상이 고구려에 가서 인질로 간 눌지왕의 왕제 복호를 정월에 데려왔고, 그 해 가을 일본에 건너가 미사흔을 왜국으로부터 돌아오게 하였으니, 그 해가 눌지왕訥祗王 2년(418)이라고 『삼국사기』에 기록되어 있다. 이 사실을 『일본서기』에서도 신공황후 섭정 5년(205)에 "신라왕이 모마리毛麻利[61]를 시켜 조공을 했으며, 질자質子 미시꼬찌〔微叱許智: 미사흔〕를 모마리가 도망하게 하였다는 기록이 있다.

신공황후 섭정 5년 봄 3월 계묘삭癸卯朔 기유일己酉日에 신라왕이 우례사벌汗禮斯伐·모마리질지毛麻利叱智·부라모지富羅母智 등을 보내 조공하였다. 또 먼저 인질로 와 있던 미질허지벌한微叱許智伐旱을 도로 데리고 가려는 생각이 있었기 때문에, 허지벌한을 통해 속여 말하기를 "사신으로 온 우례사벌·모마리질지 등이 신에게 고하기를 '우리 임금이 내가 오래도록 돌아오지 않음을 책하여 처자를 모두 노예로 삼았다'고 하니, 청컨대, 본토에 잠시 가서 내용이 거짓인지 아닌지를 알아보도록 해주소서"라고 하였다. 이에 황태후가 듣고 갈성습진언葛城襲津彦을 딸려 보냈다. 함께 대마도에 와서 저해수문鉏海水門에서 자는데, 신라 사신 모마리질지 등이 몰래 배와 삿대를 빼내어 미질한기微叱旱岐를 태워서 신라로 도망가게 하였다.[62]

---

**61** 『삼국사기』 권45, 「열전」, 〈朴堤上〉에서는 '毛末'이라 하였다.

**62** 『일본서기』 권9, 神功皇后 5년조 "攝政五年春三月癸卯朔己酉 新羅王遺汗禮斯伐 毛麻利叱智 富羅母智等朝貢 仍有返先質微叱許智伐旱之情 是以 誑許智伐旱而給之 曰 使者汗禮斯伐 毛麻利叱智等 告臣曰 我王以坐 臣久不還 而悉沒妻子爲孥 冀暫還本土 知虛實而請焉 皇太后則聽 因以副葛城襲津彦而遣之 共到對馬 宿于鉏海水門 時新羅使者 毛麻利叱智等 竊分船及水手 載微叱旱岐 令逃於新羅."

양측이 모두 동일한 사건을 기록하고 있는 것은 흥미 있는 일이지만, 그 연대를 고증하면 약 2백년 이상의 차이가 난다. 박제상이 고구려에 가서 왕제王弟 복호卜好를 데려온 그 해 가을 일본에 있는 왕제 미사흔을 음계로써 본국으로 돌아오게 하였다. 이는『삼국사기』눌지왕 2년(418)으로 고구려 장수왕 6년에 해당한다.[63] 그 후 6년 뒤인 눌지왕 8년(424) 2월에 고구려에 사자를 보내어 수빙修聘을 맺었다고[64]『삼국사기』「신라본기」에 기록되어 있으며, 이 해가 곧 장수왕 12년에 해당된다. 「고구려본기」 장수왕 12년조를 보면 "봄 2월에 신라가 사신을 보내어 수빙을 하므로 왕은 위로하여 특별히 대우하였다"는 사실은 그 연대와 내용이 일치한다. 그러나 미사흔 환국에 대한 일본과 신라와의 연대의 차이가 213년이나 올라가는 것은 있을 수 없는 일이다.

이외에는 양국 간의 동일한 사건에 대한 기록의 연대 차이를 비교하여 보면 120년 동안에 별표와 같이 5건이나 증명할 수 있다.[65] 백제 근초고왕이 사망한 해, 즉 375년에서부터 아신왕이 돌아가고 전지왕이 일본에서 돌아와 즉위한 해(405)까지 30년간의 일본 기록은 120년, 정확히 두 갑자를 올려놓고 있다.

이것은 백제 개로왕 21년에 왕이 고구려군에게 피살되고 국도를 위례성(지금의 廣州)에서 웅주(지금의 공주)로 남천南遷(475)할 때부터 일본의 기년紀年과 우리의 기년이 상합하기 시작한다.

위에서 서술한 것과 같이, 일본의 기년은 아신왕(일본에서는 아화왕

---

**63**『삼국사기』권3, 「신라본기」, 눌지왕 2년조 "春正月 親謁始祖廟 王弟卜好 自高句麗 與堤上奈麻還來 秋王弟未斯欣 自倭國逃還."
**64**『삼국사기』권3, 「신라본기」, 눌지왕 8년조 "春二月 遣使高句麗修聘."
　　『삼국사기』권18, 「고구려본기」, 장수왕 12년(AD. 424) "春二月 新羅遣使修聘 王勞慰之特厚."
**65** 별첨 도표 참조.

| 사건 | 일본서기 | 삼국사기 | 연대차 | 일본서기 기록 | 삼국사기 기록 |
|---|---|---|---|---|---|
| 百濟 近肖古王薨 | AD. 255 | AD. 375 | 120 | 攝政五十五年 百濟肖古王薨(일본서기 권9, 神功皇后 55년조) | 三十年冬十一月王薨(삼국사기, 권24) |
| 百濟 近仇首王薨 | AD. 264 | AD. 384 | 120 | 攝政六十四年 百濟貴須王薨 子枕流王立爲王(일본서기, 神功皇后 64년조) | 十年 四月 王薨(삼국사기, 권24) |
| 百濟 枕流王薨 | AD. 265 | AD. 385 | 120 | 攝政六十五年 百濟枕流王薨 王子阿花年少 叔父辰斯奪立爲王(일본서기, 神功皇后 65년조) | 二年 冬十一月 王薨(삼국사기, 권24) |
| 百濟 辰斯王薨 | AD. 272 | AD. 392 | 120 | 三年是歲百濟辰斯王立之 夫禮於貴國天皇 故遣紀角宿禰·羽田矢代宿禰·石川宿禰·木菟宿禰 嘖讓其無禮狀由是百濟國歸辰斯王以謝之 紀角宿禰等便立阿花爲王而歸(일본서기 권10, 應神天皇 3년조) | 枕流之薨也 太子少 故 叔父辰斯卽位(삼국사기, 권25) |
| 百濟 阿莘王薨, 腆支王이 일본에서 돌아와 왕이 되다 | AD. 285 | AD. 405 | 120 | 十六年 春二月 王仁來之 則太子菟道稚郎子師之 習諸典籍於王仁 莫不通達 故所謂王仁者 是書首等之始祖也 是歲百濟阿花王薨 天皇召直支王謂之曰 汝返於國以嗣位(일본서기, 應神天皇 16년조) | 腆支王 (或云直支) 梁書名映 阿莘王之元子 阿莘在位第三年立爲太子 六年出質於倭國 十四年王薨 王仲弟訓解攝政以待太子還國 季弟碟禮殺訓解自立爲王 …國人殺碟禮迎腆支卽位 (삼국사기, 권25) |
| 百濟 直支王薨 | AD. 294 | AD. 420 | 126 | 二十五年 百濟直支王薨 郎子久爾辛立爲王(일본서기, 應神天皇 25년조) | 十六年 春三月 王薨 久尒辛王 腆支王長子 腆支王薨 卽位(삼국사기, 권25) |

이라 함)이 돌아가고 전지왕腆支王이 일본으로부터 돌아와 즉위하는
해가 『삼국사기』 연표에 의하면 고구려 광개토왕 14년이요, 신라 실
성왕實聖王 4년이며, 중국 동진東晋 안제安帝 의희義熙 원년 을사乙
巳에 해당한다. 『양서』 「백제전」을 보면 "동진 의희 연간에 백제왕
여영餘映" 운운하였다.[66] 이와 같이 전지왕이 일본에서 돌아오는 연
대가 신라·고구려, 특히 중국의 기년과 일치하고 있는 것을 확실히
알 수 있다. 이를 더욱 자세히 고증하여 보면, 『양서』[67]는 당태종唐太
宗(627~649)의 칙령을 받들어 찬한 것인 만큼 1,300여 년 전의 옛 기
록이라 하겠다. 백제 무왕武王 연간에 해당하므로 백제가 멸망하기
이전의 기록이다. 중국과의 왕래가 빈번하고 무령왕武寧王이 양나라
무제武帝에게 사신을 보내고 표表를 올렸으며, 양무제는 백제 무령왕
을 영동대장군寧東大將軍에 봉했다고 하였다. 이 당시의 사실은 1971
년에 발견된 무령왕릉의 지석에서 영동대장군이라는 칭호가 벽두에
나오는 것으로 증명된다. 뿐만 아니라, 『삼국사기』 「연표」에 사마왕斯
麻王이 23년 계묘癸卯 5월에 돌아갔다고 한 것처럼 지석에서도 백제
사마왕이 62세의 나이로 계묘년 5월 7일에 붕崩했다고 기록하고 있
다. 이같이 중국과 한국의 관계기록이 정확하게 일치하고 있는 것을
이 지석이 증명해 주는 것이다. 이것으로 보아 백제·신라·고구려,
중국 남북조시대의 기년이 모두 일치하는 반면 일본에서는 375년부
터 405년까지 30년간의 역사가 120년, 즉 두 갑자의 모순을 범하였
음을 알 수 있다.

---

**66** 『양서』 권54, 「동이전」, 〈백제〉 "晉太元中 王須 義熙中 王餘映 宋元嘉中 王餘毗
立遣獻生口."
　　『삼국사기』 권25, 「백제본기」, 전지왕조에는 "전지왕은 『양서』에서 이름을 映이라
하였다"고 되어 있다.
**67** 唐代의 姚思廉이 편찬한 것으로 南朝 양나라 4대 56년간의 역사를 기술한 것이다.
본기가 6권, 열전이 50권, 도합 56권이다.

위의 고증에 근거해 볼 때 전지왕이 일본에 인질로 갔다가 아신왕이 돌아가자 귀국한 사실은『일본서기』응신 천황 16년조의 기록과『삼국사기』백제본기 전지왕 원년의 내용이 일치한다.[68] 이것은 동일한 사건의 내용임에는 틀림이 없으나, 120년의 차이로 동일한 사실임을 지금까지 인식하지 못했던 것이다(이 전지왕을『일본서기』에서는 직지直支라고 부른다고 하였다).

## 4. 신라시대의 유학

### 1) 신라인의 공동체 의식

고구려와 백제는 건국 초기부터 씩씩한 기상과 정복 국가로서의 비교적 활발한 부족 연맹으로 성립된 반면에 신라의 건국은 자연 발생적으로 완만히 이루어졌기 때문에 본질적으로 고구려나 백제와 차이가 있다. 또 그 기질도 고구려·백제와는 달리 평화롭고 유순하였다고 볼 수 있다. 신라는 지금의 경상도 경주를 중심으로 광활한 경주평야에 자리잡았는데, 남쪽으로는 변한弁韓, 북쪽으로는 고구려·마한馬韓 등을 경계로 하였다. 신라의 건국은 그 건국신화에서 볼 수 있듯이 박혁거세가 육부 촌장들의 갈망과 소망 속에서 태어났고, 또 가장 유력한 사람으로서 애호를 받으며 나라의 슬기로운 인물로 추앙되는 등 대단히 유순함을 그 특징으로 하고 있다. 신라인의 기질이 고구려·백제의 북방 기질과 다른 것을 알 수 있다.

---

**68** 전지왕(혹은 직지왕이라고도 한다)의 이름은『양서』에 '映'이라 하였는데, 아신왕의 元子이다. 아신왕 재위 3년에 태자가 되었고 동 6년에 일본에 인질로 갔다. 14년에 아신왕이 죽었다. 아신왕의 동생 訓解가 섭정하며 태자를 기다렸다. 아신왕 막내 동생 접례(磼禮)가 훈해를 죽이고 왕이 되었다…… 나라 사람이 접례를 죽이고 전지를 왕으로 맞았다(『삼국사기』권25,「백제본기」, 전지왕).

신라는 육부의 촌장들이 모여서 지도자를 선출하는 형태로 국가가 출발하였다. 원시신라의 형태라고 할 수 있는 사로국斯盧國을 중심으로 하여 변한·진한 등의 종족들이 각기 지역별로 6촌, 즉 여섯 개의 씨족 부락을 만들고, 이를 중심으로 하여 혼합된 부족 연맹체였다. 그러나 육부의 촌장들은 함께 모여서 평화로운 가운데 임금을 골라 추대하였다고 한다. 이 점은 다른 나라에서는 볼 수 없는 신라의 고유한 특색이라 할 수 있다.

그러므로 여기에서는 왕위를 둘러싸고 정치적으로 뺏고 빼앗기는 관계와는 거리가 멀다. 서로 상의하여 유덕한 사람을 골라 추대했다는 것이 특징이기 때문에 가장 인격적으로 훌륭한 사람, 순수한 사람, 그리고 능력이 있는 사람이 나라의 임금으로 세워졌던 것이다. 단순하게 어떤 힘에 의해서 상대방을 이겨내고 어려운 문제를 용감하게 해결해 주는 것만으로 추장이나 임금이 되는 것이 아니었고, 여기서는 오히려 남녀의 성性 구별도 없을 뿐만 아니라, 적서의 차이도 없고 또 장자·차자에도 구별됨이 없이 훌륭한 사람이면 누구나 뽑는다는 사상이었던 것이다. 이러한 사상은 단군신화에서도 볼 수 있는 바와 같이 모두 추대한다고 하는 형식이 특징을 이루었다고 할 수 있다.

박혁거세의 '혁赫'이라는 것은 '밝다', '붉은 해'를 의미하는 말이다. 밝은 것을 상징하고 있다. 아마도 고대로부터 동방의 배달민족은 자연 산천만이 밝고 수려한 것이 아니라, 사람도 두뇌가 밝고 명석한 사람이 임금이 된다고 하는 사고방식이 있었던 모양이다. 신라 고대인의 의식 속에도 이러한 것이 들어 있었던 것이 아닐까? 그러므로 정치 지도자는 어떤 의미에서 종교적인 성격도 가졌으며 따라서 정치적인 지도자가 곧 종교적인 지도자가 되었던 것이라고 하겠다.

예를 들면, 남해차차웅은 신라의 제2대 임금인데, 『삼국사기』 주석 注釋에 보면 차차웅次次雄을 자충慈充이라고도 한다 하고, 김대문金 大問의 해설을 인용하여

신라의 방언으로 차차웅은 무당을 이르는 말이다. 사람들은 무당이
귀신을 섬기고 제사를 숭상하는 까닭에, 무당을 두텁게 공경하므로 드
디어는 존장자를 칭하는 말로 차차웅이라 하게 되었다.[69]

고 하였다. 이것은 종교와 정치가 일치된 상태에서의 이상형을 최고
의 왕이나 지도자로 보았다는 것을 의미한다.

다시 말하면 신라인들은 특별히 맑고 깨끗한 종교 지도자가 곧 최
고 수준의 정치지도자가 될 수 있다는 사고방식을 가졌다고 볼 수 있
다. 여기에서 신라인의 공동체의식이 강하게 작용하고 있는 측면을
볼 수 있다. 이 공동체의식에서는 사람과 사람과의 사이에서 마음속
의 순수성 내지 선천성을 바탕으로 하면서 또한 하늘의 뜻을 공경하
는 생각이 중심을 이루고 있다고 하겠다. 그러므로 그들의 모임은 언
제나 자발적이었고 의견은 항상 합의를 이루었다. 그 당시의 이러한
공동체의식은 멀리 우리의 고유신앙과도 관계가 깊다. 이러한 공동체
의식은 거기에서만 그치는 것이 아니라, 후기에 내려와서는 점차 화
백제도和白制度라고 하는 신라의 고유한 정치제도로 발달하였다. 화
백제도에 관한 것은 『당서』「신라전」에도 보인다.

무슨 큰 일이 있을 때는 모든 백관들이 모여서 서로 깊이 토론한 후
에 정한다. 17관등 중 상부 계층이 참석하는데, 어떤 일이 있을 때는 반
드시 여러 사람과 같이 합의해서 결정하나, 만약에 그에 한 사람이라도
이의가 있으면 통과되지 못한다.[70]

---

69 『삼국사기』권1, 「신라본기」, 남해차차웅조 "次次雄 或云慈充 金大問云 方言謂巫
也 世人以巫事鬼神 尙祭祀 故畏敬之 遂稱尊長者 爲慈充."
70 『隋書』「신라전」에, "큰 일이 있으면 여러 신하들을 모이게 하여 상세히 의논한
다음에 결정하였다"고 하였으며, 『당서』「신라전」에 "일은 반드시 여러 사람의 의
견을 참조하였으니, 이름하여 화백이라 한다. 한 사람이 반대해도 일은 성사되지

이렇듯 화백제도를 통해서 오늘날 민주제도와 흡사한 일면을 엿볼
수 있다. 이 화백제도는 고려시대의 도당都堂[71]회의라고 하는 최고회
의의 형태와 비슷한데, 이는 단 한 사람이라도 반대 의견이 있으면 안
건이 부결되는 만장일치제도였다. 이것이 조선시대에 와서 정종 2년
(1400)에 의정부議政府로 개편되었는데, 의정부[72]도 모든 사람들의 의
견을 종합해서 군의群意에 따라서 결정하는 기관이었다. 또 이것이
후에 가서는 비변사備邊司로 바뀌어서 군사 문제를 해결하는 기관이
되었지만, 역시 총의에 의해서 결정한다는 점에서는 기능이 같았다.

이와 같이 신라의 화백제도는 그 근본이념이 공동체의식에 뿌리를
박고 있으며, 이 공동체의식은 고구려나 백제에서와 같은 무력과 타
의에 의한 합의가 아닌 자발적인 성실성과 순수성에 바탕을 둔 것이
었다. 또한 이 공동체의식이 오늘날 민주주의 방식과 비슷하다고 하
지만, 민주주의 방식은 다수결에 의한 계약적 합의에 지나지 못하나
전원합일이라는 방식은 인간의 참된 참여를 전제로 하는 것이다.

## 2) 신라의 문자와 학술

고대 삼국 중에서 비교적 문화가 늦게 발달한 나라가 신라라 하겠
다. 고구려와 백제는 일찍이 중국의 대륙문화를 받아들여 문자를 수
입하고 서적도 많이 들여왔다. 그리고 많은 학자들도 나왔던 것이다.
또한 중국을 위시해서 일본과 국교 관계도 성립하였고, 고구려와 백
제의 상호 관계, 또 신라에 이르기까지 많은 영향을 주었다. 유교와
불교에서도 모두 그러하다. 그 당시 일본에 영향을 준 고구려와 백제

---

않았다"고 하였다.
71 도당은 그 기원이 신라의 화백제도나 백제의 남당에서 비롯된 것이라 할 수 있다.
   고려 때 都兵馬使 또는 都評議使司라고 불렀다.
72 의정부는 三議政과 贊成·參贊과 육판서 등이 모여 한 국가의 군국대사를 의논하는
   합의 기관인데, 都堂 또는 黃閣이라고 하였다.

의 학자가 많이 있었다. 그러나 신라의 학자가 일본 또는 고구려나 백제에 가서 영향을 주었다는 사실은 기록에 나타나 있지 않다.

『양서』「신라전」을 보면 "처음 신라에는 문자가 없어서 나무를 에워(어음대) 신표信標로 삼았으며, 언어는 백제인들을 통해서 의사를 소통하였다"[73]라고 기록하였다. 이로써 보면 고대 신라에는 문자가 없었음을 알 수 있는데, 그것이 점차 백제·고구려를 통하여 한문이 신라에까지 전래되어 비로소 문자를 기록하게 된 것이라고 볼 수 있다.

이렇듯 오래된 문자의 기록으로써 지금까지 남아 있는 것으로는 금석문을 그 예로 들 수 있다. 만주 통구通溝에 서 있는 고구려 광개토대왕비와 한반도 안에서 가장 오래된 진흥왕순수비는 우리나라의 옛 기록으로 가장 확실한 민족 문화재이다.

상당히 유창하고 다채로운 사상을 당시의 기록을 통해서 읽을 수 있다고 하는 점에서 다른 문서나 책자로 기록된 것보다 훨씬 가치가 있는 국보적인 것이라 아니할 수 없다. 한문을 수입하지 않았다고 한다면 그와 같은 민족 문화의 유산을 남기지 못하였을 것이다. 그러므로 문자의 수입과 문화의 발달은 불가분의 관계를 맺고 있다. 이렇듯 고대로부터 고유한 언어는 있었으나 고유한 문자는 갖지 못하였다. 이러한 가운데 한문이 들어옴으로써 비로소 외국문화를 배울 수가 있었고, 동시에 우리의 역사와 문화를 기록해 놓을 수가 있었다.

다시 말해서 자기나라의 역사를 편찬할 수가 있었고, 국가와 국가 사이에 서로가 국교문서를 작성 교환하고 의사소통을 할 수 있었다. 예를 들면 군대를 요청한다든가 조공을 보내는 일, 뿐만 아니라 무역을 할 때에 언어가 통하지 않고서는 될 수 없는 일이다. 이러한 관계를 한자가 담당한 것으로, 한자가 고대에 상당히 문화적인 매개 역할

---

[73] 『양서』 권54, 「동이전」, 〈신라〉 "無文字 刻木爲信 語言待百濟而後通焉."

을 한 것을 간과할 수 없다. 뿐만 아니라, 사상적 측면에서도 유교나 불교의 경전을 읽을 수 있고, 도가道家의 여러 가지 서적·의학·천문·지리학·수학 등의 책을 읽을 수 있었다는 것은 민족문화 발전에서 다행한 일이라 할 수 있다. 만일 그런 것이 없었더라면 우리는 원시적이고 몽매한 민족이 되고 말았을 것이다.

일찍부터 한문을 수입한 것은 민족 문화사 및 학술사에 지대한 영향을 끼쳤다. 그런데 한자의 한국적 수용에서 특기할 만한 사실은 한국어의 체계와 한문법의 체계가 상이하므로 언문이 일치할 수가 없다는 것이다. 따라서 한자의 음과 뜻을 빌어 우리말을 표기하게 되었으니, 이것이 곧 이두吏讀·향찰鄕札 또는 구결口訣이다. 이는 훈민정음 창제 이전의 우리글이라 하겠다.

그러나 신라는 점차 한문을 들여와 유교 문화를 섭취하였다. 『삼국사기』의 기록에서 22대 지증왕 때부터 국호를 한자로 '신라新羅'라고 표기하였음을 볼 수 있는데, 이는 중국의 대륙문화를 섭취한 것이라고 할 수 있다.[74] 또 제23대 법흥왕때 불교를 일으켰다고 하는 것[75]도 인도에서 직수입한 불교가 아닌 중국의 한문으로 기록된 불경과 중국적 불교 사상을 들여온 것이라 하겠다.

특히 제24대 진흥왕 때에는 대아찬大阿湌 거칠부居柒夫 등 문사文士를 시켜 국사國史를 편찬케 하였다.[76] 더구나 신라는 당시의 국제

---

**74** 지증왕 4년(503) 10월에 군신들이 왕에게 건의하기를 "시조가 창업한 이래로 국호를 확정하지 아니하여 혹은 斯羅라고 칭하며, 혹은 斯盧라고 칭하고, 혹은 신라라고 말하였으나, 신등이 생각하면 '新'은 德業이 날로 새롭다는 뜻이고, '羅'는 사방을 망라한다는 뜻입니다. 그러므로 국호를 신라라고 하는 것이 옳겠습니다"고 하였다.

**75** 법흥왕 15년(528)에 불교를 펴보려고 하였으나 군신들이 반대하였다. 이 때 異次頓이 "소신을 斬함으로써 衆議를 결정하소서"라고 하였다. 뒤에 중의를 깨뜨릴 수 없어 이차돈을 참형에 처하였으나, 피가 젖빛과 같은 이상한 일이 있었으므로 그후 佛法 시행에 반대하지 않았다.

**76** 진흥왕 6년(545) 7월에 伊湌 異斯夫가 왕에게 아뢰기를 "國史라는 것은 군신의

관계에서 당나라와 긴밀한 외교 관계를 유지할 필요가 절실하였으므로, 제26대 진평왕은 자주 당나라에 사신을 보냈다. 또 당나라 고종高宗 때 신라 진덕여왕은 〈태평송太平頌〉이라는 시를 지어 보냈는데 많은 칭찬을 받았다.[77] 여기에서 유교의 각종 고급 경전을 인용하였음을 볼 수 있다.

| 大唐開鴻業 | 대당이 홍업鴻業(帝業)을 여니 |
| 巍巍皇猷昌 | 높디 높구나 황유皇猷가 융창함이여! |
| 止戈戎衣定 | 전쟁을 그치어 천하를 평정시켰고 |
| 修文繼百王 | 문치文治를 닦아 전대 임금을 계승했네. |
| 統天崇雨施 | 천하를 다스리되 대자연의 운행[78]을 숭상하고 |
| 理物體含章 | 만물을 다스리되 땅의 덕[79]을 본떴네. |
| 深仁諧日月 | 깊은 인덕仁德은 해와 달 같고 |
| 撫運邁時康 | 평안한 국운은 태평시대로 나아간다. |
| 幡旗旣赫赫 | 찬란히 빛나도다, 깃발들이여. |
| 鉦鼓何煌煌 | 군악 소리 어찌 저리도 웅장한고. |
| 外夷違命者 | 오랑캐들 황제의 명령을 어긴다면 |
| 剪覆被天殃 | 하늘의 화를 입어 망하고 말리라. |

---

선악을 기록하여 잘잘못을 만대에 보이는 것인데, 史記를 수찬하여 놓지 않으면 후대에 무엇으로써 史實을 볼 수 있겠습니까?"하니, 왕이 그렇다 하고 대아찬 居柒夫 등에게 명하여 널리 文士들을 모아 국사를 수찬하였다.

[77] 왕은 비단을 짜서 거기에 오언시 「태평송」을 지어 김춘추의 아들 金法敏을 파견하여 당나라 고종에게 바쳤는데, 당고종은 이 글을 보고 크게 기뻐하면서 김법민에게 대부경의 벼슬을 내렸다고 한다.

[78] 원문의 '雨施'는 '雲行雨施'의 준말로 대자연의 작용을 말한다. 『주역』, 〈乾卦〉 "彖曰 大哉乾元 萬物資始 乃統天雲行雨施 品物流形."

[79] 원문의 '含章'은 빛남을 숨긴다는 뜻으로 땅의 덕을 말한다. 『주역』 坤卦와 姤卦에 보인다.

| 淳風凝幽顯 | 순후한 풍속은 곳곳에 어리고 |
| 遐邇競呈祥 | 원근에서는 다투어서 상서를 바치네. |
| 四時和玉燭 | 사시의 기후는 옥촉玉燭처럼 분명하고 |
| 七曜巡萬方 | 칠요의 광명은 만방을 순행하네. |
| 維嶽降宰輔 | 산악의 정기는 보필할 재상을 낳고 |
| 維帝任賢良 | 황제께서는 현량한 이를 뽑아 쓰시네. |
| 五三成一德 | 오제삼황이 뭉쳐 일덕을 이루니 |
| 昭載皇家唐 | 빛나도다, 대당의 황실이여. |

진흥왕 때에 세운 각종 비문들을 보면 이미 신라는 삼국 중에서 시기적으로 백제·고구려보다는 조금 늦지만 유교 경전에 대해 상당한 이해와 문장력이 있었던 것이 사실이다.[80]

『삼국사기』에 보면 신라의 김후직金后稷이 진평왕에게 간諫하는 대목이 있다. 진평왕이 늘 사냥을 즐기므로, 김후직은

옛날에 왕이 된 자는 하루라도 정사를 깊이 생각하고 크게 염려하며, 좌우의 바른 신하들의 직간直諫을 받아들이기에 부지런하고, 감히 평안히 쉬지 않은 뒤에야 덕망 있는 정사를 마음대로 펴게 되어 국가를 안보할 수 있었습니다. 그런데 대왕은 날마다 놀기 좋아하는 이들과 사냥꾼들과 함께 매나 사냥개를 놓아 돼지·꿩·토끼들을 잡으러 산과 들로 뛰어다니며 이를 그만두려 하질 않습니다. 『노자老子』에 말하기를 "사냥을 하러 돌아다니면 사람의 마음을 미치게 한다"고 하였고, 『서전書

---

80 진흥왕의 磨雲嶺巡狩碑에 "대체로 옳은 정치 기풍이 퍼지지 않으면 사회의 기강이 무너지고, 좋은 이념이 나오지 않으면 사악한 것이 서로 다투니, 제왕이 나라를 세워 다스림에는 무엇보다도 자기 몸을 닦아 백성을 편하게 함이 중요하다……"라는 대목이 있다.

傳』에 말하기를 '안으로는 여색女色을 좋아하고 밖으로는 사냥을 일삼으면 곧 망하지는 않으나, 안으로는 마음을 방탕히 하는 것이 되고 밖으로는 망국의 걱정을 만드는 것이 되니 살피지 않으면 안 된다"고 하였습니다. 전하께서는 이를 깊이 생각하소서.[81]

라고 간하였다. 원래 간하는 법은 일찍이 중국 상고시대부터 있어 온 유교의 독특한 정치방법인데, 김후직의 간한 것이 유교의 전형을 보이고 있다. 더욱이 『노자』와 『서전』의 말을 인용하여 왕을 간한 것은 흥미 있는 일이라 아니 할 수 없다. 진평왕이 그 말을 듣지 않았으므로, 그 후에 김후직이 유언을 남겨 왕의 사냥 가는 길목에 묻혔다. 왕이 그 곁을 지나니 우는 듯한 소리가 들리므로 신하에게 물으니 김후직의 울음이라 하였다. 왕은 말하기를 "그 사람의 충간忠諫은 죽어서도 잊지 않으니 나를 애호하는 마음이 그토록 깊구나. 만약 끝내 이를 고치지 않는다면 무슨 면목으로 그의 혼령을 대할 것이냐"라 하고는 죽을 때까지 사냥을 하지 않았다고 한다.

### 3) 토속 신앙과 가치관의 변화

신라의 원시적인 신앙, 즉 고유신앙은 국가체제가 완성됨에 따라 점점 변천되었다. 제도와 조직이 마련되고, 중국문화가 유입流入되어 유·불·도 삼교를 수용함에 따라 고유신앙도 그 영향을 받게 되었던 것이다. 이러한 변천 과정을 잠깐 살펴보기 위하여 민중 속에 그 뿌리를 박고 있었던 원시신앙이나 토속신앙을 알아보기로 하자.

문헌의 기록에 의하면 초기 토속신앙의 형태로서 여러 무속과 조상 숭배 및 자연신을 비롯한 잡신 숭배사상이 많이 나타난다. 신라 초기

---

81 『삼국사기』 권45, 「열전」, 〈김후직〉

에 통치자는 대개 무당을 겸하고 있었다. 고대인들의 생각에는 왕이
란 백성을 다스릴 뿐만 아니라, 모든 것에 능통하고 신의 의사를 잘
받드는 자라고 보았기 때문이었다. 『삼국사기』에

> 남해왕南解王은 차차웅次次雄이라고도 하는데, 차차웅이란 존장尊長
> 의 칭호이다. 김대문이 말하였다. "차차웅이란 무당을 말한다. 세상사람
> 들은 무당이 귀신을 섬기고 제사를 지내기 때문에 그를 두려워하는 것
> 이다."

라는 기록이 있다. 신라 초기에 얼마나 종교적 신앙심이 강했던가를
짐작할 수 있다.

또 무당이 의술을 행하는 무의巫醫의 기록도 있다. 미추왕 3년에
성국공주가 병이 나서 무의를 불렀으나, 효험이 없어 다시 아도대사我
道大師가 궐내에 들어가 공주의 병을 고쳤다는 것이다.[82] 또 승상 김
양도金良圖가 어렸을 적에 꿈에 갑자기 사지를 쓸 수가 없고, 입이 굳
어져 말을 제대로 하지 못하게 되었으므로 무당에게 제사를 지내게
하였다는 기록도 보인다.[83]

무속 신앙 외에도 조상 숭배 및 자연과 동물을 숭배하는 샤먼적 요
소도 볼 수 있다. 『삼국사기』에 보면 제2대 남해왕 3년에 처음으로
시조 혁거세赫居世의 묘당廟堂을 세우고 계절마다 제사를 지냈다고

---

[82] 미추왕 즉위 3년(264) 성국공주가 병이 나자 巫醫를 불러 보였으나 효험이 없었다.
사람을 보내어 사방으로 의술을 구하였는데, 아도 대사가 돌연히 궁중에 들어가
병을 낫게 하였다. 왕은 크게 기뻐하였다.

[83] 승상 김양도가 어릴 때 홀연히 입이 굳어져 말을 못하고 온몸이 뻣뻣해져 움직이지
못하였다. 큰 귀신이 작은 귀신을 데리고 집에 들어와서 상에 차려둔 음식을 먹는
것이었다. 무당이 와서 제사를 지내면 귀신이 무리를 지어 다투고 모욕하였다. 김양
도가 물러가도록 명령하려 하였으나 입이 말을 듣지 아니하였다. 『삼국유사』 권5,
「神呪篇」, 〈密本摧邪〉 참조.

한다. 22대 지증왕 때에는 시조 탄강지인 나을奈乙에 신궁을 창립하여 제사지낸다는 기록이 있다.

또한 신라시대에는 이미 산신山神 사상이 널리 퍼졌는데, 석탈해昔脫解가 토함산吐含山 수호신이 되었고,[84] 박제상朴堤上의 처는 여산신女山神이 되었다.[85] 또 신라에는 오악신五嶽神을 제사하였는데,[86] 이는 중국의 오악사상과 같다. 산신사상은 산신의 보호를 받아 생生을 영위하려는 데서 나온 것인데, 뒤에는 영웅이나 덕망 있는 자가 산신이 되어 인격신이 이를 대신하게 되었다. 이외에도 동물신과 기우제祈雨祭에 관한 기록이 있다.[87] 기우제의 경우 비가 내리거나 아니 내리거나 모두 신의 섭리라고 믿는 데서 나온 민속의식으로 이러한 신의 섭리가 왕의 덕德과 관련된다는 데서 왕이 솔선하여 행했던 것이다.

이러한 원시 종교와 아울러 알아둘 것은 순장殉葬의 풍습이다. 이 순장의 풍습도 역시 유·불·선 삼교의 영향, 특히 유교의 예법을 받기 전에 행해지던 원시적 종교행위의 일종이었다. 물론 과거에는 노예제도가 있었기 때문에 그 제도의 일면을 나타낸 것이라고 보는 사람도 있지만, 보다 종교적인 의미가 부각되지 않으면 안 될 것이다.

---

84 석탈해왕이 죽은 후 태종 무열왕의 꿈에 사나운 모양을 한 노인이 나타나서 "나는 탈해인데, 내 뼈를 파내어 석고상(塑像)을 만들어 토함산에 봉안하라"고 하였다. 왕이 그 말을 좇았으므로 지금까지 나라에서 끊이지 않고 제사지내니, 이것을 東嶽神이라고 한다. 『삼국유사』 권1, 「紀異篇 上」, 〈第四脫解王〉 참조.

85 神母祠가 鵄述嶺에 있는데, 신모란 朴堤上의 아내이다. 박제상이 왜국에서 죽었는데, 그 아내가 그리움을 이기지 못하여 치술령에 올라 왜국을 바라보며 통곡하다가 죽었다. 그녀가 죽어서 치술령의 신모가 되었으므로, 그 마을 사람들이 지금까지 제사지낸다. 『신증동국여지승람』 권21, 慶州府, 〈祠廟〉 참조.

86 『신당서』에 "신라에는 산신에게 제사하기를 좋아한다"고 하였으며, 『唐會要』에도 "신라에서는 산신에게 제사하기를 좋아한다"고 하였다.

87 경덕왕 12년(753) 여름에 가뭄이 심하여 『金光明經』을 강하여 비를 빌게 하였다. 『삼국유사』 권4, 「義解篇」, 〈賢瑜伽 海華嚴〉 참조.

은殷나라의 고도古都에서 많은 순장의 흔적을 볼 수 있는 반면, 주周
나라에 와서 없어진 것을 보면 은대의 종교적 문화가 주대의 인문적
문화로 차차 발달한 사실을 알 수 있다. 역시 순장은 종교적인 의미가
짙다. 『삼국사기』에 보면, 지증왕 3년조에

> 왕이 순장을 금지하라고 분부하였다. 이는 전왕前王(炤智王)이 돌아
> 가자 남녀를 각각 5명씩을 순장하였기 때문에 이를 금지시킨 것이다.[88]

고 하였다. 고구려에서는 동천왕東川王이 죽자 많은 신하들이 따라 죽
기를 원했으나, 태자가 예禮가 아니라고 하여 금했다는 기록이 있다.[89]
　이로 미루어 보면, 유교적 예속이 확립되기 전에는 순장이 많이 행
해졌던 모양이다. 문화가 발달하여 감에 따라 인간의 존엄성을 인식하
는 한편 행위나 의식에서 이를 적절히 표현할 필요가 있었던 것이다.
　고대에는 순장을 종교적 관념에서 신성하게 여겼지만 유교가 들어
옴에 따라 예법의 정신과 인도정신으로 말미암아 가치관의 변화가 있
게 되어 순장을 금하게 되었다. 중국에서도 주나라의 인문주의 문화
의 영향으로 순장이 차차 사라졌다. 공자는 사람을 장사지낼 때 돌이
나 나무로 사람의 형상을 만들어 함께 매장하는 것을 심히 꾸짖고 그
런 사람은 후손이 끊어지리라고까지 걱정하였다.[90] 맹자 역시 산 사
람을 매장하는 것은 비인간적이며 비이성적이라고 말하였다. 이 같은
유교의 인도주의 정신이 보편화됨에 따라 순장제도가 없어지게 된 것
이라 하겠다.

---

88 『삼국사기』권4, 「신라본기」, 지증왕 3년조 "春三月 下令禁殉葬 前國王薨 則殉以
　　男女各五人 至是禁焉."
89 『삼국사기』권17, 「고구려본기」, 東川王 22년조.
90 『맹자』, 「梁惠王 上」 "仲尼曰 始作俑者 其無後乎."

### 4) 진흥왕순수비와 정치이념

신라의 정치이념과 원칙을 알아볼 수 있는 문헌이 여러가지 있으나, 대표적인 것으로는 한반도에서 가장 오래된 비문이기도 한 진흥왕순수비를 들 수 있다. 이것을 통하여 우리는 진흥왕의 정치이념과 정치방법·정치의식 등을 알아볼 수 있겠다. 물론 그 속에는 중국적 정치철학인 제왕帝王의 통치이념이 바탕이 되어 있겠지만, 우리나라의 고신도古神道, 즉 하늘을 숭배하며 조상을 섬기고 단결하여 살아가는 정신의 요소도 들어 있다고 볼 수 있다. 황초령비黃草嶺碑에 다음과 같은 기록이 보인다.

순수한 풍습이 베풀어지지 않으면 참된 도리가 어긋나게 되고, 훌륭한 교화가 펴지지 않으면 사특한 것이 다투어 일어난다. 따라서 제왕이 통치 이념을 세우는 것은 모두 자기 몸을 닦아 백성을 편안케 하고자함이 아닐 수 없다.
純風不扇 則世道乖眞 玄化不敷 則邪爲交競 是以 帝王建號 莫不修己以安百姓

여기에서 '몸을 닦아 백성을 편안케 한다'는 문구는 『논어』에 나오는 공자의 말인데, 유교정치 이념의 근본이라 할 수 있는 것이다. 당시는 전국시대인 만큼 제왕들의 최대 관심사는 국가의 안보였다는 것을 말해 주는 것이다. 여기에는 물론 유교적인 요소가 많겠지만 고신도적인 요소도 들어 있다고 하겠다. 또 다음과 같은 글귀에서 그의 정치이상과 보국안민輔國安民하는 원리가 인간의 힘만이 아니라 하늘의 힘을 입었음을 강조하고 있다.

천명天命의 운세가 나에게 돌아와 내가 위로 건국 태조의 기반을 받아 계승하였다. 삼가고 조심하여 하늘의 도를 어길까 두려워하며, 또 하

늘의 은혜를 입어 운기運紀를 열었고, 신령[神祇]에 명감冥感되고, 천부
天符에 합하였다. 이로 인해서 국토를 확장하게 되고 백성을 더 많이 얻
게 되었다.[91]

즉 '하늘의 은혜를 입어 운수가 열리고, 또 신의 감화를 받았다'고
하는 것은 고신도의 신비적인 요소를 그 이념 속에 담고 있는 것이라
하겠다.

또 '이웃 나라와 교제를 하는 데 있어서는 신의와 화和한 생각을
가지고 교제한다(隣國誓信 和使交通)'고 하였다. 이웃 나라와 더불어
국교를 맺을 때에는 이해와 득실로써 함이 아니라, 신의와 화목으로
써 교제하여야 한다는 것은 『대학』에서 "이웃나라[隣國]와 교제함에
는 신의信義가 있어야 한다"[92]고 한 것과 같다.

국가를 보존하는 기본시책은 어떤 것인가? 여기에는 여러 가지 방
법이 있겠지만 경덕왕 때의 중 충담사忠談師가 지은 향가인 〈안민가
安民歌〉를 살펴보면 알 수 있다. 이 〈안민가〉에 나타난 이념에 유교
적 원리가 상당히 들어 있다. 경덕왕이 충담사에게 백성을 편안하게
다스릴 수 있는 원리를 노래로 지어보라고 하자, 충담사는 바로 그 자
리에서 〈안민가〉를 지어 불렀다고 한다. 이 〈안민가〉는 신라 향가 25
수 중의 하나인데, 그 내용을 살펴보면 임금을 아버지라 하고 백성을
자식이라 하여 어리석고 미련한 백성들을 친자식과 같이 사랑하고 불
쌍히 여겨야 한다고 하였다. 이 말은 유교의 애민사상, 민본사상을 그
대로 나타낸 것이라 하겠다. 〈안민가〉의 한 구절을 보면

---

91 『朝鮮金石總覽』 상권, 9쪽 "…… 然朕曆數當躬 仰紹太祖之基 纂承王位 兢身自愼
  恐違乾道 又蒙天恩 開示運紀 冥感神祇 應符合算 因斯四方託境 廣獲民土."
92 『대학』, 傳三章 "與國人交 止於信."

　　임금은 임금, 신하는 신하, 백성은 백성 구실 다할 양이면 나라는 태
　　평에 먹감으리라.

고 노래하고 있다. 이는 '임금은 임금답고, 신하는 신하답고, 백성은
백성다워야 한다'는 말과 같다. 이 문구는 『논어』에 나오는 구절이
다.[93] 즉, 각자 자기 도리에 합당한 권한과 책임을 다한다는 정명正名
사상에 입각해서 온천하가 올바르게 다스려질 수 있다는 것이다.
　　또한 진흥왕순수비에는 충실하고 정성이 있고 용감하고, 적을 막아
내는 공이 있는 자는 후한 상과 벼슬을 주어서 공훈을 빛내게 하리라
하였다. 이는 신상필벌信賞必罰의 원칙을 뚜렷이 하여 국민의 나갈
바를 확연하게 제시하여 준 것이라 하겠다.
　　진흥왕 시대의 이러한 정치이념은 그 후까지 계속되어 신라 문무왕
의 통치 이념에도 연결되었으며, 화랑도 정신의 연원을 이루었다고
볼 수 있다.

### 5) 花郞의 역사적 기능

　　화랑은 단순하게 교양단체나 수양단체로서 끝난 것이 아니고, 사회
발전과 우리 민족의 어려운 문제를 해결해 주었던 기능적인 단체라고
볼 수 있다. 또한 여러 가지 사회적인 기능도 했지만 동시에 국방의
기능도 감당할 수 있었던 단체라 하겠다. 그것이 처음 성립되는 과정
에서 진흥왕은 나라를 새롭게 중흥하고자 하면 모름지기 먼저 풍월도
風月道를 진작시켜야 한다고 생각하였다. 화랑도가 창립된 발상에는
나라를 새롭게 일으킨다는 것이 전제되어 있는 만큼 단순한 수양단체
만은 아닌 것이다.

---

93 『논어』, 「顔淵」 참조.

화랑도는 국가의 유용한 인재를 훈련하고 양성하는데 그 목적이 있었다. 『화랑세기』에서 말한 대로 어진 충신들이 이로부터 뽑혔으며, 훌륭한 장수와 날랜 군사들이 이로 말미암아 배출되었다고 한 바와 같이 문사文士와 무신武臣이 화랑에서 길러졌음을 명확히 알 수 있다.

이로부터 그 목적이 국가·민족·사회와 관련되어 있음을 알 수 있다. 그러므로 사회 발전에 기능적인 작용을 할 수 있는 단체로서의 사명이 화랑정신의 본질이라고 할 수 있다. 우리는 화랑도를 하나의 교양단체로도 보지만 더 나아가서는 군사적이고 국방적인 단체로도 볼 수 있다. 그러나 이 화랑도는 민간에서 결성된 자발적이고 적극적인 단체라는 데 그 특징이 있다. 화랑도는 개인의 인격 완성을 도모하는 동시에 국가 발전을 수호하는 역군들이라고 하겠다. 내적 상태로부터 외적인 건전한 체력과 국력을 기르는데 그 특징이 있었던 것이다. 그것이 민족 국가를 공고히 하고 삼국을 통일할 수 있는 원동력이 되었다고 말할 수 있다.

그 당시 화랑의 참모습을 읊은 충담사의 〈찬기파랑가讚耆婆郎歌〉를 보면

헤치고 나타난 달이
흰 구름조차 어디로 떠나는가.
새파란 냇물 속에
기랑의 모습 잠겼어라.
일오천 조약돌이
낭의 지니신 마음가를
좇고자 하는데
잣나무가지 높아
서리 모를 꽃판이여.[94]

라고 하였다. 그러면서 이것이 추상적인 상념과 관조의 세계에서 머무른 것이 아니라, 더 나아가 잣나무와 같이 절개가 드높아 서릿발을 모르는 화랑을 예찬하여 마지막 구절에 굳은 절개와 비교해 놓았다. 초탈한 이데아(Idea)의 세계와 풍설風雪이 치는 현실 세계를 한 몸에 겸비한 것이 화랑의 참 모습이라고 노래한 것이다.

### 6) 화랑정신의 고유성과 외래성

화랑정신은 전통사상과 관련이 있다고 한다. 단순하게 우리 전통사상으로만 구성된 것이 아니라, 우리의 재래적인 요소에 외래적인 중국의 불교라든지, 또는 도교라든지, 그리고 이전부터 들어와 있던 유교사상이 접합하여 보다 강렬하게 고유한 한국적인 사상으로 심화되어 가는 것이라 하겠다. 화랑도가 무엇인지를 『삼국사기』에서는 다음과 같이 기록하고 있다.

'상마이도의相磨以道義' 즉, 서로 도의로써 연마하며, 노래와 음악으로써 즐거워하고, 산수 좋은 곳을 찾아 즐기어 이르지 않은 곳이 없다고 하였다. 또 임금을 섬기되 충성으로써 하며, 어버이를 섬기되 효도로써 하며, 벗과 사귐에는 신의가 있어야 하며, 싸움에 임해서는 후퇴함이 없으며, 살생은 가려서 해야 한다고 하였는데, 이것은 원광법사圓光法師가 귀산貴山과 추항箒項이라는 화랑에게 준 세속오계世俗五戒이다.

이렇듯 세속 의견을 물었던 화랑들에게 준 내용을 보면, 원광법사의 말대로 임금을 충성으로 섬기며, 어버이는 효로 섬기고, 붕우 간에는 신의를 지키고, 전쟁에서는 후퇴함이 없고, 살생하는 데는 아무 것이나 하는 것이 아니라 가려서 해야 한다. 따라서 충효忠孝·신의信

**94** 梁柱東 풀이에 의함.

義·도의道義 등은 유가적인 요소를 많이 가진 듯하고, 살생유택殺生有擇이라는 살생 문제가 나온 것은 불교와 관련이 있는 것 같다. 또 산수에서 놀고 음악을 좋아하는 등의 사실은 역시 도교적인 요소로 보아야 할 것이다.

그러나 여기에는 재래의 고신도적인 요소가 들어 있다. 가령 화랑 가운데 가장 유명한 예로 김유신을 들 수가 있을 것이다. 그 당시의 김유신을 보면 상당히 신비적인 요소가 많이 있다. 그가 18세 때 무검·무술을 연마하고 단련하면서 깊은 산의 석굴 속에서 하늘에게 고하고 맹세했다는 기록이 많이 있으며, 그가 죽을 때에도 이상한 기록이 있다. 문무왕 13년 6월에 어떤 사람이 김유신의 집에서 무장을 하고 군복을 입은 사람 수십 명이 울면서 나가는 것을 보았다고 한다. 김유신이 이 말을 듣고 이것은 반드시 나를 암암리에 옹호해 주는 호위신護衛神으로, 내가 복이 다한 것을 알고서 떠나가는 것이니 아마 내가 곧 죽을 모양이라고 하였는데, 그 후 십여 일만에 병이 들었다고 한다. 이러한 면은 씩씩한 화랑의 대표적인 인물 김유신의 신비한 이적異蹟이다.

또 김유신이 삼국을 통일하기 위해서 여러가지로 고구려와 백제에 대해 염탐을 하고 그 계획을 세우고 있었을 때 고구려에서 간첩으로 온 백석이라는 사람이 김유신에게 "나와 같이 가서 정보를 수집한 다음에 그 기초 위에서 계획을 세우면 좋지 않으냐"고 유인하여 데리고 갔다. 그때 홀연히 선녀들이 나타나 김유신에게 그가 좋지 않은 사람이니 같이 가지 말라고 일러주었다는 신비한 이야기가 있다.[95] 고구려의 첩자·간첩이 와서 그를 죽이려고 데려 가는 것을 선녀들이 나타나 인도해 주었다는 이야기는 모두 재래의 신비적인 요소에서 이루어

95 『삼국유사』 권2, 「紀異 上」, 〈金庾信〉 참조.

진 것임을 알 수 있다.

그리고 사군이충事君以忠·사친이효事親以孝라고 하였는데, 중국식으로 말한다면 충이 먼저 나오지 않는다. 언제든지 효도가 기본이 되고 있는 것이다. 효도정신 위에서 충성이 나오기 때문에 '충신을 효자의 집에서 구한다(忠臣求孝子之門)'고 하였으니, 충보다 효가 더 기본적인 것이다. 세속오계에서 충忠을 앞세운 것은 당시가 절대적인 단결력을 요구하는 시대였으므로 사군이충事君以忠이 먼저 나온 것인데, 이는 중국의 효충孝忠 사상과는 그 성격이 다르다고 볼 수 있다. 또 여기서 신의信義를 말할 때 '서로 도의로써 연마한다(相磨以道義)'라 함을 볼 수 있다. 교우이신交友以信을 말할 때도 단순하게 유교적인 신의만이 아니라, 윤리 이상의 종교적 영역에까지 승화된 신의인 것이다.

한 예를 들어 말하면 진평왕 49년에 검군劍君이라는 화랑이 있었다. 그 해에 나라 안은 흉년이 들어 먹을 것이 없어서 심지어는 자식을 노임으로 팔아 식량을 구하는 경우가 있었고, 관리들까지도 나라의 곡식을 몰래 훔쳐서 나누어 먹는 것이 다반사였다. 이러한 무리 속에서 검군은 그들의 부정행위를 보고도 못 본 체하며, 그들이 주는 낱알 하나라도 받아서 먹지는 않았다. 이러한 검군의 태도에 불안을 느낀 다른 사람들은 "너는 왜 이것을 받지 않느냐"고 하니 검군은 "나는 화랑의 명단에 이름을 두고 풍류도를 수행하는 사람으로서, 진실로 의리에 어긋나면 비록 천금의 이익이 있더라도 마음을 움직이지 않습니다"라고 하면서 끝내 그들의 요구를 거절하였다고 한다. 이에 다른 사람들이 그를 죽이려고 모의하였다. 생명의 위태로움을 안 검군은 자기가 속해 있는 화랑의 무리들 가운데 맨 윗사람에게 가서 "나는 지금 곧 죽게 될 것이니, 다시는 보지 못할 것이라"라고 고별인사를 하였다. 그 연유를 물었더니 내용을 설명하였다. 그는 자기가 남을 죄준다고 하는 것이나 자기 때문에 다른 사람을 죄에 빠지게 하는 것이나, 자기의 죽음이 두려워서 여러 사람이 죄를 받게 하는 것은 그의 인정으로 차마 할 수 없는 일이라고 하였다. 그러면 왜 도망가지 않느냐고 물으니 "저들은 그르고 나는 옳은데 도리어 내가 도망간다면 장부가 아니다"라고 하면서 스스로 밥 속에 약을 섞어 놓은 것을 알면서도 먹고 죽었다고 한다.[96] 이것은 종래의 유교사상으로 보면 잘못된 처사라고 할 수 있다. 그러나 사회와의 관계 속에서 그러한 도의적 사명감을 지니고 있었던 것은 종교적 성격으로 연결된다고 할 수 있을 것이다.

화랑의 사상이 단순하게 유교·불교·도교의 외래적 사상의 접합으로 이루어진 것이 아니라, 전통적으로 고유한 신라의 애민사상과의 연계성 속에서 외래사상이 수용된 것이라고 말한 바 있다. 역시 전통사상과 중국에서 들어온 유교나 불교·도교와 같은 외래적인 사상이 전적으로 합치하는 것은 아니지만, 이것이 화랑이라는 청년단체를 통해서 재래의 것과 외래 사상이 종합되고 또 소화 섭취되어 민족 국가의 발전에 기여했다고 하는 측면은 대단히 중요한 참고가 되는 것이다.

이 전통사상 위에 외래사상을 우리 민족과 그 당시 사회적인 요구에 알맞게 섭취해서 이것을 수용 발전해 나간다고 하는 것은 사상적으로 발전되는 동시에 우리 민족에 유익한 방향으로 응용되고 활용된 것이라고 하겠다. 단순하게 이념적인 것에서 끝난 것도 아니고, 또 어떤 순수한 이념에 그치지 않는다고 해서 현실적이고 실용적인 측면으로만 떨어진 것도 아니다. 역사적 현실성과 이념적이고 철학적인 요소를 하나로 지양해 낸다는 것, 불교와 도교가 각각 다른 사상임에도 화랑들의 처지에서 적당하게 영양소로써 섭취할 수 있었음은 그 당시의 우수한 민족정신을 드러낸 것이라 할 수 있다.

---

**96** 『삼국사기』 권48, 「열전」, 〈劍君〉 참조.

또한 유교의 사상이 중국 것과 다른 것을 말하는 가운데 중국에서는 효를 강조하지만 충을 강조하지 않는다고 하는 것이 기본이나, 우리는 사군이충事君以忠이 먼저 나왔다는 것을 말한 바 있다. 또 신의에서도 역시 그러하다. 붕우유신朋友有信이란 서로 배신하지 않고 평등하게 신의를 지켜 가면 된다는데 그치는 것이 아니라, 여기에는 보다 깊은 문제가 들어 있다. 벗을 위해서 서로 맹세하고, 죽을 때는 함께 죽음에까지 이른다고 하는 것은 재래의 붕우유신의 신信과는 성격이 다른 보다 더 철저한 인간의 죽음과 연결된 문제라 본다. 이 역시 종래의 중국적인 신信과는 다른 차원을 개척한 것이라고 하겠다.

또 일반적으로 불교에서 오계五戒를 말할 때 불살생不殺生이 제일 먼저 나온다. 살생하지 않는다고 하였지, 살생하는 데 가려서 한다는 것은 아니다. 이 가려서 한다고 하는 요소를 생각해 볼 때 유교적인 요소로 생각하기 쉽다. 그러나 살생이라고 하는 것을 의식적으로 앞에 놓았음을 볼 때 역시 불교적인 관점이 가미되어 있는 것을 알 수 있다. 그러므로 불살생이 아니라, 살생유택殺生有擇이라고 한 것은 역시 그 당시 우리 민족의 지혜로운 섭취라고 할 수 있다.

또 도교의 자연주의에서 유오산수遊娛山水를 취하였는데, 산수를 좋아한다 해서 자연을 즐기는 것 같지만, 이것은 노장老莊의 무위자연과는 거리가 있다. 오히려 이 자연을 통해서, 산과 바다와 물을 통해서 심신을 단련하고 장엄한 기개를 기르는 무위자연이 아닌 유위자연이다. 즉, 심신을 연마하는 자연이라고 볼 수 있다. 단순하게 자연을 감상한다든가 낭만적으로 산수에서 허송세월을 하는 것이 아니라, 오히려 깨끗한 정신을 기르고, 더 나아가서는 군인정신까지도 기르는 것이다. 산악을 정복하고 강하江河를 우습게 볼 수 있는 기개가 내포되었으면서도, 거기에는 조금도 인욕적 허욕적인 요소가 들어가지 않는, 그야말로 무욕하고 무사하고 사사로움이 없는 견지에서 산수를 좋아했다고 볼 수가 있다. 이런 요소들이 유교나 불교·도교와 다른 점이며 보다 더 적극적인 관점에서 개발하였음을 알 수 있다.

예를 들면 불교 신앙과 재래 신앙이 일치하는 것은 아니지만, 재래의 신앙 속에는 용龍을 중심으로 하는 신앙이 많이 있었다. 용에 대해서 '용'자가 붙은 지명과 인명이 있을 뿐 아니라, 사람 이름 가운데 용자가 많이 들어 있고, 위대한 성자聖者의 탄생도 용으로 비유하기도 하며, 또 임금을 용으로 상징해서 용안龍顔·용상龍床 등의 말을 쓰고, 또 성자가 탄생할 때 용이 현몽을 했다는 말을 쓴다. 광개토대왕비에서도 동명왕이 하늘에 올라갈 때 황룡을 타고 갔다든지 또 용의 신앙이 많이 있는 것을 알 수 있는데, 이것은 중국이나 한국의 고대 신앙인 것이며 불교와는 다른 것이다. 이것을 고대말로 하면 '미리'·'미르'이며, 『훈몽자회』에서도 '龍' 자를 '미르 용'이라고 하였다. 이 '미르 신앙'이 나중에는 미륵신앙이라고 하는 것과 연계된다. 음이 서로 비슷할 뿐만 아니라, 그 용과 관련한 재래 사상을 미래의 이상상인 미륵신앙과 연계시켜 이것을 화랑과 향가와 미륵신앙과의 관계 위에서 무난하게 발전시킴으로써 한국적인 불교를 토착화하고 대중화한 것이라 하겠다.

# 제3장 통일 신라시대의 유학

## 1. 문무왕의 정치이념에 나타난 輔國安民思想

신라를 통일한 문무왕은 역대 왕 중에서 가장 위대한 임금이었다. 문자 그대로 문무를 겸비하여 문덕文德과 무공武功에서 어느 한쪽으로 치우치지 아니하고 원만한 정치로 수행하였다. 대개는 문약文弱해서 나라를 잃어버리는 수도 있고, 또한 너무 지나친 무단武斷으로 민심을 잃어 나라를 잃는 수도 있었다. 고려의 무단정치와 조선의 문약한 정치가 바로 그런 것이라 할 수 있다.

문무왕은 무열왕의 뒤를 이어 즉위(661)한 이래로 군량과 병기를 저장할 큰 창고를 짓고 남산성南山城을 비롯하여 부산성富山城을 쌓았으며, 안북安北 하변河邊에 철성鐵城을 쌓는 등 무비武備를 갖추었다.[1] 이에 더하여 서울의 성곽을 쌓으려고 관원들에게 명령하였는데, 그 때 의상대사義湘大師가 이것을 듣고 글을 올려

왕의 정교政敎가 밝으면 비록 풀언덕에 금을 그어 성城이라 하여도 백성이 감히 넘지 못하며, 그 재앙을 씻고 복되게 할 수 있거니와 정교

---

1 『삼국유사』 권2, 「紀異 下」, 〈文虎王法敏〉조와 『삼국사기』 권6, 「신라본기」, 문무왕 3년조 참조.

가 밝지 못하면, 비록 장성長城을 쌓았다 할지라도 재해를 소멸치 못하
리이다.[2]

라고 하였다. 이에 문무왕은 옳게 여겨 그 역사役事를 중지하였다고
하였으니, 문무왕은 무력 일변도의 정책만 취한 것이 아니고, 문사들
의 가언嘉言을 받아들여 민심을 순화하는 데도 남다른 관심과 아량이
있었던 왕이라 하겠다.

　문무왕의 아버지는 태종 무열왕이고, 어머니는 김유신의 누이였다.
그는 이처럼 훌륭한 가문에서 태어났으며, 생각이 깊고 인품이 높아
서 당시에 많은 인재들을 적재적소에 균형 있게 활용하는 역량을 가
지고 있었다. 문무왕은 항상 국방에 많은 관심을 기울였으며 특히 왜
구에 대하여는 늘 고심하였다. 『삼국유사』 권2, 〈만파식적萬波息笛〉
조를 보면 "문무왕이 왜병을 진압하고자 감은사感恩寺를 짓게 되었는
데 완성하지 못하고 돌아갔으며, 왕은 동해의 용이 되고 그 아들 신문
왕이 완공하였다"라고 기록되어 있다. 문무왕은 왜구의 진압을 위하
여 평생을 진력하였을 뿐만 아니라, 그의 유언에서 "죽어서 호국의 대
룡大龍이 되어 불법佛法을 숭봉하고 나라를 수호하겠으니, 내가 죽은
후에 동해 바다의 큰 바위에 장사지내라"고 한 것과 같이, 죽어서까지
도 왜구의 침입을 잊지 못하여 동해의 수호신이 되어 왜구를 물리치
겠다고 한 것을 보면, 그 얼마나 호국 안민의 정신이 철저하였던가를
알 수 있다. 심지어 이 말을 들은 지의법사智義法師가 "용은 축보畜報
(짐승으로 태어나는 것)인데, 어떻게 하시렵니까?"라 하였더니, 왕은
"나는 세간의 영화를 싫어한 지가 오래니라. 만약 짐승으로 태어난다

---

**2** 『삼국유사』 권2, 「紀異 下」, 〈文虎王法敏〉 "又欲築京師城郭 旣令眞吏 時義相法師聞
　之 致書報云 王之政敎明 則雖草丘盡(畫)地而爲城 民不敢踰 可以潔災進福 政敎苟不
　明 則雖有長城 災害未消 王於是正罷其役."

대왕바위

할지라도 그렇게만 된다면 나의 뜻에 합당하다"고 하였다.[3] 이렇듯 문무왕은 자신의 해탈이 급한 것이 아니라, 나라 백성들의 괴로움을 염려하여 보국안민輔國安民하려는 그의 염원은 그대로 그의 신앙이었다.

그러나 그에게는 현실적인 것과 이상이 융화되어 있었다. 그의 말대로 불법을 숭봉하는 것과 나라를 수호하는 것이 이율배반이 아니라, 이 두 가지가 일원화한 데서 위대함이 드러나고 있다. 그러나 일반적으로 말하면 세간에 치중하는 유교의 현실적 정교주의政教主義나 해탈을 강조하는 불교적 왕생사상往生思想의 어느 한편으로 치우치는 경향이 있지만, 문무왕의 인생관 속에서는 이를 중화中和시켜 원만하게 지양되어 있다.

문무왕의 보국안민 사상은 단순한 권력이나 병력으로 남을 멸시하고 자기 나라의 이익만을 추구하는 것이 아니라, 정법正法으로 나라를 수호한다는 것, 호법護法과 호국護國이 둘이 아닌 의미에서의 호국이며 호법이다. 유교에서 말하는, 힘으로써 지배하는 정치가 아니라 덕으로써 감화하는 정치이다.

삼국을 통일한다 하는 것도 남을 멸한다는 뜻이 아니라 파사현정破邪顯正의 의미이며, 천하 사람들의 밝은 덕을 모두 밝게 하는 뜻에서의 삼국 통일이다. 문무왕이 돌아갈 때에 유언에서 밝힌 바와 같이 서쪽으로 백제를 정벌하고, 북쪽으로 고구려를 토벌한 것은 위로 조상의 뜻을 이어받고 아래로 부자父子의 숙원을 갚으며, 세상을 평화롭게 하여 병기를 녹여 농기구를 만들게 하고, 어리석은 만백성을 인수仁壽의 낙원에 들게 함이라고 한 것은, 백성을 살리기 위한 전쟁이요, 단순한 영토의 확장이 아니었음을 알 수 있다. 이것이 삼국을 통일한

---

3 『삼국유사』 권2, 「紀異 下」, 〈文虎王法敏〉 "大王御國二十一年 以永隆二年辛巳崩 遺詔葬於東海中大巖上 王平時常謂智義法師曰 朕身後願爲護國大龍 崇奉佛法 守護邦家 法師曰 龍爲畜報何 王曰 我厭世間榮華久矣 若麤報爲畜 則雅合朕懷矣."

문무왕의 정치 이념이라 하겠다. 문무왕은 특히 전통의 단절을 경계하였으니, 조국의 관념을 잠시도 잊지 않았다.

문무왕 7년(667) 신라 통일 10년 전에 왕은 고구려의 포로 7천 명을 서울로 데려올 때 문무백관을 거느리고 선조의 사당에 나아가 고하기를 "경건하게 조상의 뜻을 받들어 당나라와 더불어 의병을 일으켜 백제와 고구려의 죄를 문책하고 원흉을 복죄伏罪케 하며 국운을 태평하게 하였음을 이에 감히 고하오니 신명께서 들으소서"하였다.[4] 이같이 나라의 큰일이 있을 때면 종묘에 고하여 조상의 뜻을 받들어 조국을 수호하는 결의를 굳게 하였다. 그의 유언 중에도 특히 강조하여 "종묘의 주主는 잠시도 공백이 있어서는 안 되니, 태자는 영구 앞에서 즉위하여 왕위를 계승케 하라"고 하였다. 이같이 전통의 계승과 정통의 수호를 강조하였으니, 이 왕위의 계승이란 말은 단순한 혈연의 계승이나 또는 지연의 확대만을 의미하는 것이 아니라, 조상의 거룩한 뜻을 이어받는 조국을 사랑함이오, 위로 조상의 거룩한 뜻이라 함은 더 나아가 천도天道에 합한다는 뜻이다.

진흥왕순수비에서 "우러러 태조의 왕업을 이어받아 왕위를 계승하였으니, 몸을 조심하고 스스로 삼가여 천도에 어긋날까 두려우며, 또한 천은天恩을 입어 운수를 열었으며, 명명冥冥 중에 신이 감동하여 천부天符에 합한다"[5]고 한 것과 같이 천도와 조상의 뜻과 군주의 생각이 일관성을 갖는다는 뜻이다. 진정한 전통과 정통성은 혈연과 지연뿐 아니라, 신성한 천도의 원리가 내재해 있을 때만이 진정한 전통이요, 정통의 주권을 행사할 때 불법佛法을 숭봉하고 나라를 수호하겠다

---

4 "王以所虜高句麗人七千入京 六日 率文武臣寮 朝謁先祖廟 告曰 祗承先志 與大唐同擧義兵 問罪於百濟高句麗 元凶伏罪 國步泰靜 敢玆控告 神之聽之."

5 「眞興王巡狩碑」"仰紹太祖之基 纂承王位 兢身自愼 恐違乾道 又蒙天恩 開示運記 冥感神祇 應符合算."

고 한 것이 단순한 힘에 의한 패도가 아니라, 불국토佛國土의 건설이요, 천도를 실현하여 진흥왕의 말대로 백성을 편안케 하자는 데 그 본의가 있었던 것이다. 왕 자신의 영화를 위해서가 아니요, 백성의 안보를 위하여 죽어서까지 동해의 용이 되어 백성을 수호하는 수호신이 되겠다고 하였다. 문무왕이 세간의 영화를 싫어한 것이 오래였다고 한것은 왕의 일신의 안락을 도모하는 세속적 부귀영화를 누리려는 것이아니라, 고통 중에 있는 백성을 위해서 희생하겠다는 신념을 나타내보인 것이다. 즉 다시 말하면, 왕은 섬김을 받으러 이 세상에 온 것이아니라 백성을 섬기러 왔다는 뜻이라 하겠다.

이러한 보국안민의 사상이 잠시도 그의 머리에서 떠나지 않았다는사실은 단순한 지배자로서의 왕이 아니라 백성을 위해서 자신을 희생하는 제왕이라고 볼 수 있다. 과거 전제 군주 국가에서는 모든 것을 임금만을 위주로 하는 것이라 생각하기 쉽지만, 문무왕은 백성을위해서, 그리고 영원한 평화를 위해서 노력하였다는 사실을 알 수 있다. 이것은 후대의 조선조 세종대왕의 위대한 업적과도 상통되는 점이라 할 수 있다. 문무왕은 임종에 이르러 "나는 백성들에게 과세를가볍게 하고, 징병과 요역徭役을 덜게 하며, 백성들의 살림을 족하게하여, 백성들을 편안하게 하려 하였다"고 하였으며, 또 말하기를 "국가 경제를 부강하게 하고 범죄자가 없도록 노력하였다"고 하였으며,[6]또 유언하기를 "내가 임종한 뒤에 10일이 되면 곧 고문의 외정에서서국西國의 의식에 의하여 화장하고, 상례喪禮의 제도는 힘써 검약한것을 좇으라. 성 쌓기와 과세課稅는 그것이 필요하지 않거든 마땅히헤아려 폐하도록 하고 율령과 격식 중에 불편한 것이 있으면, 곧 이를 편리하게 고치게 하라"고 하였다.[7] 이와 같이 그는 모든 것을 백

---

6 『삼국사기』 권7, 「신라본기」, 문무왕 下 참조.
7 『삼국사기』 권7, 「신라본기」, 문무왕 下 참조.

성을 위하는 정책으로 백성들의 민폐를 덜게 하여 편안케 보호하는 소위 위민爲民·보민保民·안민安民의 민본정치를 하였던 것이다.

## 2. 신라의 교육사상과 국학의 건립

신라의 교육제도가 이루어진 것은 삼국통일 이후 신문왕 2년에 대학大學을 세운 것으로부터 실질적인 학제가 성립됐다고 볼 수 있다. 대학 설립의 연대가 신문왕 2년(682)이므로 신라가 삼국을 통일한 이후에 비로소 국립대학이 설치된 것이다. 이렇게 모든 나라의 체제가 갖추어지고, 내적으로는 대학이 설치되어 정신적이고 교양적이며 학구적인 면에까지 완비하게 되었다.

고구려에서도 대학은 소수림왕 2년(372)에 설립되었으나, 대체로 이들은 중국의 제도를 본떠서 만든 학제라고 하겠다. 중국의 제도를 보면 고대 주周나라 초기부터 대학이라는 것을 국가에서 설립해서 많은 동량의 인재를 길러냈는데, 그 명칭을 태학太學·국학國學·국자감國子監 등으로 불렀다. 우리나라에서는 고려시대에 국자감, 조선시대에는 성균관成均館이라고 명칭을 바꾸었다. '성균'이라는 것은 중국 주나라 초기에 있었던 교육기관의 이름이었다. 이렇게 명칭은 바뀌었다고 할지라도 그 내용에서는 일관성이 있는 중국적 교육제도의 양식이라 할 수 있다.

국학에서 배우는 교과 내용은 불교와 관계없이 주로 유교의 고전만을 가르쳤다. 유교의 고전과 사학, 문학에 대한 서적, 의학·수학·율령학律令學 등에 관한 것을 배웠다. 또 그 학제를 보면, 학장學長 1인, 박사博士 약간 명, 조교助敎 약간 명, 서기관書記官 약간 명이 있었다. 이렇게 박사·조교·교수라는 이름이 일찍이 1천 수백 년 전 국학이나 태학에서 나오는 것이다. 대체로 국학에 들어갈 수 있는 연령은 15세에서 30세까지였고, 신분은 대사大舍 이하 지위가 없는 사람까지도 모두 입학할 수 있었다. 대체로 15세에 들어가서 9년 동안의 수업 연한을 마치면, 24세가 되어 졸업을 하였다. 오늘날 대학을 나오는 연령과 비슷한 것이다.

거기에 입학하여 모든 과정을 마치고 소정의 시험에 통과되면 대나마大奈麻 혹은 나마라고 하는 학위를 가지고 졸업하였다. 그러나 노둔한 사람, 실지로 학업을 성취하지 못한 사람은 제적을 하기도 하였다. 다만 자질은 있으나 아직 미숙해서 9년을 넘기는 경우에는 몇 년 동안 더 재학하는 것을 허락한다는 조항도 있었다. 학과 내용을 자세히 살펴보면, 『예기』·『논어』·『주역』·『효경』·『춘추좌씨전』·『모시毛詩』·산학算學·『상서尙書』·『문선文選』 등을 교과 과목으로 채택하였다. 교수하는 방법에서는 박사 또는 조교가 3반으로 나누어서 교수하였다.

첫째, 『예기』·『논어』·『주역』·『효경』을 가르치는 반, 또한 『춘추좌씨전』·『모시』·『논어』·『효경』을 가르치는 반, 또한 『상서』·『논어』·『효경』·『문선』·산학을 가르치는 반 등의 삼품三品으로 나누어 교수하였다. 그리고 시험을 치르는 데 1등급에 속하는 사람은 『춘추좌씨전』·『예기』·『문선』을 읽어서 그 뜻에 능통하고, 따라서 『논어』와 『효경』을 겸비하여 아는 사람이고, 2등급에 속하는 사람은 그처럼 넓게는 몰라도 『곡례曲禮』·『논어』·『효경』을 읽어 아는 자이고, 그리고 3등급에 속하는 사람은 『곡례』와 『효경』을 읽은 자였다.[8] 이렇게 볼 때 『논어』와 『효경』은 삼품 속에 모두 배워야 할 공통의 필수과목인 셈이다. 여기서 『춘추』·『모시』·『예기』 등을 더 배운다고 하는

---

8 『삼국사기』 권10, 「신라본기」, 원성왕 4년조 "始定讀書三品以出身 讀春秋左氏傳 若禮記若文選 而能通基義 兼明論語 孝經者爲上 讀曲禮論語孝經者爲中 讀曲禮孝經者爲下 若博通五經三史諸子百家書者 超擢用之."

것은 보다 큰 공부라고 할 수 있는 것이다. 이렇게 오경五經·삼사三史·제자백가서諸子百家書에 능통하고, 모든 학문을 잘 하는 자는 특별히 높은 자리에 채용하였다.

『논어』와 『효경』은 바람직한 인간 교육에서 필수의 과목이라고 생각하였다. 대체로 경학·문학·사학·의학·천문·수학 등이 있지만 더욱 중요한 과목은 유교 경전에 관한 경학이었고, 그 중에서도 『논어』와 『효경』은 기본 과목이었다. 『논어』를 통해 인도주의〔仁〕 사상을 배워 참된 인간성을 함양하는 본원을 알게 하였으며, 『효경』을 배워 부자父子를 비롯한 인간관계에서 친애하는 정서를 기르게 하였다. 이렇듯 『논어』와 『효경』은 신라에서 뿐만 아니라, 중국에서도 중요한 인간 교양의 필독서이며, 그 후 고려시대나 조선시대까지도 필독의 교양서였다. 다만 『효경』은 주자학 전래 이후부터 주자의 『소학』으로 대치되었으나, 이와 같은 '효' 사상은 우리나라뿐만 아니라, 아시아의 가치관에 근본을 이루고 있다.

『논어』에서 말하는 '충' 사상은 군주에게 충성한다는 것에 앞서 인간의 허위와 가식이 없는 본래의 속마음, 즉 중심中心을 충이라고 하였던 것이다. 이 충사상은 한대漢代 이래로 군주 국가에 충성하는 충으로 그 방향을 바꾸게 되었으나, 『논어』의 근본사상에 어긋나지 않도록 군주나 국가에 충성을 하여야만 참된 충성인 것이다. 그러므로 충신은 군주를 돕기도 하지만, 때로는 정도正道로서 충간忠諫하여 거부하게 되는 것이다. 이 충효사상은 가정 윤리와 민족 수호의 국가윤리로써 한국 민족사에 기능적 구실을 해왔다. 이와 같이 교육제도와 이념이 유교경전에서 근원하였으며, 교육제도와 인재 등용의 제도가 유기적인 관계에 있었음을 알 수 있다.

## 3. 통일 이후의 田制改革과 유학사상

신라는 삼국을 통일한 이후부터 중국의 대륙 문화를 본격적으로 수용하여 모든 체제와 제도를 재정비하였다. 이것은 모두 당나라의 발달된 제도를 섭취한 결과라고 하겠다. 고구려와 백제를 통합한 신라는 교육 제도에서 인재를 등용하는 데 바람직한 인간상을 교육하기 위하여 중국의 제도를 본떠서 국학國學이라고 하는 교육 기관을 설립하였다. 앞서, 국학의 제도에 대해 언급한 바 있거니와, 법제에서도 일찍이 법흥왕 7년에 율령律令을 반포한 바 있고,[9] 태종 무열왕 원년에 율령을 상세히 하여 이방부理方部의 격格 60여 조를 수정한 바도 있다. 그러나 통일 후 문무왕의 유서에서 보이는 바와 같이 율령격식에 불편한 것이 있으면, 곧 개정하라고 한 것을 보면 태종 원년에 수정된 60여 조의 율령격식도 통일 이후에 재정비하여 갔다고 보아야 할 것이다. 경덕왕 17년에는 두 사람의 율령 박사를 두었다는 기록이 있으며,『삼국사기』 신라 직관 조에는 율령전律令典 박사 여섯 사람이 있다고 하는 기록은 삼국통일 이후에 발달한 형법 성문이었다고 생각되며, 형법관刑法官도 있었다고 보아야 할 것이다. 지방 행정구역에 대해서도 통일 신라는 그 확대된 전 영토에 대하여 지방 행정 구역을 재편성하게 되었으니, 신문왕 7년(687)에는 전국을 구주九州 오소경五小京으로 편성하게 되었다.

군사 조직에서도 통일 이후 군관구軍管區의 개편을 실시하였으니, 중앙에는 궁성을 호위하는 시위부侍衛府와 제서당諸誓幢(즉 부대)이 성립되고, 지방에는 종전의 육정六停 외에 십정十停, 오주서五州誓와 삼변수三邊守를 두게 되었다. 그러나 여기서 우리가 특별히 생각해야

---

**9** 『삼국사기』 권4, 「신라본기」, 법흥왕 7년조 "春正月 頒示律令."

할 것은 전제田制의 개혁이라고 하겠다. 『삼국사기』 성덕왕聖德王 21
년(722)조에 보면

가을 8월에 비로소 백성들에게 정전丁田을 나누어 주었다.

라 하였다.[10] '정丁'은 장정壯丁이라고 할 때의 '정'자로서 어린이가
아니고 어른이 되는 연령(18세 이상, 59세 이하)의 노동 능력을 가진 사
람에게 토지를 지급하였다는 것이다. 이것은 물론 수·당隋唐 시대의
균전제도均田制度를 참고한 것이라고 하겠다. 종래와 같이 귀족이나
국가의 관리들에게 토지를 주거나 국가의 유공자나 효자에게 토지를
주는 것이 아니고, 모든 백성들에게 비로소 정전丁田을 주었다고 하
는 것은 특수한 경우뿐만 아니라, 모든 백성에게 토지를 주었다는 것
으로 대단히 중요한 의미를 갖는 것이라고 하겠다.

신라 말기에 토지 제도가 문란해지고 사회의 안정을 잃게 되자, 근
본적으로 수습할 방법이 없었기 때문에 백성들의 생활을 안정시키기
위하여 농사를 근본으로 하는 사회에서는 토지 제도를 재정비하지 않
을 수 없었으리라 본다.

언제나 사회가 혼란하여지면 질수록 토지제도가 문란해지므로, 급
전給田을 제대로 균배均配하지 못하는 상태에 이르게 되고 따라서 부
익부富益富, 빈익빈貧益貧의 현상이 나타나게 된다. 그래서 사회가 근
본적으로 동요되기 때문에 나라가 혼란하게 되면 무엇보다도 먼저 토
지제도의 재정비를 생각하게 된다.[11]

---

10 『삼국사기』 권8, 「신라본기」, 성덕왕 21년조 "秋八月 始給百姓丁田."
11 『태조실록』에 고려 중엽 이후의 토지제도의 붕괴에 대해 다음과 같이 말하고 있다.
   토지가 무너지면서 豪强한 자가 兼倂을 하게 되어 부자는 그 토지가 阡陌을 連하게
   되는가 하면, 가난한 사람은 송곳을 꽂을 만한 땅도 없어 富人의 토지를 借耕하게
   되고, 한 해 내내 부지런히 일해도 먹을 것이 부족하게 되었으며, 부자는 편안히

고려 말기 태조 이성계가 토지 제도를 개혁한 일이 있고, 조선 후기에 들어와서도 실학파 학자들이 전제 개혁을 여러 번 제창한 바 있었다. 특히 『반계수록磻溪隨錄』의 「전제田制」 편을 보면 "옛날에 정전법井田法이 있었는데, 그 정전법이라고 하는 것은 매우 이상적인 법이었다. 토지의 경계선이 분명할 때에 만사가 제대로 되는 것이다"라고 했다. 경계가 균평하고 분명할 때에 부익부 빈익빈의 현상이나 토지를 독점하는 현상이 나타나지 않는다는 것이다. 이처럼 토지제도가 안정되면 군대에 징병되었다가 도망가는 사람이 생기지 않고 상하가 무질서하게 이탈하지 않는다. 인심이 근본적으로 안정되는 것이 모든 생활에 인정이 있으며 이러한 생활의 안정 기본은 토지제도에서 나온다고 본 것이다.[12] 유가사상에서는 원래 주대周代 이래로 맹자가 토지제도를 역설하였고, 또 송대의 학자 횡거橫渠 장재張載가 주장하였으며,[13] 우리나라의 유학자 가운데 특히 실학자들이 토지제도에 관해 많이 언급하였다.

어진 사람이란 말뿐만 아니라 덕행이 정치에 옮겨져야 하는 것이며, 정치에 옮긴다는 것은 바로 토지의 균등한 분배를 실행하는 것이

---

앉아서 경작하지 않고 '佃佃之人'을 부려, 그 태반의 수입을 먹게 되었다. 그러나 국가에서는 이것을 좌시할 뿐 그 利를 취득하지 못하여 民益苦 國益貧이 되어 갔다. 또한 백성의 耕地는 自墾·自占을 허용하여 官이 간섭하지 않았으므로, 力多勢强한 자는 自墾·自占을 많이 하게 되고, 힘 없는 사람은 또 힘 있는 자로부터 借耕을 하여, 그 所出의 반씩을 나누게 되니, 이것은 경작자는 一에 收食者는 二라, 富益富 貧益貧으로 자립을 할 수 없게 되니, 마침내 遊手末業으로 전락하고 심하면 도적이 되기까지 하였다. 『太祖實錄』 元年 八月 己巳條 참조.
鄭道傳, 『삼봉집』 권7, 「朝鮮經國典」, 〈賦典〉 "殿下在潛邸 親見其弊 慨然以革私田 爲己任. 蓋欲盡取境內之田 屬之公家 計民授田 以復古者田制之正."
12 『磻溪隨錄』 권1, 「田制 上」 "古井田法至矣 經界一正而萬事畢 舉民有恒業之固 兵無 搜括之弊 貴賤上下無不各得其職 是以 人心底定 風俗敦厚 古之所以鞏固維持數百 千年 禮樂興行者 以有此根基故也 後世田制廢 而私占無限 則萬事皆弊 一切反是."
13 張橫渠, 『經學理窟』, 〈周禮〉 "治天下 不由井地 終無由得平 周道止是均平."

다.[14] 이와 같은 말은 『맹자』「등문공滕文公」편에도 언급되어 있으며, 또한 송대의 학자 장재 같은 이는 정전제丁田制를 스스로 실시한 적도 있다. 이런 모든 것은 균평均平 정신에서 나온 것으로서 모든 재산이 한 곳으로 몰리지 않도록 하는 것이 실제로 백성을 사랑하는 길이라고 믿었던 것이다.

이것은 윤리와 경제와 정치를 연결하는 것이라고 할 수 있다. 우리나라의 학자들이 누누이 세대가 바뀔 때마다, 또는 왕조가 바뀔 때마다 문란한 상태를 전제의 개혁으로 시정하려 한 것은 이 때문이었다.

모든 개혁 중에서 전제의 개혁은 경제생활의 안정을 도모하는 가장 중요한 것이라고 할 것이다.


## 4. 唐代 문화의 수입과 입당 유학생

신라 통일기를 전후해서 중국 당나라 문화의 영향은 가속도적으로 이식되기 시작하였다. 신라와 당나라는 국제적 우호 관계에 있었을 뿐만 아니라, 당 문화의 우월성을 경모하는 풍조가 많았다. 당나라 현종玄宗이 형숙邢璹을 신라에 보낼 때 그에게 "신라는 군자의 나라요, 자못 서책書冊을 이해하여 중화(중국)와 닮은 데가 있으니 특별히 조심하라"[15]고 한 것이나, 고려 태조가 남긴 「훈요십조」 제4조에 "우리 동방은 당나라 풍속을 오래 전부터 사모하여 문물과 예악이 모두 중국의 제도를 따랐다"고 한 것을 보아도 당 문화의 영향을 알

---

**14** 『孟子』,「滕文公 上」 "夫仁政 必自經界始 經界不正 井地不鈞 穀祿不平 是故 暴君 汗吏 必慢其經界 經界旣正 分田制祿 可坐而定也."
**15** 『삼국사기』권9,「신라본기」효성왕 2년조 " 二年 春二月 唐玄宗聞聖德王薨 悼惜久 之 遣左贊善大夫邢璹 以鴻臚少卿 住弔祭 …… 帝謂璹曰 新羅號爲君子之國 頗知書 記 有類中國 以卿惇儒故 持節住 宜演經議 使知大國儒敎之盛."

수 있다.

두 나라의 문화 교류에서 직접적인 매개체가 된 것은 입당유학생
入唐留學生들에 의해서라고 말할 수 있겠다. 당나라에 유학하여 중국
의 학술을 배워 오는 학도 중 두 가지 종류로 나누어 설명할 수 있
는데, 그 하나는 입당하여 불법佛法을 구하는 불승佛僧이요, 또 다른
하나는 일반 문사文士들이라고 말할 수 있는데, 문사들은 대학에 입
학하여 중국의 학술을 공부하였다. 그러므로 기록에도 유학승과 유
학생을 서로 구별하여 말하고 있다. 이들은 단순히 학술 사상만 배워
온 것이 아니라, 당시의 당나라 문물 제도를 직접 간접으로 흡수하여
신라 문화 건설에 이바지하였으므로 이들의 공로가 실로 크다고 하
겠다.

당 태종은 정관 5년(631) 이래 국학을 중축하여 학사學舍를 1천 2
백 간이나 크게 만들고, 고구려・백제・신라・고창高昌・토번吐藩 등으
로부터 유학생을 받아들였다. 신라 선덕왕 9년(640) 5월에 자제를 당
에 보내어 대학에 입학을 청원하였으며, 고구려에서는 영류왕 23년
(640)에 자제를 당에 보내어 대학에 입학을 청원하였고, 백제에서는
무왕 41년(640) 2월에 자제를 당에 보내어 대학에 입학을 청원한 기
록이 있으니, 모두 640년 같은 해의 일이었다. 이와 같은 사실은 중국
과 우리나라의 기록이 일치한다. 이렇게 각국에서 당나라에 유학생을
보냈지만, 고구려나 백제는 얼마 후 멸망하였고, 기타 나라도 당과의
관계가 대립하는 관계에로 들어갔지만 오직 신라만은 그 후도 계속
당과의 친목을 도모하여 유학하는 학생 수가 점점 늘어갔다.

기록에 의하면 입당 유학생으로 당나라 빈공진사賓貢進士에 급제한
자가 당나라 말기에 이르기까지 58인이요, 그 후 오대五代 때에는 32
인이었다고 한다. 입당구법승入唐求法僧의 수만 하더라도 50여인이나
된다.[16] 이같이 많은 유학생들이 왕래를 하는 동안에 양국 문화 교류
의 매개역을 담당하였다.

안정복의 『동사강목東史綱目』 진성여왕 3년조에 보면, 신라는 당을 섬긴 이후 항상 왕자를 파견하여 숙위宿衛하게 하고 또 학생을 보내어 대학에 입학하여 수업하게 하였다. 이들의 유학생은 10년을 기한으로 하여 만기가 되면 귀국케 하고, 다른 학생을 다시 보내곤 하였는데, 많을 때는 1백여 인에 달하였다고 한다. 그들 유학생이 서적을 구입하는 비용은 본국에서 지급하였으며, 그들이 쓸 양식과 옷은 당의 홍려시鴻臚寺에서 공급해 주었다. 이와 같이 학생들의 왕래가 끊이지 않았는데, 특히 혜초慧超 같은 승려는 신라 사람으로 당나라에서 다시 인도(天竺)의 오천축국을 순례하여 『왕오천축국전往五天竺國傳』이라는 기행문을 남겼다. 이 책은 당시 인도의 지리 역사를 연구하는 데 귀중한 자료로서 세계문화 사상 공헌이 막대하다고 하겠다.

당시의 국학國學에서 배우는 교과 내용은 『삼국사기』 원성왕 5년에 보이는 신라 국학의 교과 내용과 대동소이한 것이었다. 이것은 신라의 학제가 당시 당의 학제를 그대로 모방한 것이기 때문이다. 당의 학제를 살펴보면 일반 인문과人文科와 기술과로 나누어 말할 수 있는데, 인문과에서는 오경五經을 비롯하여 문학·사학·제자백가를 들 수 있으며, 기술과는 율학律學·서학書學·산학算學이 따로 있었다. 그리고 인문과는 신분의 높고 낮음에 따라서 배우는 장소가 세 가지로 나뉘어 있었으니, 곧 국자감國子監·태학太學·사문학四門學이 그것이다. 앞의 율학·서학·산학과 합하여 육학이라 불렀다. 기술과는 대개 일반 서민층이 들어가서 배웠다.

이 중에서도 오경을 가장 중시하였다. 이 오경은 유학의 경전으로 한대漢代 이래 관학官學으로서 그 중심을 이루어 왔다. 당나라의 학제에서도 하급생은 소학小學(문자학)을 전문으로 공부하였다. 신라가 경

16 『동사강목』 권5 상, 진성여왕 3년조.

학을 교육의 근본으로 한 것은 당나라 제도를 그대로 이식 모방하였기 때문이다. 당나라 공영달孔穎達은 『오경정의五經正義』를 지었으며, 한유韓愈는 그의 저술 「원도原道」에서 선왕先王의 교재는 『시詩』·『서書』·『역易』·『춘추』이며, 법은 예악형정禮樂刑政이라고 말하였다.[17] 신라의 학제 역시 이러한 데서 영향을 받았을 것으로 본다.

앞서 말한 바와 같이 유학하여 체류하는 기간이 10년인데, 이 기간이 지나도 돌아오지 않는 자가 점차 많아지자 당시의 신라에서는 큰 사회 문제가 되었던 것 같다. 신라 임금이 당나라 황제에게 견당 유학생의 환국을 청원하는 국서를 보낸 것은 이 때문이었다.[18] 예를 들면, "신라국이 먼저 번에 청원한 입당 유학생 4인은 이미 연한이 만기가 되었으니 돌려보내 주소서, 삼가 그 명단을 보냅니다"라고 한 것으로 그 내용을 알 수 있다. 유학한 승려도 그러한 경우가 있었다. 이러한 것을 보면 당시의 신라가 당나라를 얼마나 문화국으로 흠모하고 있었던가를 짐작할 수 있다. 오늘날 서구 유학이 어렵다고 하지만 그 당시 당나라 유학은 대단히 어려웠다. '만 리의 물결을 헤치고, 만 권의 책을 읽고' 운운하는 글귀는 그 당시 유학하는 자들의 어려움을 잘 나타내고 있다.

당시 유학생과 국내의 국학 출신과의 사이에는 약간의 갈등도 없지 않았다. 원성왕 때 자옥子玉이란 사람을 양근현楊根縣의 군수로 삼은 일이 있는데, 이 때 집사執事 모초毛肖가 문적文籍(국학) 출신이 아니므로 직책을 맡길 수 없다고 반대하자, 시중侍中은 의논하여 "비록 문적 출신은 아니지만 일찍 당나라에 들어가 학생이 되었으므로 이를 어찌 등용하지 못할 것인가?"라고 하니 왕이 그 말을 따랐다고 하였다.[19] 이렇듯 인재 등용에서 진흥왕 때에는 화랑의 제도로써 인재를

17 韓愈, 「原道」 "其文詩書易春秋 其法禮樂刑政."
18 『東文選』 권47, 崔致遠 撰, 「奏請宿衛學生還蕃狀」 참조.

가려 뽑았고, 혹은 활쏘기로써 사람을 뽑기도 하였으나 원성왕 4년 (788) 이후에는 대학 출신이나 입당 유학생 중에서 등용하게 된 것을 알 수 있다.

국학 출신이나 유학생들의 지식 내용을 살펴보면 다 같이 유교 경전을 중심으로 한 유학儒學 공부가 그 중심을 이루었다. 이 유학 공부는 공맹孔孟을 중심으로 한 학문인데, 이에 대하여 일반적으로 평할 때에 공자는 상하의 구별을 엄격히 하는 윤리사상으로, 동양 봉건사회에서 군신君臣과 백성들의 상하 질서를 엄격히 구분하고, 그 특권을 제왕에게 두는 것을 원칙으로 하므로 전제 군주의 패도정치를 뒷받침하는 학문이라고 규정하는 경향이 있다. 그러나 공자사상은 패도의 폭군을 옹호하는 것이 아니라, 이에 저항하여 인도주의 왕도를 실현하자는 데 그 본뜻이 있었다. 또 맹자도 봉건사회에서 백성이 귀중하고 국가는 그 다음이며, 군주는 가벼운 것이라고 하여 백성을 옹호하기 위하여 군주의 마음을 바로잡는 것이 선비의 도리라고 하였다. 불인不仁과 불의不義로써 부국강병을 도모하였던 춘추 전국시대에서 인도와 정의로써 저항했던 인의仁義 사상이 유학의 본령이므로, 유학사상의 본령을 깊이 연구하고 참되게 이해하게 되면, 폭군을 옹호하는 것이 아니라, 이에 저항하여 그 자체에서 새로운 탈피를 가능하게 하는 요인을 내재하고 있음을 알 수 있다.

따라서 신라의 지식인들도 유학사상을 고취하여, 부모에 효도하고, 나라에 충성하고, 전쟁에 임하여 용감하며, 신의信義의 사회를 형성하는 데 있어 긍정적인 역할을 하였다고 볼 것이다. 그러나 이러한 진유眞儒와 통유通儒는 적은 것이며, 항상 벽유僻儒와 속유俗儒가 많으므로 당시 당나라의 문화를 흠모하는 나머지 자기 문화의 고유성과 특

---

**19** 『삼국사기』 권10, 「신라본기」, 원성왕 4년조 참조.

수성을 망각하기 쉬웠으며, 지나치게 외래 문화를 동경하는 경향이
있었던 것도 사실이다.


## 5. 신라 말기 학술사상의 변천과 도참설

신라 사회는 경덕왕 때부터 차차 혼란이 더하여 갔다. 당시 진골 귀
족의 전제專制 주의를 타도하기 위한 정치적 움직임으로부터 말기로
갈수록 정치적·사회적 혼란이 계속되었다.[20]

혜공왕 4년 대공大恭의 난으로부터 약 150년 사이에 20명의 왕이
즉위하였고, 그 중의 대부분은 모두 내란內亂에 의해 희생되었다.[21]

이러한 정치적 혼란은 사회적으로 큰 불안을 조성하여 지식인은 지
식인대로 퇴폐한 세기말적인 사상을 갖게 하였으며, 민간에서는 각종
미신과 술수 도참설과 같은 것을 성행하게 하였다.

당시 중국 또한 만당풍晚唐風의 퇴폐적인 사조가 풍미하고 있을 때
였으므로, 신라도 그 영향을 받고 있었다. 당나라는 초기에 국학을 건
립하고 공영달이 『오경정의』를 편찬하는 등 유학을 장려하였지만, 선
비들은 대부분 육조六朝 시대의 부화浮華한 여풍餘風을 받아서 유교
경전보다 오히려 진사시험을 위해 시문을 배우기에 열중하였다.[22] 더
욱이 당나라 말기에 와서 문학도 이백李白·두보杜甫와 같은 좋은 사

---

**20** 신라는 경덕왕대에 이르러 중앙 집권적 율령 체제가 완성되고 문화의 절정기를
맞이하였으며, 다음 대 혜공왕은 태종 무열왕의 6대손으로 통일신라 이후 혜공왕에
이르는 역대 왕은 모두 무열왕계에 속한다. 혜공왕 이후부터는 내물왕 후손이 왕위
를 이었다.

**21** 무열왕계와 내물왕계의 귀족들이 왕위 계승을 둘러싸고 투쟁이 계속되어 혜공왕
이후 약 150년 사이에 20명의 왕이 교체되었고, 대부분 비명으로 죽었다.

**22** 宇野哲人, 『支那哲學史講話』 제2편 제9장 「唐朝哲學의 개설」 참조.

조를 벗어나서 상당히 퇴폐적인 데로 흘렀다. 이러한 것이 신라의 사상면에까지 크게 침투하고 있었다. 그러나 시문은 당대唐代가 최고 절정을 이루었다. 우리가 한문학의 비조로 손꼽는 신라 말의 대문장가 최치원이 바로 그 대표자이다.

도참설圖讖說은 신라 말의 중 도선道詵의 예언설을 말하는데, 그는 특히 풍수지리설로써 도참설의 근거로 삼았다. 이 풍수지리와 음양도참陰陽圖讖은 원래 중국에서 기원한 것이지만, 신라의 입당 유학생들이 당나라에서 천문학이나 역법曆法 등을 배워올 때에 들어온 듯하다.[23]

이러한 도참설의 유행은 어지러운 사회의 한 반영인데, 도선의 풍수지리설은 세 가지 즉, 지리쇠왕설地理衰旺說(땅에 따라 성쇠의 기운이 있다는 설), 지리순역설地理順逆說(땅에 따라 순한 곳과 역한 데가 있다는 설), 비보설裨補說(쇠하고 역한 데는 인간의 노력으로 보충할 수 있다는 설)이다. 다시 말하면 땅의 형세에 따라 쇠·왕·순·역이 있는데, 왕성하고 순한 곳을 택해야 길하고, 쇠하고 역한 곳은 인위적으로 보충해야 한다는 것이다. 왕조가 바뀌는 때의 혼란한 사회에서는 으레 이런 예언적인 미신이 있기 마련이다.

고려시대에 『도선비기道詵秘記』란 책이 유행하였다. 도선이 지은 것인지 확실하지 않으나, 그와 일련의 연관이 있는 것은 틀림없다. 그는 만년에 전라도 광양에 있는 백계산白鷄山 옥룡사玉龍寺에 주석駐錫하다가 효공왕 2년(898)에 72세로 입적하였지만, 그의 사후에도 널리 그 설이 유포되어 민심을 상당히 미혹시켰음은 물론이요, 고려 초까지 그러한 영향이 남아 있었다. 예를 들면 고려 태조 자신도 자신이 왕이 된 것은 풍수지리설의 덕분이라고 여겼고, 또 당시 모든 호족豪

---

23 혜공왕 때의 金巖은 天文兵學家로 당나라에 유학하여 음양가의 술수를 연구하고 왔다.

族들도 저마다 자기의 근거지를 명당明堂이라 하고 반대 세력의 근거
지는 역처逆處라고 규정하였다. 또 태조의 「훈요십조」 가운데도 사원
을 창건함에 산수山水의 순역을 점쳐 지덕地德을 손상케 하지 말라는
훈계가 있을 정도였다.[24]

　이와 같이 풍수지리 도참설은 신라 말의 사회적 혼란 속에서 승려
도선에 의해 주창되어 민심의 불안에 영합하다가, 고려조에 와서는
지배자나 지방호족 등에 의해 정치적으로 이용되기도 하였다.


## 6. 신라의 유학자상

　우리는 신라의 대표적 지성인으로 강수强首·설총薛聰·최치원崔致
遠 등을 들 수 있다. 이들을 통하여 그 당시 신라인들의 유교에 대한
이해와 섭취가 어떠하였는가를 알아보기로 한다.[25]

　강수는 신라의 중원경中原京(忠州) 사량沙梁 사람으로 그 아버지의
이름은 석체昔諦였다. 그의 어머니가 꿈에 머리에 뿔이 있는 사람을
보고 임신하여 그를 낳았는데, 날 때부터 뒷머리에 높은 뼈가 있어서
그의 아버지는 당시 소위 현인賢人에게 그를 데리고 가서 물어 보았
다 한다. 그랬더니 그 현자가 중국 역대의 인물의 생김과 비교하면서
"내가 듣건대 옛날의 복희伏羲는 호랑이형이고, 여와女媧는 뱀의 몸
이고, 신농神農은 소의 머리이고, 고요皐陶는 말의 입을 하였다고 하
니, 성현 같은 분들은 그 인상人相이 보통 사람과 같이 평범하지 않았
다 합니다"라고 하였다 한다. 복희·신농·고요는 중국의 성군 현신聖
君賢臣들의 이름이다.

---

**24** 『훈요십조』 제2조 참조.
**25** 『삼국사기』 권46, 「列傳第六」 참조.

강수가 자라서 글을 읽을 줄 알면서부터 의리義理에 밝게 통하므로 그의 아버지가 그 뜻을 보기 위하여 "불법佛法을 배우려느냐, 유학을 배우려느냐?"하고 물었다. 이에 강수는 "소자가 어리석습니다만, 듣건대 불법은 속세를 떠난 외교外敎라 하니 어리석은 사람이 어찌 불법을 배우겠습니까? 원하옵건대 유자儒者의 도를 배울까 하나이다"하므로 그 아버지가 허락하였다. 이때는 유교 일색의 조선시대와는 달리 유교와 불교 중에서 하나를 선택을 할 수 있었다고 보겠다. 특히 불교를 '속세를 떠난 외교'라 하여 불교와 유교를 비교한 것이 주목된다. 즉, 유교는 '속세의 인간 학문'임을 은연 중 알고 있었음이 드러나 있다.

강수는 스승에게서부터 『효경』·『곡례曲禮』·『이아爾雅』·『문선』을 읽었다. 곡례는 『예기』의 첫 장인데, 그 중요 내용은 '경(敬)으로써 백성을 편하게 한다'는 것이다.

강수가 젊었을 때 대장간집 딸과 사귀어 정이 두터웠다. 부모가 다른 여자를 아내로 맞게 하려 하니, 강수가 이에 두 번 아내를 맞지 않겠다고 하였다. 이에 그의 아버지가 노하여 "너는 지금 이름을 떨쳐 이 나라에서 모르는 사람이 없는데 그런 보잘 것 없는 여자로써 짝을 맺는 것은 부끄럽지 않으냐?"하였다. 강수는 아버지께 두 번 절하고 "가난하고 천한 것은 부끄러운 바가 아니고, 학문을 하면서도 이를 행하지 않는 것이 참으로 부끄러운 바입니다. 소자가 일찍 듣자온데 옛 사람은 '조강지처糟糠之妻는 버리지 아니하며, 빈천한 사귐을 잊을 수 없다' 하였으니 천한 여자라 하여 차마 버리지 못하겠습니다"고 하였다. "조강지처를 버리지 아니하며, 빈천한 사귐은 잊을 수 없다"는 말은 『후한서』 권26, 「송홍열전宋弘列傳」에 나온다. 이러한 이야기를 통하여 강수의 학문과 인품을 엿볼 수 있다.

태종 무열왕이 즉위하자 당나라에서 조서詔書를 보내왔는데, 읽기 어려운 곳이 있어서 왕이 강수에게 묻자 그는 즉석에서 막힘 없이 해석하였다. 그 뒤에 당나라 고종에게 보내는 회신을 강수에게 짓게 하였는데, 그 글이 또한 뛰어났다. 문무왕이 말하기를 "강수는 문장이 뛰어나서 능히 서한書翰으로써 나의 뜻을 잘 나타내어 중국과 고구려·백제 두 나라에 보낸 까닭으로 능히 결호結好의 공을 이루었다. 내 선왕先王께서 당의 군사를 청하여 고구려와 백제를 평정한 것은 비록 무공도 있으나 문장의 도움이 컸다. 강수의 공로를 어찌 소홀히 여길 수 있겠는가"라고 하였다. 이처럼 강수는 당시 유교 및 중국 고전 연구에 상당한 실력을 가졌고, 특히 문장에서 제일인자로 외교에 큰 공을 세웠음을 알 수 있다.

신문왕 때(692)에 이르러 강수가 죽으므로 왕은 그 벼슬에 따라 부의賻儀로서 옷감과 많은 물품을 하사하였다. 강수의 아내는 이를 사사롭게 쓰지 않고 남편의 명복을 비는 불사佛事에 모두 돌리었다. 또 강수의 아내가 먹을 것이 궁핍하여 고향으로 돌아가고자 하므로 대신大臣들이 이 사실을 듣고 임금에게 알리니 조租 1백 석을 하사하였다. 그러나 강수의 아내는 사양하면서 "첩은 천한 몸으로 의식을 남편에 의지하고 나라의 은혜를 많이 받았사온데, 지금 이미 혼자 몸이 되어 어찌 감히 욕되게 두터운 하사를 받으오리까?"하며 끝내 이를 받지 않고 돌아갔다고 한다. 강수의 감화가 부인에까지 미쳐 그가 죽은 뒤에도 그의 아내는 훌륭하게 행동하였다. 뿐만 아니라, 강수는 부자간에도 그 정리와 의리가 남다름을 보았거니와, 군신간에도 무열왕 때로부터 문무왕·신문왕에 이르기까지 모두 문공文功으로 나라에 공을 세웠으니, 강수야말로 가까이는 부부·부자의 가정으로부터 크게는 군신 관계에 이르기까지 바람직한 인간상을 구현하였다고 할 수 있다. 곧 유학의 진가를 잘 발휘한 것이라 하겠다.

설총은 자가 총지聰智이다. 그의 아버지는 신라의 고승인 원효元曉이다. 그는 방언方言[26]으로써 구경九經을 풀어 읽게 하여 후생들을 가르쳤으므로 지금까지 학자들이 조종祖宗으로 삼는다. 후일 고려

현종 12년(1021)에 벼슬을 추증하여 홍유후弘儒侯라 하였고 문묘文廟
에 종향從享하여 우리나라 십팔유현十八儒賢 가운데 수위首位에 모
셔졌다.

구경은 유교에서 말하는 아홉 가지 경전인데, 유교 경전은 시대에
따라 오경·삼경·구경·십삼경 등 여러 이름으로 불렸는데 내용이 조
금씩 다르다. 구경은 『시경』·『서경』·『역경』·『주례』·『의례』·『예기』
·『춘추공양전春秋公羊傳』·『춘추곡량전春秋穀梁傳』·『춘추좌씨전春
秋左氏傳』을 말한다. 설총이 이두문吏讀文을 가지고 유교 경전을 해석
한 것은 우리나라 문학사상 및 유학사상에서 특기할 만한 일이다. 그
문헌이 지금까지 남아 있다면 그 가치는 물론이요 1천 년전 학자의 숨
결이 우리에게 바로 느껴질 것이다. 또한 우리 학술사의 연원을 높이
끌어 올릴 수 있을 것이다.

설총의 글은 별로 전하는 것이 없고 오직 「화왕계花王戒」 한 편만
이 전하고 있는데, 이 「화왕계」를 통하여 그의 학술과 사상의 일면을
엿보기로 하자.

화왕이란 꽃 가운데 왕을 상징하는 말이니 이 글은 결국 왕을 간접
으로 간諫하기 위하여 지은 것이다. 하루는 장미와 할미꽃이 화왕을
찾아와 장미는 아름다운 자태로써, 할미꽃은 도리 있는 말로써 화왕
의 가까이에 있고자 하였다. 화왕이 할미꽃의 말을 듣고, "그대 말이
옳은 이치가 있으나 아름다운 사람 또한 얻기 어려우니 어찌하면 좋
겠는가?"하니 할미꽃이 말하기를 "나는 임금께서 총명하여 옳은 이
치를 아는 것으로 여겨 찾아왔으나, 지금 보니 그렇지 않습니다. 무릇
임금된 자는 간사하고 요망한 자를 친근하지 않은 이가 없으며, 정직
한 자를 멀리 하지 않는 자가 없습니다. 이런 까닭에 맹자孟子 같은

**26** 한문을 빌어 吏讀 형식으로 쓴 당시의 말.

어진이도 불우하게 평생을 마쳤고, 풍당馮唐 같은 훌륭한 이도 미관말직을 전전하다가 머리가 희게 세었습니다. 예로부터 이와 같은데 내 어찌 하겠습니까?”하였다. 그러자 화왕은 “내가 잘못이다. 내가 잘못이다”고 하였다. 이 글에서 보듯이 설총은 아름답고 짜임새 있는 문장으로 왕의 정치를 충간하였음을 알 수 있다.

이 「화왕계」는 하나의 우화이다. 신문왕은 이 말을 듣고 “그대의 우화가 참으로 깊은 뜻이 있도다”라고 하고 이를 청사靑史에 기록하여 이후로 두고두고 왕자王者의 계명戒銘으로 삼으라고까지 하였다. 문학적으로도 훌륭한 글이지만 철학으로도 깊은 뜻이 있다고 하겠다. 장미꽃은 감성을 상징한 것이요, 할미꽃은 이성을 상징한 것이라 하겠다. 제왕뿐만 아니라, 만인에게 있어서 감정으로 사물을 처리하면 의리에 벗어나기 쉽고, 의리에만 치중하면 감성의 만족을 다할 수 없다. 그러나 비리非理와 배의背義는 공평과 보편성을 가져올 수 없는 것이다. 따라서 자기를 이겨 도심道心으로 인욕人欲을 극복하는 것이 인간 수양의 요체요 유학의 본령이라 하겠다.

최치원崔致遠(857~?)은 자가 고운孤雲이고, 사량부沙梁部(지금의 경주) 사람이다. 그가 12세 되던 해, 당나라에 유학하려 할 때 그의 아버지는 “10년 안으로 과거에 급제하지 않으면 내 아들이 아니다. 가서 힘써 공부하라”하며 격려하였다. 이후 최치원은 당나라에 유학하여 학문에 힘써 마침내 빈공진사에 급제함으로써 선주 율수현위宣州溧水縣尉에 임명되었다. 그 뒤 황소黃巢의 반란이 있자 병마도통兵馬都統 고병高駢의 종사관이 되어 반란 진압에 큰 공을 세우고, 「토황소격討黃巢檄」이라는 글로써 중국에 문명文名을 널리 떨치게 되었다.

그가 신라로 귀국할 때 그 곳의 벗 고운顧雲이란 자가 송별시를 지었는데 “12세 때에 바다를 건너와 그 문장은 중국을 울렸도다”라는 구절이 있다. 최치원이 귀국했을 때의 신라는 이미 난세가 되어 모든 일이 뜻대로 되지 않았다. 그는 벼슬에 뜻을 두지 아니하고 오직

최치원 초상

산이나 해변의 경치 좋은 곳을 소요하면서 풍월 읊는 것으로 세월을 보냈다. 만년에는 가야산 해인사에서 정현사定玄師와 동복형 현준賢俊과 도우道友를 맺고 기거를 함께 하며 여생을 마쳤다고 한다.

최치원은 태조 왕건이 비상한 인물로서 천명을 받아 반드시 나라를 세우리라는 것을 미리 알았고, '계림은 누런 잎이요, 곡령은 푸른 솔이라(鷄林黃葉 鵠嶺靑松)'하여 고려의 건국을 암시하였다고 한다. 이 때문에 최치원의 자손 가운데 고려 때 벼슬을 한 사람이 많았다. 고려 현종 12년(1020)에 왕은 최치원이 태조의 건국을 은밀히 도운 공을 잊지 못할 것이라 하면서 벼슬을 추증하였고, 이듬해에는 문창후文昌侯라는 시호를 추증하고 공자묘孔子廟에 모셨다.

최치원의 저술로는 『계원필경집桂苑筆耕集』과 문집 30권이 있다고 한다. 『신당서新唐書』 「예문지藝文志」에서는 "최치원의 『사륙집四六集』 1권과 『계원필경』 20권이 있다"라 하였고, 그 주석에서 "최치원은 고려 사람으로 빈공급제하여 고병의 종사관이 되었다"고 하였다. 이처럼 최치원의 명성은 그 당시 중국에서도 널리 알려졌다. 『계원필경』 20권은 중국 『사고전서四庫全書』 사부총간四部總刊 안에 수록되어 있으며, 그의 이름은 중국의 『인명사전』에까지 들어 있어서 영원히 잊히지 않을 것이다.

최치원은 단순한 문장가라기보다는 철학가라고 하겠다. 유교·불교·도교에 정통할 뿐 아니라, 우리나라 고유의 고신도古神道 사상에 대해 그 진수를 체득한 분이라 하겠다. 그는 우리나라에 예부터 현묘玄妙한 고유의 도道가 있음을 밝혔다. 즉 「난랑비서鸞郎碑序」에서 다음과 같이 말하였다.

우리나라에는 현묘한 도가 있다. 이를 풍류라고 하는데, 이 가르침을 베푼 근원은 『선사仙史』에 상세히 실려 있다. 그 핵심은 삼교(유교·불교·도교)를 포함包含한 것으로 모든 생명과 접하면 그들을 감화시키고 교화시켰다. 집에 들어와서는 부모에게 효도하고, 나아가서는 나라에 충성을 다하니 이는 노魯나라 사구司寇(孔子)의 취지이며, 또는 무위無 爲의 일에 처하고 불언不言의 가르침을 행하는 것은 주周나라 주사柱史 (老子)의 종지宗旨이며, 모든 악한 일을 하지 않고 착한 일만 신봉하여 행하는 것은 축건태자竺乾太子(석가)의 교화라.[27]

최치원은 이 글에서 유·불·도 삼교사상이 전래하기 이전 우리 고 유사상의 원형을 밝혀 외래사상이 수용 가능한 소지를 밝히고, 또 외 래사상을 섭취함에 이 도가 바탕이 되고 있음을 부각하였다. 그가 말 한 현묘의 도는 유·불·도 삼교가 들어오기 전부터 있어 온 한국 고 유의 신비한 사상이며, 현묘란 말은 노자나 도가에서 쓰는 의미와는 다르다.

최치원은 또 「진감선사비」에서 "도는 사람에게서 멀리 있지 않고 사람에게는 나라에 따라 차이가 없다(道不遠人 人無異國)"고 하였다. 진리는 하늘이나 땅, 그리고 어떤 현묘한 곳에 있는 것이 아니라 인간 자기 속에 있으므로 인간에게는 나라에 따라 차이가 있을 수 없다는 것이다. 흑인, 백인, 무식한 사람, 유능한 사람할 것 없이 사람 누구에 게나 본성적으로 진리가 있다는 것은 평범한 말인 듯하면서도 실은 대단한 말이다. 원칙적으로 진리가 우리 나라 사람에게도 있기 때문 에 우리가 중국에 예속된 존재가 아님을 강조한 것이다. 즉 예로부터 중국이 동이·서융·북적이라 하여 주변 민족을 야만시했기 때문에 최 치원이 이를 의식하고 저항한 것이다.

---

27 『삼국사기』 권4, 「신라본기」, 진흥왕 37년조 "崔致遠鸞郞碑序曰 國有玄妙之道 曰 風流 設敎之源 備詳仙史 實乃包含三敎 接化群生 且如入則孝於家 出則忠於國 魯 司寇之旨也 處無爲之事 行不言之敎 周柱史之宗也 諸惡莫作 諸善奉行 竺乾太子之 化也."

최치원의 진감선사비

　이처럼 최치원은 중국에 유학하여 공부하였지만 자주성 있는 철학을 전개하였다. 특히 유·불·도 삼교의 특이한 사상들을 한국 고유의 풍류도 속에서 승화시키고 있는 점은 최치원의 위대한 역량이요, 오늘날에도 외래사상과 토착사상을 조화·창조하는 데 좋은 지혜를 제공한다고 할 것이다.

# 제2부 고려시대의 유학

# 제1장 고려 전기의 유학

## 1. 고려 전기 유학의 개관

한국유학사에서 고려시대 유학은 삼국시대나 조선시대 유학에 비하여 특이한 위치를 차지한다. 중국유학을 대별하여 보면 한나라 시대와 송나라 시대의 유학으로 그 특징을 구별할 수 있는데, 한학을 구주舊注, 송학을 신주新注 또는 신유학新儒學이라고 부를 만큼 양자가 획기적인 차이를 보인다. 그러므로 고려시대에 송학의 전래 즉, 주자학의 수용은 고려시대뿐만 아니라, 한국유학사 전반에 걸쳐서 사상사적으로 매우 중요한 계기를 이루는 것이다. 따라서 고려시대의 시대구분을 정치사나 경제사에서 여러 가지 형태로 구분할 수 있지만, 유학사상사에서는 주자학 전래 이후와 그 이전으로 나누어서 고찰하는 것이 타당하다.

주자학의 수입 연대를 충렬왕(재위 1275~1309) 때라고 한다면, 그 이전 고려 태조(재위 918~943)로부터 원종(재위 1260~1275)까지를 고려전기의 유학이라고 하고, 충렬왕 이후 그 말기까지를 고려후기의 유학이라고 할 수 있다. 물론 고려 전기라고 할지라도 태조로부터 제17대 인종(재위 1122~1146)까지는 유교의 홍릉기라고 한다면, 의종毅宗(재위 1146~1170)으로부터 원종까지는 무신들의 전횡과 내우외환이 겹친 혼란기로서 유교의 침체기라고 하겠다.

　신라말기는 정치적으로 매우 혼란하고 토지제도의 문란으로 민생이 어려웠고, 풍수와 도참사상의 성행으로 사상적으로도 매우 혼미한 상태에 있었다. 이러한 상황에서 각 지방의 토호들은 자기 세력을 부식하여 대립 상을 나타내었으니, 북쪽의 궁예弓裔는 후고구려를 자칭하였고, 남쪽의 견훤甄萱은 후백제라 일컬어서 후삼국의 분열과 갈등을 이루고 있었다. 이때 왕건王建은 궁예를 보필하여 그 세력과 민심을 수습하려 하였으나, 궁예는 신라말기 이래로 성행하던 미륵신앙을 혹신하고 자칭 미륵불彌勒佛의 출현이라 하여 혹세무민이 심하였으며, 민생을 돌보지 않고 궁실을 웅장하게 하여 사치를 극심히 하였다. 또한 처자를 살육하고 백성을 포학하게 부리어 민원民怨이 일어나게 되자, 드디어 왕건은 혁명을 하여 그 세력을 장악하게 되었는데, 이것이 바로 화가위국化家爲國인 것이다.

　고려를 건국한 왕건은 사상적으로 당시에 성행했던 불교와 도교 및 재래의 신비적인 고신도古神道(풍수와 도참 등을 말함) 내지 유교를 넓게 포섭하여 정치적 안정과 민심의 수습을 기하려 하였다. 따라서 고려 태조의 「훈요십조」에 보이는 바와 같이 당시의 여러 종파 사상을 국가적인 차원에서 활용하고 보완하려 하였다.

　고려의 사상적 특징은 유교와 불교와 도교 그리고 재래의 고신도 사상이 교섭하고 융화되어 상호간에 갈등을 일으키지 않았던 점이다. 이는 조선시대의 배불숭유나 주자학 이외는 모두 이단시한 것이라든가 삼국시대에서 유·불·도 삼교가 정립鼎立 또는 병행하는 것과도 달리 이질적인 사상들이 융해되어 있는 것이 그 특징이다.

　고려시대 전기는 당나라 학술 문화의 영향을 받았으며, 후기는 송학宋學의 영향을 받은 것으로 생각한다. 중국에서 한대의 유학은 유교를 중심한 경학사상이요, 당대의 사상은 유·불·도 삼교가 상호 교섭하는 문학적 성격을 가진 것이었다. 송학은 도교와 불교를 배척하며 유교를 철학적으로 심화시켰으니, 이것이 곧 송대 성리학이다. 따라서 인종 초에 고려에 다녀간 송나라 사람 서긍徐兢이 당시의 고려 학풍을 평하기를, "대저 시문학[聲律]을 숭상하고 경학經學의 경우 깊은 공부를 하지 않는다. 그 문장을 보면 당의 폐단을 방불케 한다"[1]고 하였으니, 이로써 보면 그 당시의 학풍을 잘 알 수 있다.

고려시대의 사상을 유·불·도 삼교의 융합이라고 할 수 있으나, 그것이 활용되는 측면은 서로 다르게 나타났다. 현종顯宗 때 채충순蔡忠順의 「현화사玄化寺 비문」을 보면 불법은 마음을 경건하게 하여 복福과의 인연을 이루는데 있었고, 유교는 뜻을 간직하고 힘써 수행修行하여 정교政敎를 융성하게 하는 데 있다고 하였다.[2] 즉 불교는 종교적인 영역에서 평화의식을 조장하였으며, 유교는 정치와 윤리와 교육의 측면에서 그 질서와 원리를 제공하였다. 도교는 무위자연無爲自然 사상으로 인위적인 요소를 제거하고 자연으로 돌아간다는 실재론적 성격을 갖고 있었다. 인위적 억지나 조작을 탈피하려는 도교사상은 시문학에서 세속을 초탈한 경지를 개척하여 청아淸雅한 예술성을 드러냈다. 한편 주관성을 배제한 자연관은 있는 그대로 관찰하려는 태도를 취하여, 천문·지리·음양·의약醫藥 등의 모든 자연 과학적 영역에 큰 영향을 주었다. 예를 들면, 고려시대 태복감太卜監과 태사감太史監 그리고 서운관書雲觀 등은 고려 초부터 천문·역수曆數·측후測候·각루刻漏 등에 관한 일을 맡아보던 기관이었는데, 대부분 도사道士가 이를 맡고 있었다. 이와 같이 불교는 추상적 심학이요, 도교는 자연적 대상을 문제 삼는 데 비해, 유교는 인간과 사회의 현실에서 정치와 교육 그리고 윤리의 영역에서 활용되는 만큼 고려사 전반을 통하여 유

---

1 『宣和奉使高麗圖經』 권40, 「同文」, 〈儒學〉 "大抵以聲律爲尙 於經學未甚工 視其文章 彷彿唐之餘弊云."
2 蔡忠順, 「玄化寺碑陰記」 "臣聞聖人之至鑑也 儒書韜志勤修 則政敎是興 佛法在心敬虔 則福緣克就."(『조선금석총람』 상권, 247쪽)

교가 융성할 때에는 정교政教도 융성하였고, 유교가 쇠퇴할 때에는
정교도 쇠퇴하였다.

## 2. 고려 태조의 통치이념과 유교

태조 왕건은 어지러운 후삼국을 통일하고, 이를 유지하기 위해 정
치적으로나 군사적으로 힘을 다하였을 뿐만 아니라, 후사後嗣를 걱정
하고 국가를 수호하기 위하여 사상적 측면에서도 각별한 주의와 관심
을 기울였다. 이것은 태조의 「훈요십조」[3]에 잘 반영되어 있다.

「훈요십조」를 보면, 불교의 신앙과 도교 내지 민간신앙을 모두 포
섭하고 있으며, 아울러 유교의 정치 원리를 활용하고 있음을 볼 수 있
다. 뿐만 아니라, 유교 교육의 중요성과 기타 의학·음양·복술卜術에
이르기까지도 특별한 관심을 가지고 이를 장려하였다. 「훈요십조」에
나타난 각종 사상은 종교 신앙 그 자체에서 논술한 것이 아니라, 민심
을 수습하고 사회기강을 확립하여 국가의 대업을 어떻게 유지하고 발
전하게 하느냐 하는 정치적 차원에서 배려되어 있음을 볼 수 있다. 훈
요의 목적은 궁극적으로 정치적 안정을 기하여 '국부안민國富安民'을
이루는 데 있었다. 이를 위하여 민심을 수습하고 국가적 단결을 도모
하고자 하였다. 고려의 통일을 전후하여 사회적 혼란과 더불어 민간
의 신앙 형태가 다양하였으므로, 태조는 이를 수습하기 위해 이들을
폭넓게 포섭하였다. 연등燃燈과 팔관八關 같은 국민적 행사를 통하여
임금과 신하가 함께 즐거워함으로써 일체감을 조성하고자 한 것도 그
러한 정신의 일례를 보여 주는 것이다.

---

3 『고려사』 권2, 「世家」, 태조 26년 4월조 참조.

훈요십조

　따라서 후대의 제왕들이 실천해야 할 강령을 제시하였으니, 훈요 제3조에서 왕위를 계승하는 순서에 대하여 그 원칙을 제시하였다. 즉, 원자元子가 대통을 이어받는 것이 원칙이지만 불초不肖한 경우에는 차자次子나 형제 중에서 현능賢能한 자를 추대하라고 하였으니, 원자 상속은 주대周代 이래로 내려오는 전통적 유가의 종법사상宗法思想이 요, 불초할 경우에는 형제 중에서라도 추대한다고 하는 것은 세급世及 의 제도를 시행한 것이니, 태조의 창의라기보다 동양의 전통적 관례 를 본받은 것이라 하겠다. 태조가 이에 대한 실례를 들어, 요堯임금의 아들 단주丹朱가 불초하여 순舜에게 왕위를 선양한 것은 참으로 공정한 마음이라고까지 하였다. 그 모범을 요순에 두었음은 곧 유교사상에 근거한 것이라 하겠다.

훈요 제4조에는 문화적으로 저열한 거란을 본받지 말고 문물과 예악이 발달한 당唐나라 제도를 따르라고 하였다. 그러나 태조는 여기서 주의해야 할 조건을 제시하였는데, 고려의 민족성과 풍토가 중국과 다르므로 무엇이나 모방하여서는 안 된다는 것이다. 문화의 우수성은 섭취하되 민족 문화의 특수성은 상실하지 말아야 한다는 것으로 이는 당시로서는 탁월한 견해라 하겠다. 여기에 당나라 문물과 예악을 따르라고 한 내용은 중국에서 고대로부터 내려오는 전통적인 『주례』를 시대에 따라 가감加減한 것으로, 이는 다시 말하면 유교문화와 사상이 그 바탕에 깔려서 응용된 것이다.

훈요 제7조에는 임금이 민심을 얻는 것은 심히 어려운 일이라고 하였으며, 민심을 수습하고자 하면 그 요령이 간언諫言을 좇고 참언讒言을 멀리하는 데 있다고 하였다. 또한 백성을 부리되 때를 가리며, 세금을 가벼이 하고, 부역을 적게 하여야 하며, 백성들의 농사짓는 어려움을 알아야 한다고 하였다. 이와 같은 사상들은 유교의 민본주의 사상과 애민사상을 근거로 하는 『맹자』의 정치철학을 응용하여 통치의 원리를 제시한 것이라 하겠다.

제9조에서는 국가 공무원의 관기官紀와 군인들을 애휼愛恤하여 사기를 높여야 한다고 하면서 다음과 같이 말하였다.

> 고전古典에 이르기를, "능력에 따라 녹祿을 정하고 관官은 사사롭게 하지 않는다"고 하였으니, 만약 공이 없는 사람이나 친척을 사사롭게 써서 관록을 허비한다면 민원民怨이 그치지 않는다.

여기에 태조가 인용한 고전은 중국의 유교 고전이다.

제10조에 국가를 통치하는 제왕은 우환이 없을 때에 미리 경계하며 경학經學과 사학史學을 널리 보아서 옛것을 거울삼아 오늘을 경계해야 한다고 하였다. 그리고 주공周公이 성왕成王을 경계한 『서경書經』의 「무일편無逸篇」을 그림으로 그려서 걸어 놓고 출입할 때마다 성찰하라고 하였으니, 주공은 중국을 비롯한 동양의 대성大聖으로 공자가 사모하였던 사람이다. 여기에 '널리 경사經史를 보라'함은 유교의 경전과 『춘추』를 비롯한 『사기』와 『한서』 등을 가리킨 것이니, 유교사상을 모르면 동양의 정치나 가치관을 이해할 수 없기 때문이다.

이와 같이 훈요 3조·4조·7조·9조·10조의 5개조가 유교사상을 나타내는 조목이라 하겠다.

「훈요십조」는 후세에 왕자를 경계한 귀감서龜鑑書라 하겠지만, 태조의 실지 행정을 통해서 유학정신을 살펴볼 수 있다. 태조는 즉위 13년에 지금의 평양인 서경西京에 나아가 학교를 창설하고,[4] 정악廷鶚을 서학박사書學博士로 삼아 육부의 생도들을 모아서 교육하게 하였다. 태조가 후삼국을 통일한 것은 태조 19년이므로 태조 13년은 신라 경순왕 3년에 해당되며, 신라가 망하기 6년 전이다. 그러므로 신라의 경주에는 대학이 아직 남아 있을 때였다. 이같이 통일 전에 학교를 창설하여 생도를 모아 교육하였다고 하는 것은 인재 양성의 필요성을 깊이 인식한 것이므로, 교육과 정치를 중시하였음을 알 수 있다. 태조는 그 후 학교 교육이 흥륭興隆함을 듣고, 비단을 내려 권학하였으며, 의과[醫]와 복술卜術을 두어 수업하게 하였다. 그리고 곡식 1백 석을 하사하여 학교 재단인 보寶를 설치하게 하였다고 하니, 이를 보면 태조가 얼마나 교육에 힘썼는가를 알 수 있다.[5]

그러면 그 학교교육의 교과내용은 무엇인가? 기록에 의하면, 삼국

---

4 『고려사』 권1, 「世家」, 태조 13년 12월조 참조.

5 『증보문헌비고』 권202, 「태학(一)」, 〈고려〉 참조.

이래로 대학의 교과 내용은 유교의 경전을 습득하는 것이 본과本科이고, 법학·의학·산학算學 등은 별과別科였다.[6] 따라서 고려시대의 교과 내용도 유교경전의 습득을 근본으로 하고 역사(三史)와 문학(文選) 등을 교수하였으리라 생각된다. 참고로 이제현李齊賢(1287~1367)의 충선왕忠宣王과 문답한 것을 살펴보고자 한다. 충선왕이

우리나라는 예로부터 문물이 중화中華와 같다고 일컫더니, 이제 학자들이 승려를 좇아서 장구章句를 익히는 것은 어찌된 일인가?

라고 물었을 때, 이제현은 다음과 같이 대답하였다.

예전에 태조께서 초창기를 경륜하실 때, 시일을 천연하지 않고 먼저 학교를 일으켜 인재를 양성하였고, 한 번 서도西都에 행차하시어 곧 수재秀才인 정악을 박사로 삼아 육부의 생도를 교수하게 하고, 채백彩帛을 하사하여 권장하고 늠록廩祿을 반급하여 양성하였으니, 마음 쓰시는 것이 간절함을 볼 수 있습니다. 광종 이후로는 더욱 문교를 닦아 안으로 국학國學을 숭상하고 밖으로 향교鄕校를 벌여서, 이상里庠과 당서黨序에 음악과 글 읽는 소리가 서로 들려서 이른바 문물이 중화와 같다 하여도 과론過論이 아니었더니, 불행히 의종毅宗 말년에 무인武人의 변이 일어나 옥석玉石이 함께 타서 호구虎口를 벗어난 자는 깊은 산〔窮山〕으로 도망하여 관대冠帶를 벗고 중의 옷을 입은 채 여생을 마쳤으니, 신준神駿과 오생悟生 같은 이가 이들입니다. 그 후 국가가 차차 문치文治를 회복함에, 비록 학문에 뜻을 둔 인사가 있으나 배울 곳이 없어 모두 이 승도僧徒를 좇아 강습하였으므로, 신이 배우는 이가 승려를

---

**6** 『삼국사기』·『태학지』 참조.

좇아서 배운다 함은 그 유래가 이러한 데서 시작된 것입니다. 이제 전
하께서 학교를 넓히고 상서를 삼가며, 육예六藝를 높이고 오교五敎를
밝혀서 선왕先王의 도를 천명하시면, 누가 진유眞儒를 배반하고 승려를
좇겠습니까?[7]

이에 대하여 충선왕은 그 말을 옳게 여겨 받아들였다고 하는 기록
이 『고려사』 열전에 보인다. 이상의 문답에서 볼 수 있듯이 고려 태조
가 학교를 세우고 인재를 교육한 것과 광종 후에 문교를 더욱 닦아서
서울에는 국학을, 지방에는 향교를 세워서 독서하는 것이 중국의 제
도와 같다고 하였으니, 중국의 교육 제도는 수隋나라와 당唐나라 이
래로 유교를 교육하였던 만큼, 고려초기의 학과도 유학이었음을 알
수 있다. 학문에 뜻을 둔 이가 승려에게 배웠다 하는 것은 무신의 난
이후에 일어난 일이며, 승려에게 배운 내용이 불교라기보다는 중국의
한문학을 배웠다고 보아야 할 것이다. 그러므로 이제현은 충선왕에게
건의하여 "중앙에 학교를 넓히고 시골의 학교를 정성스러이 하여 육
예와 오륜을 밝혀서 선왕의 도, 즉 유도儒道를 천명하면 누가 진유眞
儒를 배반하고 승려를 좇겠느냐"고 하였던 것이다. 여기에 학교와 상
서庠序는 유교의 학교요, 육예와 오륜은 유교의 도리를 말하는 것이
다. 고려 태조가 일찍이 서경에 학교를 창설한 데 대하여 조선조의 영
조는 '고려조 5백 년의 근기根基가 진실로 여기에 있다'고 감탄하였
다.[8] 국가의 동량지재를 교육하는 대학의 사명과 고려 태조의 이 같은
경륜을 높이 찬양한 것이라 하겠다.

고려 태조는 단순한 무인으로 혁명을 한 것만이 아니라, 문덕文德
을 닦아서 나라의 기틀을 튼튼하게 하고 장원長遠하게 하기 위해 학

교교육과 인재 양성에 남다른 관심을 가졌다. 정치에서도 태조 19년에 나라를 통일하고 문무백관을 통솔할 때 신민臣民과 자제子弟들로 하여금 임금이나 부모에게 대한 예절을 밝히기 위하여 스스로 『정계政戒』 1권과 『계백료서誡百僚書』 8편을 저술하여 전국에 반포하였다고 하였으니, 신자臣子의 도리를 밝힌다고 하는 것은 유교의 충효사상을 고취한 것이라고 하겠다. 이와 같이 태조는 정치와 교육에서 유교사상을 그 원리로 삼았던 것이다.

그러나 태조는 문교의 시설이나 정치적 규범에서 유교를 이용함에 그친 것이 아니라, 태조 자신도 유교를 깊이 이해하고 그 정신을 체득한 것을 알 수 있다. 『고려사』 최응崔凝(898~932)의 열전을 보면 최응은 어릴 때부터 열심히 공부하여 오경五經에 통하였으며, 궁예 때에는 한림랑翰林郎이 되어 학문이 넉넉하므로 궁예의 신임을 받았다. 하루는 궁예가 태조를 불러 반역을 꾀한다 하므로 태조가 이를 변명하자, 최응은 장주掌奏가 되어 궁예의 곁에 있다가 거짓으로 붓을 떨어뜨려 뜰에 내려가 이것을 주으려고 빨리 태조 곁을 지나며 귓속말로 "복종하지 않으면 위태롭습니다" 하였다. 태조가 깨닫고 바로 거짓 복종하여 화를 면하게 되었다고 한다. 이같이 태조와 최응은 일찍부터 친밀한 사이였으며, 태조가 즉위하게 되자, 광평랑중廣平郎中에 제수되었다.

태조는 최응이 학문이 풍부하고 재식才識이 높으며 나라를 근심하고 충성을 다하므로, 최응을 내봉경內奉卿으로 옮겨 임용하였다가 얼마 안 되어 광평시랑廣評侍郎으로 전임하게 하였다. 이에 최응은 사양하고, 10년 연장인 윤봉尹逢을 천거하였더니 태조가 "능히 예양禮讓으로써 하면 나라를 다스림에 무슨 어려움이 있겠는가? 옛적에 그 말을 듣고 이제 그 사람을 보노라" 하였다.[9] 태조가 말한 '능히 예양으로써 하면 나라를 다스림에 무슨 어려움이 있으리오(能以禮讓, 爲國乎何有)'[10]라고 한 것은 바로 공자의 말이다. 이것은 태조 왕건이 무인으로 동분서주하던 통일 이전의 일이었다. 어느 겨를에 『논어』를 읽어서 이같이 적절하게 응대할 수 있었던가? 태조는 일찍이 유교 경전에 대한 교양을 쌓았다고 할 것이다.

최응이 항상 재계齋戒하고 소찬素饌을 먹었는데 마침 병이 들어 눕자, 태조가 동궁東宮을 보내 병문안을 하고 육식하기를 권하면서, "다만 손수 죽이지 않으면 될 것이지 고기를 먹는 것이야 무슨 해가 되겠소?" 하였으나, 최응은 굳이 사양하고 먹지 않았다. 태조가 그 집에 행차하여 말하기를, "경卿이 육식하지 않으면 두 가지 잘못이 있으니, 그 몸을 보존하지 못하여 끝까지 그 어머니를 봉양하지 못함이 불효요, 명이 길지 못하여 일찍 좋은 보필을 잃게 함이 불충이다" 하였다. 최응은 이에 비로소 고기를 먹고 과연 병이 나았다고 한다.

태조가 말한 "다만 손수 죽이지 않으면 될 것이지 고기를 먹는 것이야 무슨 해가 되겠는가"는 맹자가 말한 "군자는 동물이 살아 있는 것을 보고 그것이 죽은 것을 차마 보지 못하며, 그 죽는 소리를 듣고 차마 그 고기를 먹지 못하니, 군자는 포주庖廚를 멀리한다"[11]에서 연유한 말이다. 또한 '신명身命을 소중하게 보존치 못하여 부모에게 불효하고 나라에 불충하는 것이 죄가 아니냐'고 한 것은 유교에서 가장 큰 죄악을 불효와 불충으로 여긴다는 것을 알고 있기 때문이다. 충효 사상은 고대로부터 유교뿐만 아니라, 동양에서는 어디서나 가장 신성시하고, 바람직한 가치의 표준으로 받들어 왔었다. 이와 같이 태조의 통치이념은 유교와 밀접한 관계가 있었음을 알 수 있다.

---

9 『고려사』 권92, 「열전」, 〈최응〉 참조.

10 『논어』, 「里仁」 참조.

11 『맹자』, 「梁惠王 上」 "君子之於禽獸也 見其生不忍見其死 聞其聲不忍食其肉 是以君子遠庖廚也."

## 3. 성종의 문화정책과 崔承老의 時務論

고려의 역대 임금 중에서 가장 유교를 숭상하고 유교정신에 입각하여 학술과 문화를 정치에 실천하고자 한 왕은 제6대 성종이라고 하겠다. 그 당시 이념과 철학적인 방침을 조언하였던 신하는 원로 유신儒臣인 최승로崔承老(927~989)였으니, 성종 때의 문화와 최승로의 사상은 밀접한 관계가 있다고 할 수 있다. 고려 태조의 건국이념인 훈요십조에 보이는 바와 같이 태조는 불교와 유교와 도교, 그리고 재래의 토속 신앙을 모두 조화하여 고려 왕조의 유지 발전에 활용하려 하였으나, 제6대 성종대에 가서는 유교를 중심한 중국 한나라와 당나라의 제도와 문화를 수입하여 모든 제도를 재편성하려 하였다.

『고려사절요』에서는 성종에 대해 "천품이 엄정하고 기품이 너그럽고 넓었으며, 법과 제도를 제정하고 절의節義를 숭상 장려하였으며, 어진 사람을 구求하고 백성을 사랑하여 정치가 볼 만한 것이 있었다"[12]라고 하였다. 절의를 숭상하고 현인을 등용하며 백성을 사랑한다고 하는 성종의 기품은 유교의 인간상을 드러내 보이는 말이라 하겠다. 성종은 즉위하자, 그 원년 6월에 조서를 내려 다음과 같이 말한다.

> 임금의 덕은 오직 신하의 보필에 달렸으니 짐이 새로 정무를 총람總覽함에 잘못된 정사가 있을까 두려워한다. 서울에 있는 5품 이상의 관리는 각기 시정時政의 잘되고 못된 점을 논하여 올리라.[13]

이때 최승로는 정광正匡으로 행선관어사상주국行選官御事上柱國의 벼슬에 있었다. 그는 왕의 구언求言에 의하여 이를 보필하는 상소문

---

**12** 『고려사절요』권2, 성종 문의대왕 서두에 기술한 논평.
**13** 『고려사절요』권2, 성종 원년 6월조.

을 올렸다. 즉, 모든 정치를 유교의 이념과 규범에 의하여 실천할 것
을 상언하고, 중국 당나라 제도의 선진적인 것을 참작하게 하였다. 이
상소문에서 고려 태조 이래로 혜종·정종·광종·경종에 이르기까지
통일 이후 47년간의 역대 왕들의 정치의 득실과 선악을 솔직하게 개
진開陳하고 있으며 "성상聖上(성종)께서는 마땅히 그 선한 것을 취하
여 행하시고 좋지 못한 것을 보아 경계하며 급하지 않은 일은 제외하
고 효과가 없는 수고로움은 하지 마소서"[14]라 하여 정치에 참고하게
하는 동시에 성종이 앞으로 ·임금으로서 해야 할 시무책時務策을 28조
에 걸친 논술로써 시정의 개혁을 상세하게 진언하였다. 이 최승로의
28조 시무론은 성종 때뿐만 아니라, 고려 말기에 이르기까지 두고두
고 왕과 신하들이 적절한 정책 이론으로서 재음미하였던 것이니, 공
민왕 때에도 최승로의 상소문을 임금에게 강독한 바 있었다.

　최승로는 성품이 총민하고 학문을 좋아하여 글짓기를 잘하였다. 그
의 나이 12세였을 때, 태조가 불러『논어』를 읽게 한 다음 그 영민함을
칭찬하여 상품으로 소금 담는 그릇을 하사하고, 원봉성元鳳省 학사에
예속시켜 그 후 문병文柄(나라의 글 짓는 책임)을 위임하였다고 한다.[15]
최승로의 상소문을 보면 그의 학문과 식견이 매우 탁월하였음을 알 수
있다. 그는 유교의 고전에 능숙하였고 그의 정치철학과 현실에 대한
통찰력이 명석하였음을 알 수 있다. 그의 상소문 28조 중에서『고려사』
에 현존해 있는 것은 22조이다. 그 중 6조는 현종 원년에 거란의 병란
때 유실되었다고 한다.

　22조의 내용을 대별해 보면, 첫째로 국방의 문제를 들고 있다. 북방
족의 침입에 대한 방비책을 논술하였으며, 다음은 대내적으로 모든
불평을 안정시키기 위하여 노비奴婢의 안검安檢 문제와 공신 자손들

14 동상, 최승로의 상소문 참조.
15『고려사』권93,「열전」,〈최승로〉참조.

의 대우 문제 등 정부와 호족豪族 간의 갈등의 완화를 논하였다. 또한 사회제도의 개혁과 풍속의 순화를 강조하였으며, 중국 문화의 수입 태도에 대하여서도 논술하였다. 제11조에서

중국의 제도를 따르지 않을 수 없지만 사방의 풍속이 각기 그 토성에 따라 다르니 다 고치기는 어려울 것입니다. 그 예禮·악樂·시詩·서書의 가르침과 군신 부자의 도리는 마땅히 중국을 본받아 비루한 풍속을 고쳐야 되겠지만, 그 밖의 수레와 말과 의복의 제도는 지방의 풍속대로 하여 사치함과 검소함을 알맞게 할 것이며, 구태여 중국과 꼭 같이 할 필요는 없습니다.[16]

라고 하였다. 이같이 본질적이고 문화적인 보편성을 수입해야 하겠지만 토속적 민족적 문화의 특성은 살려야 한다고 하는 것은 그의 문화정책상 중요한 논설이라 하겠다. 이는『논어』에서 "사람의 본성은 서로 비슷하지만 습속은 서로 멀다(性相近習相遠)"[17]는 말과 같은 것이다. 그리고 불교에 대한 사회적 폐단과 제왕으로서 불상과 불경의 제작에 금은을 사용하는 것과 승려들의 처신 등에 대한 진언이었다. 이 모든 진언은 백성들의 노력의 번다함과 경제적 낭비를 지적한 것이었다.
최승로의 유불관을 살펴보면 제20조에서 다음과 같이 말하고 있다.

불법을 숭신하는 일이 비록 선하지 않음은 아니지만, 제왕과 사士와 서인庶人의 불법을 위하는 공덕은 실로 같지 않습니다. 서민이 부처님의 공덕을 위하여 절을 짓는 것이 다 불상을 제작하여 공양에 힘쓰는 것은 자신의 힘이요, 허비하는 것은 자기의 재물이니, 그 해가 다른 곳

---

**16** 최승로의 「시무이십팔조」 제11조.
**17**『논어』,「陽貨」

에 미치지 않으므로 무관하지만, 제왕은 백성의 힘을 수고롭게 하고
백성의 재물을 허비하게 되는 것입니다. 옛날에 양무제梁武帝는 존귀
한 천자로서 필부匹夫의 착한 일을 닦았는데, 사람들이 이를 그르게 여
기는 것은 이 때문입니다. 이로써 제왕은 그러한 점을 깊이 염려하여
일을 모두 적당하게 참작하여 폐단이 신민에게 미치지 않도록 하였습
니다.

　　임금은 마땅히 한결같이 마음에 사심이 없어 만물을 널리 구제해야
　될 것이 큰데 어찌 언하지 않는 사람을 노력시키고 창고의 저축을 허비
　하여 없는 이익을 꼭 구하려 하십니까.[18]

이것은 불교 자체의 교리나 행사를 반대함이 아니라, 이에 파생되
는 사회적 폐단과 경제적 낭비를 제왕의 관점에서 고려해야 한다는
진언이라 하겠다. 이밖에도 음사淫祀나 미신에 대한 행사의 제한을
말하였으며, 왕궁 내에 많은 노비들과 수위守衛의 감소 등을 진언한
것도 모두 국고의 낭비와 백성의 노고를 염려하는 생각으로서 그의
정책 속에 내재하여 있었던 것임을 알 수 있다.[19] 최승로는 성종 원년
에 시무이십팔조를 진언하고 성종 8년에 서거하였다.
　『고려사』 성종 세가에 보면, 이제현은 성종을 찬하여 다음과 같이
말한다.

　　성종은 종묘를 세우고 사직을 안정시켰으며, 학자學資를 넉넉히 하
　여 선비를 기르고 복시覆試로써 어진 이를 구하였으며, 수령을 독려하
　여 백성을 구휼救恤하고, 효도와 절의를 권장하여 풍속을 아름답게 하

---

18 「시무이십팔조」 제20조 참조.
19 「시무이십팔조」 제21, 22조 참조.

였으며, 매양 수찰手札을 내리매 글의 뜻이 간절하여 풍속의 순화를 그의 임무로 하였다.[20]

성종은 이제현의 말대로 유교의 문화정책을 취하여 정치와 교육과 도의를 일원적으로 강조하였다. 성종은 불과 16년동안 재위하였으며, 38세로 짧은 생애를 마쳤지만, 그의 정치적 업적은 고려 일대를 통하여 이념적인 면에서나 정치정책에서 큰 영향을 미쳤다. 특히 성종은 고려 역대의 왕 중에서 가장 유교를 숭상하고 유교철학에 입각하여 모든 제도개혁을 단행하였다. 최승로의 상소 가운데 성종 이전의 5대代 왕조에 대한 평에서 볼 수 있는 바와 같이 태조는 제왕의 체통을 갖추어 인재를 적재적소에 등용하여 사악한 사람을 제거함에 의심하지 않았다. 그는 유교와 불교를 존숭하여 임금 된 덕을 갖추었다. 다만 창업의 시초인지라 평정을 이룩한 지 얼마 되지 않아 종묘와 사직이 아직도 높이 빛나지 못하고, 예악과 문물제도가 오히려 많이 결핍하였다. 따라서 모든 관직과 내외의 규범이 아직 정비되지 못하였다고 하였던 것이다.

그러나 성종은 태조 이래 파란 많았던 역대 왕들의 정치의 득실을 참작하여 제도의 재편성을 과감하게 시도하였다. 성종은 전대 이래의 과도기적 기구와 제도를 전면적으로 개신하여 중앙집권체제를 확립하였다. 성종 2년 2월에 처음으로 12목牧을 두고 방백을 독려하여 백성을 돌보라고 하였다. 성종은 다음과 같이 말하였다.

바라건대 하늘을 이고 있는 무리는 모두 삶을 즐길 수 있고, 땅을 밟는 무리는 다 생명을 성취하지 못함이 없도록 하며, 한 사람의 죄지

---

20 『고려사절요』 권2, 성종 문의대왕 16년조 말에 있는 이제현의 찬.

음을 보아도 내 마음에 심히 그 허물을 슬퍼하며, 백성의 가난함을 보면 마음으로 내 자신을 책망하노라. 비록 몸은 궁궐에 살고 있어도 마음은 항상 백성들에게 있으며, 늦게 밥 먹고 일찍 옷 입어 매양 일깨워줌을 구하며, 비근함을 들고 먼 것을 보는데, 어질고 착한 이의 힘을 빌리고자 하노라. 방백方伯의 공에 의지하여 백성들의 소망에 부응하게 하며 순임금의 12목을 본받으며, 주나라 8백 년의 왕업을 맞이하려 하노라.[21]

여기에 보이는 바와 같이 순임금과 문무의 덕정德政을 본받아 백성을 사랑하고 나라를 다스리는 유교의 정치사상이 잘 표현되어 있다고 하겠다. 이같이 성종은 즉위 초창기에서부터 유교사상을 국가의 제도와 정치적 이념에 반영하기 시작하였다.

또한 성종은 5년 9월에 교서를 내려

무릇 너희들 목민관은 옥송獄訟(재판)을 지체하지 말 것이며, 국고를 충실하게 하여 어려운 백성을 도와주고 농업을 권장하며, 요역을 가볍게 하고 세금을 적게 하며, 일을 처리함에 공평해야 한다.[22]

고 하였다. 일찍이 최승로는 그의 상소 제7조에서 말하기를, "제왕이 백성을 다스림은 집집마다 가서 돌보고 날마다 일을 보는 것이 아닙니다. 수령을 나누어 보내어 백성에게 이익이 되는 일과 손해되는 일을 살피게 하는 것입니다" 하였다. 또 제12조에서 말하기를, "여러 성에 사는 백성들은 생활할 계책이 매우 어려울 터인데 무시로 조세를 거두어들이니 그들이 날로 곤궁한 지경에 이르게 되었습니다. 청컨대

21 『고려사』 권3, 「世家」, 성종 2년 2월조.
22 동상, 성종 5년 9월조.

공물貢物과 요역徭役을 공평하게 하십시오" 하였다. 이같이 백성의
생활과 억울함을 돌보아서 공평을 기하는 것이 통치자의 본의임을 강
조하였음은 성종의 정책에도 크게 반영된 것이라 하겠다.

　성종 6년 8월에 경학박사 1인과 의학박사 1인을 각각 12목에 두고
자제들을 교육하게 하였으며, 성적이 우수한 자는 나라에서 등용하게
하였다. 또한 8년 4월에는 교서를 내려

　　내가 바야흐로 학교를 숭상하여 나라를 다스리고자 하노라,……준예
　俊乂한 사람을 뽑고 날로 숨은 선비를 찾아 그 영준英俊을 기다리며 힘
　써 박식한 선비를 얻어서 나의 정치를 돕게 하리라.[23]

라 하였다. 성종은 대학 조교 송승연宋承演과 나주목羅州牧의 경학박
사 전보인全輔仁이 교육에 공이 있다고 하여 은전을 가하여 교학장려
의 뜻을 표한 바 있다. 또 성종은 6년 10월에 명하여 양경의 팔관회를
정지시켰다.

　최승로는 그의 상소문 제13조, 제21조에서 음사의 제한과 팔관회의
번다함을 진언한 바 있으니, 그 13조에 이르기를, "우리나라에서는 봄
에 연등을 설치하고 겨울에는 팔관을 베풀어 사람을 많이 동원하고
노역이 심히 번다하니, 원컨대 일을 덜어서 백성이 힘을 펴게 하십시
오" 하였다. 성종이 팔관회를 금지시킨 것도 이러한 생각에서였을 것
이다. 성종은 도덕 정치를 강조하여 하교하기를

　　무릇 국가를 다스림에는 반드시 먼저 근본을 힘써야 하나니 근본 됨
　을 힘쓰는 것은 효보다 더 한 것이 없다.……이러므로 법칙은 육경六經

---

23 동상, 성종 8년 4월조.

에서 취하고 규범은 삼례三禮에 의하여 한 나라의 풍속으로 하여금 효
자의 문으로 돌아가게 하기를 바란다.[24]

라고 하였으며, 육도에 사신을 보내어 교조를 반시하여 굶주려 흩어
진 노약을 구휼하고 궁핍한 환고鰥孤를 구제하며, 효자와 순손順孫과
의부義夫와 절부節婦를 찾아 쌀과 비단과 은그릇을 상으로 내리게 하
였다. 또 그해 12월에는 수서원修書院(도서관)을 서경에 두어 서적들
을 베껴 보관토록 하였다.

11년 12월에는 국자감國子監(대학의 이름)을 창립하게 하고, 관원에
게 명하여 지리를 살펴서 서재와 학사를 넓게 짓게 하며, 토지를 주어
학생들의 생활을 뒷받침하게 하였다. 성종은 매년 매월 교육과 정치
와 사회 교화에 잠시도 쉴 일이 없었던 것이다.

이상에서 살펴본 바와 같이 최승로의 유교 정치사상은 성종에게 수
용되어 문화정책에 유감없이 발휘되었다. 도리어 최승로의 상소 내용
보다 더욱 철저하게 유교사상을 정치에 반영하였으니, 최승로는 유교
사상을 정치적·사회적·경제적 측면에서 강조하였으나, 성종은 여기
에 국민 도의와 인간 윤리의 측면까지도 동시에 강조하였음을 알 수
있다. 대개 고려의 유학사상을 대별하면 주자학 수입 이전과 이후로
나누어 고찰할 수 있다. 주자학 수입 이전의 고려 유학을 2기로 나누
어 설명하면 태조에서부터 10대 경종까지를 초기, 11대 문종에서부터
23대 고종까지를 중기라고 하겠다. 초기의 유학이나 중기의 유학이
대체로 동일한 송대 주자학 이전의 당대 유학이라 하겠으며, 최승로
는 주자학 이전의 고려 유학사상을 대표할 만한 인물이라 하겠다. 주
자학은 성리학의 관점에서 사서四書를 중심하는 이론유학이라 한다

---

**24** 『고려사』 권3, 「세가」, 성종 9년 9월조.

면, 고려초기 유학은 정치적 관점에서 오경을 중심으로 하는 실천유학이라 하겠다.

　최승로의 상소문에서는 오경을 중심으로 『논어』를 많이 응용하고 있다. 이 중에도 그의 철학의 근본이 된 경전은 『주역』의 이론과 『예기』와 『춘추』의 규범이라 하겠다. 그는 항상 '득중론得中論'을 강조하여 지나치지도 않고 모자라지도 않는 알맞은 중용사상을 논술하였다. 상소 15조의 득중, 20조의 작중酌中, 22조의 집중執中 등은 모두 유교의 시중론時中論을 가장 중시한 것이다. 다시 말하면 성리학의 주체적 규범 윤리보다는 대상적 상황 윤리를 중시하였던 것이라 하겠다.

# 제2장 고려 후기의 유학

## 1. 고려 말의 사회상과 학풍의 변천

주자학이 전래되기 이전의 고려사회를 전기와 후기로 나누어 각 시대의 유교와 문교文敎에 대한 성쇠를 살펴볼 수 있다. 전기는 태조 이래 성종을 거쳐 예종과 인종에 이르기까지 숭유정책崇儒政策으로 문교가 진흥되고 유학이 발전되었으나 후기의 무신집권 이후부터는 암흑기라 할 정도로 유학이 침체되었다. 다음의 기록을 보면 당시의 사상을 짐작할 수 있을 것이다.

의종 말년에 무인의 변이 갑자기 일어나 옥과 돌이 함께 탔으므로 겨우 몸을 빼어 산중으로 들어간 자는 승복을 입고 여생을 마치었다. 그 뒤 국가에서 점차 문교를 회복하여 선비들이 배우려는 뜻이 있으나 배울 곳이 없어 승려의 의복을 입은 자를 찾아가 배웠다.[1]

고종 때부터는 몽고와의 항전이 시작되었다. 국토의 유린됨이 말할 수 없었다. 이뿐만 아니라 원나라와 연합하여 일본을 정벌한 일이나

---

1 『고려사』 권110, 「열전」, 〈李齊賢〉

원나라의 지나친 조공 요구 등으로 나라는 경제면에서 피폐함을 면치
못하였다. 고려중기의 내우외환이 거듭되어 인종 때의 이자겸李資謙
과 묘청妙淸의 난 및 금金나라에의 복종과 의종 때 무신 정중부鄭仲
夫의 난, 명종 때 망이亡伊와 김사미金沙彌의 난, 고종 때의 거란과
왜구와 몽고의 침입, 원종元宗 때의 삼별초 난 등 악순환의 연속이었
으므로 자연히 문화 전반이 침체를 면치 못하였다.

　고려 후기 불교의 사회적 영향을 고찰해 보면, 사회적 공헌으로서
는 구호사업과 승병을 들 수 있고, 문화적 공헌으로서는 대장경 조판
과 승려의 학문적 기여를 들 수 있다. 그러나 불교의 융성은 시대적
변천을 겪으면서 부패하고 타락한 면을 보이게 되었으니 그 대표적인
것이 각종 보寶를 통한 영리 사업과 권력과 연관된 사회적 비행 그리
고 왕실의 지나친 불공행사佛供行事로 인한 재정의 탕진 등이었다.
또 고려 중기부터는 밀교密敎와 풍수風水와 도참圖讖 등이 성행하고
또 그것이 저속한 미신적 행사에 관련되어 풍속을 어지럽혔다. 더욱
이 불교 신자 중에는 한편으로 무속巫俗을 신봉하는 자가 많았다. 묘
청妙淸의 경우도 그러한 신비적인 요소가 있으며 신돈辛旽은 그 대표
적 예다. 이와 같이 고려사회는 중엽 이후로 내외적인 여러 요인으
로 유학이 쇠퇴하고 유·불·도 삼교를 겸한 무사로서 이규보李奎報와
최자崔滋 등이 대표적 존재였다. 충렬왕 6년에 왕이 다음과 같이 말
한 것으로 보아 당시의 사정을 알 수 있다.

　　오늘의 유자儒者는 다만 과거의 문장만 배우고 경사經史에 널리 통
　한 사람이 없으니 일경일사一經一史 이상 통한 사람으로 하여금 국자
　생을 가르치게 하라.[2]

2 『고려사』 권29, 「세가」, 충렬왕 6년조.

그래서 왕은 그 해(1280)에 7인의 경사교수를 임명하여 생도를 가르치게 하고, 같은 해 22년에는 경사교수도감經史敎授都監을 설치하여 7품 이하의 관리로 하여금 경사를 배우게 하였다. 또 왕 30년에는 원나라 야율희일耶律希逸의 권고에 따라 대성전大成殿(공자의 사당)을 개축하고 안향安珦의 건의로 섬학전贍學錢을 설치하였다. 이로부터 문교는 진흥되기 시작하여 공민왕 원년에는 서울의 동·서 학당을 개수하고 16년에는 성균관을 개영改營하는 한편 이색李穡을 대사성에 임명하고 김구용金九容과 정몽주鄭夢周와 박의중朴宜中과 이숭인李崇仁 등을 교관으로 두어 학생을 가르쳤다. 이때 성균관을 중심으로 당시 전래된 주자학이 강론되어짐에 따라 학풍 자체도 종래의 문학중심에서 경사經史의 이론중심으로 변하여 갔다.

이색은 학계를 고쳐 오경五經과 사서재四書齋를 설치하고,[3] 일경일재一經一齋 식의 학습 방법을 채택하니 유학은 더욱 발전되고 성균관을 중심으로 불교배척운동이 맹렬히 전개되었다. 주자학이 들어오기 이전에는 고려의 지식인들이 신앙은 불교를, 정치는 유교를 숭상하여 유자나 승려가 모두 양쪽을 겸하였으므로 서로 반목하는 바가 없었다. 그러나 이때부터는 주자학과 불교가 근본적으로 점차 대립하는 형세가 되었다. 앞서 말한 바와 같이 최충崔冲을 '해동공자海東孔子'라 일컫지만 불교 고승들의 비문을 찬한 일도 있으며,[4] 김부식을 완고한 유학자로 여기지만 그가 지은 원효대사의 화상찬和尙讚이나 대각국사비大覺國師碑 같은 것은 유명하다. 주자학이 수용되기 이전에 한국 유학사상은 삼국시대 이래로 오경을 중심으로 한 한漢나라와 당唐나라 시대의 학풍이 지배적이었지만 주자학은 오경보다도 사서四書를 중심하

---

3 뒤에 '九齋'라고 고쳤다.
4 최충이 지은 불교 관계 비문으로 「居頓寺圓空國師勝妙塔碑」와 「奉先弘慶寺碣」이 현재 전한다. 『조선금석총람』 상권, 253~262쪽 참조.

여 그 이론을 전개하는 것이었다. 사서와 오경은 유교경전으로서 모두 중요하지만 송학宋學 이전에는 사서라는 용어가 없었다.

## 2. 주자학의 전래와 안향

주자학은 고려 충렬왕 때 원나라로부터 안향(1243~1306)에 의해서 전래된 것으로 기록되어 있다. 주자학에 대해서는 '신유학新儒學'·'성리학'·'송학宋學' 또는 '정주학程朱學' 등 여러 가지 명칭이 있으나 그 내용은 모두 같은 것이다. 즉, 송대宋代에 비로소 이루어진 학문이라 하여 송학이라 하고, 정자程子가 고취한 학문을 주자朱子가 계승해서 완성했기 때문에 정씨와 주씨의 성을 따서 정주학이라 한다. 또 한·당 시대에는 유학이 정치적·문화적 방면으로 발달했으나 성리학은 불교의 전래와 노장사상老莊思想의 영향으로 유학사상을 철학적으로 체계화한 것을 말한다. 이때의 '성性'은 불교의 불성佛性이나 노장의 자연성自然性을 말하는 것이 아니라 인간성을 말하는 것이다. 이 인간의 본성은 하늘의 명이 인간성에 내재해 있다(天命之謂性)고 하는 중용사상中庸思想의 천성을 말하는 것으로 이 인간본성에 관한 이치를 '성리性理'라 하며 이 성리를 연구하는 학문을 성리학이라 부르는 것이다. 또 신유학이라고 하는 것은 유교의 경전을 훈고訓詁·주석註釋하던 한나라 때의 구주석에 대하여 송나라 때에 성리학이 새로 일어났다고 해서 신유학이라고 부르는 것이다. 이 같은 여러 명칭이 있지만 대체로 넓은 의미로는 정주학 또는 성리학이라 하는 것이다. 주자학이라고 할 때는 주자 개인을 말하는 것이 아니다. 재래의 여러 학문 계열을 송대에 와서 주자가 총정리하였다고 볼 수 있으므로 주렴계周濂溪로부터 소강절邵康節·정명도程明道·정이천程伊川·장횡거張橫渠 등 모든 송대 선현들의 사상을 종합 정리한 것이 주자학이기 때문에 개인보다는 송대의 학문 전체를 종합한 학문이라고 보아야 한다.

송학은 그 체계가 방대하고 넓은 것으로서 노장이나 불교의 초세간적超世間的인 혹은 관념적인 것만이 아니라 철학적 이론과 보다 더 구체적 측면에서 문제를 책임 있게 전개한 동시에 사회적으로 볼 때에는 더 민족적이고 정치적인 측면에서 강력한 이론을 제공한 것이라고 볼 수 있다. 왜냐하면 송대는 당시 주변의 이민족인 요遼와 금金에 의해서 침략을 당한 때였으므로 이에 대항하기 위해서도 상당히 자주적인 독립정신이 요구되었다고 할 수 있다. 정치적으로 자주정신을 강조하는 동시에 배외사상은 중화 주의를 강조하고 이르나 존왕양이尊王攘夷 즉, 이민족을 물리친다는 민족주의적 대의명분론의 요소를 가지고 있는 것이다. 그러므로 송학은 당시에 사회적으로나 정치적으로 기능적 작용을 하였다고 할 수 있다. 고려 말의 사회 풍조는 노불사상의 지나친 신비주의에 빠져 침체를 면하지 못하게 되었다. 민족국가의 차원에서 새로운 학풍 진작이 요구되었다. 원나라의 예속으로부터 벗어나 자주적 독립성을 강조하는 데 있어서 주자학은 윤리적이고 합리적인 차원에만 머무르지 않고 더 나아가 사회 국가적으로 적극적이고 문화적인 활력이 될 수 있었기 때문에 송학은 고려 말에 상당히 환영을 받았던 것이라 할 수 있다.

고려에서 유학자로서 주자학을 제일 먼저 이해하고 역설한 사람은 안향이다. 우리나라의 주자학이 전래되기도 안향으로부터 시작된다. 안향은 충렬왕 15년(1289)에 원나라에 들어가 『주자전서朱子全書』를 필사하고 공자와 주자의 상像을 그려 가지고 왔다. 그뿐 아니라 당시의 교육사상과 교육제도를 쇄신하고 그 교육의 사명과 대학의 기능을 천명한 것도 역시 안향이었다. 안향은 일찍이 학교의 쇠퇴와 유교의 부진함을 탄식하여 다음과 같은 시를 읊었다.

안향 초상

곳곳마다 향등이요 사람마다 불공이네.
집집마다 악기 소리 귀신에게 복을 비니
두어간 되는 공부자의 사당에는
가을 풀만 무성할 뿐 적막하게 사람도 없구나.

香燈處處皆祈佛  簫鼓家家亦賽神
惟有數間夫子廟  滿庭秋草寂無人[5]

위의 시에서 향등香燈은 불교를 상징한 말이며, 푸닥거리 소리는 도교를 상징하는 말이다. 당시 노老·불佛 사상은 성행했지만, 교육기관으로서의 국학인 대학은 쇠퇴 일로에 있었음을 말한 것이다. 안향은 또 학교 교육의 중요성을 강조하여 다음과 같이 말하였다.

정치하는 요령은 교육을 해서 인재를 기르는 것보다 더 급선무가 없다. 그런데 오늘날 학교의 재정이 너무 고갈되어 선비를 기를 수가 없으니 모든 백관들은 각각 은銀과 포布를 정도에 맞게 기부해서 재단을 튼튼히 하자.[6]

안향은 재단의 기금을 조성하게 하였는데, 이것이 그의 섬학전贍學錢이다. 모금을 통해서 섬학전을 세운 안향은 정치의 기본이 교육에 있음을 강조하였고, 교육의 기본은 인재의 양성에 있다고 하였으니 오늘날에 보아도 탁견이 아닐 수 없다. 그는 인격과 학문이 높은 교육자로서 교육입국教育立國을 강조하였으며, 솔선수범한 당시의 유일한 스승이었다.

---

5 『晦軒實紀』 권1, 遺集, 〈題學宮〉
6 『고려사』 권105, 「열전」, 〈安珦〉

이렇게 볼 때 우리 한국교육사에서 안향은 훌륭한 교육자요, 그의
숭고한 교육이념은 바로 주자학에 입각한 것임을 알 수 있다.『고려사』
에 보이는 바와 같이 그는 말년에 항상 주자의 초상을 걸어 놓고 흠모
했으며 그의 호를 회헌晦軒이라 한 것도 주자의 호인 회암晦庵에서 연
유한 것이었다. 이같이 그가 주자학을 숭상한 것은 교육은 신비적인
이적異蹟을 행하는 것이 아니라 보다 건전한 합리주의와 윤리 도덕적
인 인륜성을 갖지 않고는 훌륭한 교육을 할 수 없다고 믿었기 때문이
다. 그는 국학의 모든 학생들에게

　　노·불이 지나치게 어둡고 공적空寂의 세계를 추구해 가지만 그러나
　보다 더 건전한 일상생활로 돌아와 비근한 데로부터 진리를 추구해야
　한다.[7]

는 국학 제생을 위한 글을 발표한 일이 있다. 이와 같이 하여 주자학
은 점차 백이정白頤正과 권보權溥, 그리고 이색과 정몽주와 길재吉再
와 같은 훌륭한 성리학자들로 계승 발전되어 갔다.


## 3. 여말 유학자의 儒佛觀

　주자학이 전래되어 대학인 성균관을 중심으로 그 학설이 강론됨에
따라 유교의 관점에서 불교를 비판하는 움직임이 일기 시작하였다.
당시 유학자들의 유교와 불교에 대한 견해를 살펴보면 먼저 안향은
국자학 생도들을 유시하는 글에서 다음과 같이 말하였다.

---

**7**『회헌실기』권1, 遺集,〈諭國子諸生文〉

성인의 도는 일상 윤리에 지나지 아니하니 아들된 자는 마땅히 효도
하며, 신하된 자는 마땅히 충성하고, 예로써 집을 다스리며, 신의信義로
써 교유하고, 경敬으로써 몸을 닦으며, 성실로써 일을 처리할 뿐이다.
저 불교는 친족을 버리고 집을 떠나 인륜을 멸시하며, 의義에 거역하니
이적夷狄의 무리이다.[8]

유교는 윤리를 중시하는 데 반하여 불교는 인륜을 돌보지 않는다는 것
이다. 이와 같이 안향은 인륜의 측면에서 유교의 불교를 비교하였다.
한편 목은 이색은 종래의 유교가 과거와 벼슬을 위하여 사장詞章의
번화한 문장에만 힘써 성실하고 바른 것에 공효功效가 없음을 논하여
다음과 같이 말하였다.

옛날 학자는 성인聖人됨을 목표로 하였는데 지금 학자는 벼슬을 목
적으로 공부한다. 시를 외우고 책을 읽음에 깊은 맛이 부족하여 번화할
뿐이고, 문장과 문구에만 공을 들이니 성실됨의 공효가 어디에 있겠는
가?[9]

또 그는 불교에 대하여 "건국 초부터 사찰과 민가가 서로 섞여 있
었는데 중엽 이후로 오교양종五教兩宗의 여러 불교학파들이 이利의
소굴이 된 후로는 도처에 사찰이 없는 데가 없다"라 하고 이러한 폐
해가 사회적으로 문제된다 하여

다만 불교 신자만이 아니라 그 비루한 데 물든 국민 중에는 놀고 먹
는 자들이 많다. 부처는 대성인이다. 좋아하고 싫어함이 보통 사람과

이색 초상

같은데 그의 영혼이 있다면 그 무리들의 이러한 퇴폐를 어찌 부끄럽게
여기지 않겠는가?[10]

라 하였다. 그는 시정책으로서 도첩제度牒制를 실시하며 승려를 군대
에 편입시키고 새로 절을 짓지 못하게 해야 한다고 역설하였다.

정몽주는 당시 성균관 교수 중에서 으뜸가는 주자학자로 이름이 있
었다. 정몽주가 성균관에서 사서의 『주자집주朱子集註』를 강의할 때
사람들의 의견보다 뛰어난 것이 있어 의심하였는데 뒤에 호병문胡炳
文이 지은 『사서통四書通』이 들어오자 부합되지 않은 바가 없어 선비
들이 탄복하였다고 한다.[11] 정몽주는 특히 정자程子의 『역전易傳』에
능통하였는데, 그는 불교와 유교를 비교하여 다음과 같이 말하였다.

　　유교의 도는 일용평상日用平常의 도이다. 음식을 먹고 남녀가 생활하
　는 것이 모든 사람의 공통된 일이며, 그 가운데 지극한 이치가 들어 있
　는 것이다. 요순 같은 성자의 도라 할지라도 이를 벗어나지 않으니 처
　음부터 고원高遠하여 실천하기 어려운 것이 아니다. 그런데 불교는 친
　척을 버리고 남녀가 떨어져 있으며 홀로 산 속에서 나물을 먹으며 공空
　(불교의 진리)을 생각하니 어찌 평상의 도이겠는가?[12]

평범한 일상생활에서 진리를 찾아야 한다는 것을 중시하고 있다.
다시 말하면 현실을 도외시하는 것을 불교의 약점이라고 보았던 것이
다. 다음의 시를 보면 더욱 그의 사고를 잘 알 수 있다.

---

**10** 『고려사』 권115, 「열전」, 〈李穡〉
**11** 『고려사』 권117, 「열전」, 〈鄭夢周〉
**12** 『圃隱集』 속집 권1, 「經筵啓事」

정몽주 초상

소나무 사이로 부는 바람

강에는 달이 잠기고 맑고 허한〔冲虛〕 정경인데

수도하는 산승山僧들이 참선 삼매三昧에 들 때이다.

가소롭다. 분분紛紛히 도를 깨치려는 자들이여

성색聲色(현실)을 떠나 진여眞如(진리)를 찾을 수 있겠는가?[13]

松風江月接冲虛　正是山僧入定初

可笑紛紛學道者　色聲之外覓眞如


　이상으로 안향과 이색 그리고 정몽주 세 사람의 유불관을 살펴보았다. 대개 그들은 유불의 분기점이 현실적 일상적인 인간 윤리에 있다고 보았다. 주자학은 원래 성리性理의 관점에서 불교를 이단異端으로 배척한다. 정자와 주자의 이론은 상당히 차원이 높다. 우리나라의 이론적 배불론은 정도전鄭道傳과 권근權近에 와서 비로소 체계적으로 저술을 통하여 나타난다.

　정도전은 『불씨잡변佛氏雜辨』과 『심기리편心氣理篇』을 지어 불교를 근본적으로 비판하였다. 『심기리편』의 심心은 불교의 수심修心, 기氣는 도가道家의 양기養氣(養生), 이리는 성리학의 성리性理를 말한다. 즉, 불교는 마음을 닦기 위해 현실 세계를 허망하다 하여 부정하고 도가는 양생을 위해 사려와 분별의 심리 작용을 부정하는 데 비하여 유교(성리학)는 이리가 생성生成의 이리요, 당위當爲의 이치로서 앞의 양쪽을 모두 흡수 통일할 수 있다는 논리이다.

　『불씨잡변』은 모두 20편으로 구성되어 있는데, 지금까지의 불교비판 논설을 체계적으로 분류하여 놓았다. 여기에는 중국 성리학인 명도明道와 이천伊川과 주자朱子의 불교에 대한 비판론이 많이 인용

13 『포은집』 권2, 「贈僧」

하고 있다. 정도전은 성리학 본래의 이단배척이라는 철저한 관점에
서서 불교배척을 거의 필생의 사업으로 삼을 만큼 심혈을 기울였다.
권근은 그의 이러한 활약을 맹자의 양묵楊墨 배척에 비교하여 칭송하
여 마지않았다.

　정도전 배불사상의 논리적 근거는 존재론적으로는 성리학의 태극太
極과 음양陰陽과 오행五行의 우주론이며, 인식론적으로는 성리학의
심성정론心性情論의 견해이며, 윤리적으로는 유교의 실천적 사회윤리
의 관점이었다. 따라서 불교의 윤회설輪廻說과 인과설因果說에 대해
서는 유교의 생생生生의 기氣의 변화론으로 대응 설명하였다. 불교의
심성론心性論은 마음을 주로 하였으나 이는 옳지 않다고 하였다. 왜
냐하면 심리는 작용성이 있는 것이요, 진리의 보편적 기준이 될 수 없
기 때문이다. 유교는 심心이 근본이 아니라 성性을 근본으로 삼는다.
성은 부동적이며 순일무잡純一無雜한 진리의 기준이 되는 지극한 것
이라고 보는 것이다. 이러한 철학적 인륜적 관점에서 불교의 비윤리
성과 비합리성 그리고 비성실성을 배척하여 지옥·화복禍福·기도·걸
식乞食 등 여러 측면에서 비판하였다.

　그러나 정도전의 이러한 철저하고 체계적이며 논리적인 배불은
그 시대의 상황성과 관련지어서만 의미가 있다고 하겠다. 그의 불교
에 대한 이해는 어디까지나 유교와의 차이점만을 찾아내려는 관심에
서 일어난 것이므로 불교의 장점과 그 한계성을 객관적으로 보지 못
하였다. 그의 배불의 의미는 당시 사상의 전환기에 있어 숭유정책을
정치적으로 확립하려는 데 그 목적이 있었다고 하겠다.

　권근은 권보權溥의 증손으로 이색의 문인이었으며 삼봉 정도전을
존경하였다. 그는 귀양 도중에 『입학도설入學圖說』과 『오경천견록五
經淺見錄』[14]을 저술하였다. 『입학도설』의 체계는 주렴계周濂溪의 태
극도太極圖를 근본으로 하고 『대학』과 『중용』의 장구章句를 참조하여
도표를 그리고 선현의 설을 인용하여 설명하는 한편 다른 경전에서도

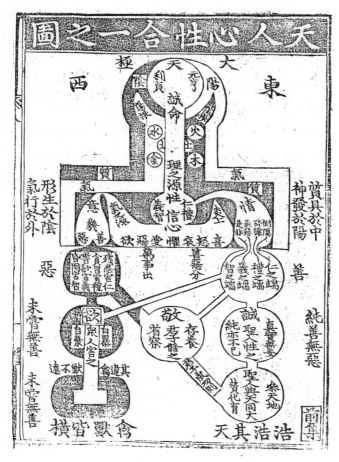

『입학도설』 중 〈천인심성합일지도〉

도표를 그릴 만한 것은 모두 골라서 도표를 작성하고 자기의 의견을
붙인 것이다. 그런데 이 『입학도설』과 『오경천견록』은 그 후 조선 학

14 권근의 『오경천견록』은 현재 『춘추천견록』만 발견되지 않았고 나머지는 전부 발견
되어 보물로 지정되어 있다.

술사상에서 은연중 영향이 지대하였으며 조선 중기의 성리설 즉, 정
지운鄭之雲의 천명도설, 퇴계의 리기호발설理氣互發說 등에 관련을
맺고 있는 것이다.[15]

『주역천견록』을 예로 들어 보면 그는 『주역』의 문구를 해석하면서
불교의 설을 끌어와서 유교와 비교하여 그 차이와 특징을 설명하고
있다. 겸괘謙卦는 지地 중에 산山이 있는 괘이니 군자君子는 이 상象
을 본받아 많은 쪽을 덜어서 적은 쪽에 보탠다. 물物을 저울에 달아서
베풀기를 균평하게 하는 것이 칭물평시稱物平施이다. 이 괘상卦象을
해석하기를

일찍이 불교도와 이 상象에 대해서 논한 일이 있다. 그때 불교도가
"이것은 바로 불교의 평등하여 차별이 없다(平等無差)고 한 것과 같다"
하므로, 나는 "그렇지 않다"고 하였다. 유교는 사랑하는 점은 같으나
사랑함에 차등이 있고, 이단은 만인을 사랑한다 하나 분별이 없다. 그
러므로 유교는 친족을 사랑하고 나아가 다른 사람을 사랑하여 금수 초
목에까지 사랑이 퍼져가는 데 반하여, 이단은 길 가는 사람과 친족의
구별을 하지 않으며 금수 초목과 인간과의 차별도 하지 않는다. 그릇이
크고 작은 것이 있으면 큰 그릇에는 많이 넣고 작은 그릇에는 적게 넣
는 것이 평시平施의 도이다.[16]

---

**15** 『沙溪全書』 권17, 「近思錄釋疑」 "退溪先生 四端七情互發之說 其原於權陽村入學圖
說 其圖中 四端書於人之左邊 七情書於人之右邊 鄭秋巒因陽村而作圖 退溪又因秋
巒而作圖 此互發之說所由起也 退溪曰 四端理發而氣隨之 七情氣發而理乘之 是陽
村書左右之意."(돈암서원 刊本)

**16** 『주역천견록』 권1, 「易說上經」, 〈謙卦〉 "愚嘗與釋徒論此象 釋者曰 此卽平等无差之
法 予曰 非也 稱者稱錘之稱 所謂稱物平施者 如持衡以稱物 隨其物之輕重 而爲其權
之進退 以其衡之平也 吾道理一而分殊 異端兼愛而無分 ……."

라 하였다. 또 간괘艮卦 해설 중에

　　불교 화엄경이 "만법萬法이 원융圓融하여 어디든지 존재하여 절대로 편재偏在하지 아니한다"고 한 것은 간괘의 "천리天理가 주편周偏하여 만물에 조그마한 편사偏私도 용납하지 않는다"고 한 것과 비슷한 것 같지만 불교는 차등이 없고 유교는 정분定分이 있으니 사실은 크게 다르다.[17]

라 하였다. 유교에서는 이理가 하나이지만 나누면 차이가 있다〔理一而分殊〕고 한다. 이 외에도 유교와 불교의 비교가 많이 보인다. 대체로 정도전의 이론적 근거와 대동소이한 것 같지만 자세히 보면 차이점도 있다. 정도전은 유교와 불교의 차이점만을 역설 강조하지만 권근은 유교와 불교의 공통성을 제시하여 당시 불교사회의 지식인들과 대화의 매개점을 제시하고 있다. 즉, 그는 불교사회를 유교의 사회로 전환하는 데 교량적 역할을 한 점에서 종래의 배불론과 다르다고 하겠다.

　이 같이 정도전과 권근의 유불관은 안향과 이색의 것보다 좀 더 이론적이며 철학적인 것을 알 수 있다. 그런데 이색은 비록 배불론을 주창하나 그의 글에는 불교용어가 많이 섞여 있다. 승려와의 교우도 많았을 뿐 아니라 그들의 비문 짓는 데도 사양하지 않았다. 또 신륵사神勒寺 대장경판 인행印行 등의 일로 후세에 '학문이 불순하여 불법을 믿었다'는 평을 받기도 하였다. 안향과 이색보다는 정몽주의 경우가 불교비판에 더 적극적이라고 할 수 있다.

---

17 『주역천견록』 권2, 「易說下經」, 〈艮卦〉 "······ 程子又謂 看一部華嚴 不如看一艮卦 華嚴只言一止觀 盖華嚴是言萬法圓融 在在皆具 不可有一偏之見 艮卦是言天理周遍 物物皆有 不可容一毫之私 然彼無差等 此有定分 其實大不同也"

정몽주는 불교 자체를 무조건 반대하는 것이 아니라 진정한 불교는 세속과 열반을 구별하지 않는 데 있다고 보는 동시에 현실의 측면에서 유교사상을 고취하고자 하였다. 그는 승려와 교단의 타락과 신비적 맹목성을 비판하였다. 정도전은 정치적 측면에서 불교의 교단 내지 교리를 반대하여 불교인의 정치적 접근을 막았다면, 권근은 학술적으로 유교와 불교의 사상적 특징을 논술하여 유교 학술의 확립을 시도하였던 것이라 하겠다.

## 4. 여말 성리학파의 양대 조류

여말의 성리학자들은 주자학을 배경으로 불교를 배척하고 신유교를 숭상한 점은 다 같지만, 주자학을 중심한 유교의 새로운 해석과 그들의 인간과 세계에 대한 해석과 평가는 다르게 나타났다. 여말선초에 사회의 변동에 따라 그들의 역사관 내지 현실에 대한 견해는 두 계열로 분열하여 대립상을 보였다. 다시 말하여 여말의 정치적 혼란과 사회 기강의 문란 그리고 국민 경제의 피폐 등으로 고려사회는 더 이상 유지가 불가능하다고 생각했던 신세력과 고려왕조를 부정하지 않고 계승하면서 중흥하려는 두 파로 갈리게 되었다.

이 당시의 역사상황에 대한 판단과 존왕양이尊王攘夷의 의리를 중심한 윤리관에 대하여 다 같은 유학자이면서도 이에 대한 관점과 견해가 달라, 의리를 중심한 보수 세력과 현실에 입각한 신세력과의 대립을 보게 되었다. 고려 주자학의 창시자인 안향 이래로 백이정과 이색에 이르기까지는 불교와 대립 의식을 가졌으나 주자학파로서의 분열은 없었다. 그러나 정몽주와 정도전 이후부터는 뚜렷이 그 관점이 나누어지고 그들의 역사관과 가치관이 대립함을 보게 된다.

고려시대 문묘에 배양된 유학자로서 안향과 정몽주 두 사람을 고려

5백년간의 대표적 유현으로 추존하고 있듯이 정몽주의 위치는 유학사 상사에서 그 정맥을 이루고 있다. 정몽주의 사상을 계승하고 고려조 에 충성을 다하며 조선왕조에 협력하지 않고 산림에 묻혀 그의 지조 를 지켜온 이로 야은 길재를 들 수 있다. 조선의 도학자로 조광조趙光 祖를 높이 추존하는데 이는 조광조에 대한 퇴계退溪의 「행장」이나 율 곡栗谷의 「묘지명墓誌銘」을 보아도 알 수 있다. 조광조의 도학사상은 김굉필金宏弼에게서, 김굉필의 학은 김종직金宗直에게서, 김종직의 학은 그 부친 김숙자金叔滋에게서, 김숙자의 학은 고려의 길재에게서, 길재의 학은 정몽주에게서 각각 전수하였다. 이와 같이 정몽주는 한 국 의리학파의 시조로서 후기 조선조 정통 유학사상의 연원을 이루고 있다.

그러나 이와 대립한 정도전의 학문과 사상은 권근에서 더욱 보강되 고 조선의 훈구파 정치인들에게 많은 영향을 주었다. 정몽주와 정도 전은 다 같이 주자학파이면서도 여말선초의 교체기에 관점과 견해를 달리 하였다. 『정삼봉문집鄭三峯文集』에 대하여 양촌 권근은 그 서문 에서 정도전의 학문의 위대함을 역설하였다. 정도전은 항상 후진을 가르치고 이단을 배척하는 것을 자기의 임무로 삼았으며, 경전을 강 론함에 그 지극한 이치를 잘 표현하여 배우는 이가 한 번 들으면 그 의미를 곧 이해하게 하였으며, 문하에 많은 학도들이 모여와 문하를 가득 메우고 조정에 벼슬을 한 자가 많았다고 한다. 뿐만 아니라 문물 제도나 음양학·병술·천문·역법 등 통하지 않는 것이 없었으나, 권 근은 이 같은 학문은 정선생의 나머지 일에 불과하며 선생은 깊이가 있고 높다고 칭찬하였다.

신숙주申叔舟도 『삼봉집』 서문에서 정도전을 칭송하여 "삼봉선생 은 천품이 뇌락磊落하여 왕좌王佐의 재才가 있다"고 하였고, "우리 태 조를 도와 고려조 말기에 있어 왕조가 장차 끊어지려는 즈음에 민생 을 도탄에서 건지고 동서로 외란을 평정하여 동방 억조창생을 안보하게 하였으며, 조선 개국 초에 국가의 모든 규모가 모두 선생(정도전)이 찬정撰定한 바이니 목은·포은·양촌 등 제공들이 모두 추복推服하였다"[18]고 하였으니 신숙주도 정도전의 훈구파에 좌단左袒한 것이라고 하겠다. 이들은 정몽주 계열의 의리사상을 근본으로 하는 것이 아니라, 정치적 상황과 사회적 변동을 감안하여 여기에 일어나는 모든 사회적 병리 현상을 새로운 창의와 힘에 의하여 개혁하려는 상황성을 강조하는 계열이었다.

조선 유학사상사의 정통을 말하면 정도전 계열보다는 정몽주 계열의 학맥을 연원으로 한다. 이 점이 한국 주자학의 특색이라 볼 수 있으며 한국 정신사에 지대한 영향을 후세에까지 미치고 있다. 정몽주 계열은 인간의 내면적 본성을 강조하며 만고불변의 도덕의식을 계발하는 데 그 주안목이 있었다. 그러나 정도전 계열은 불변한 인간성의 계발보다는 상황에 대응하는 창의적 변혁을 강조하는 만큼 관념적 의리 도덕보다는 인간의 의지적 연마와 지식의 개발과 문화의식을 고취하는 데 그 중점을 두었다. 또 바람직한 인간상을 말할 때 정몽주 계열은 백이伯夷와 숙제叔齊를 지극히 높이나, 정도전과 권근과 정인지 등의 계열은 이상적 인간상으로 무왕武王의 혁명을 높이 평가한다. 전자는 '강상綱常을 부식扶植한다'는 용어가 자주 나오는 데 반하여, 후자는 천명사상天命思想을 강조하여 상常보다는 변變에 치중하는 역사관과 가치관을 제창하였다.

『용비어천가』의 서문에 정인지鄭麟趾 등은 태종의 혁명을 주나라 무왕武王에 비교하였으며, 주나라 주공周公이 예악禮樂을 제정한 것과 조선조 세종대왕이 문물제도를 정비한 것과 비교하여 그 덕을 찬양하고 있는 것은 그 좋은 예라고 하겠다. 태조가 임금이 되기 전에

---

18 『保閒齋集』 권15, 「新刊三峯鄭先生集序」 참조.

꿈에 신인神人에게서 얻은 금척金尺은 천명을 받은 증거라고 정도전
은 말하고 있다. 그러나 「길야은비문吉冶隱碑文」을 보면 만고의 윤리
강상을 지킨 이는 길재이며, 고려 말의 길재는 은나라 말기의 백이와
숙제와 같고 은나라 말의 백이와 숙제는 고려 말의 길재라고 말하고
있다.

이 같은 상변론常變論은 유학사상사에서 두고두고 문제가 되었다.
천명과 혁명을 주장하는 유학파들은 유교의 경전 중에서도 『주역』의
변화론을 강조하지만, 인륜적 의리를 강조하는 절의학파에서는 『춘추』
를 더욱 중요시한다. 대체로 성리학파 중에 이학파理學派는 절의파에
속하고 기학파氣學派는 훈구파나 혁신파에 속하는 경향성이 없지 않다.
물론 진정한 성리학은 리기理氣를 분열 대립시키지 않지만 후기 성리
학파는 그 같은 경향성을 가지고 있다. 관념적이고 현실에 대한 통찰력
이 없는 메마른 의리학에 대해 실사구시實事求是의 사회의식이나 역사
의식이 결여되었다고 평할 수 있다면, 성실성이 없는 상대주의적 실용
론은 윤리성을 결여한 어용학에 떨어질 염려가 없지 않은 것이다.

구체적으로 여말선초의 사회 상황을 진단할 때 창업創業의 시기인
지, 수성守成의 시기인지, 경장更張의 시기인지에 대한 판단은 이론적
으로 판단되는 것이 아니라 당시의 사회·경제·정치·외교·군사·문
화적인 측면에서 엄격하게 종합적으로 판단해야 할 문제이다. 예를
들면 권근이 "우리 태조 전하가 임금이 되기 전에 기강을 바로잡고
농지를 개혁하는 등 백성의 병이 되는 열 가지 중에서 이미 여덟이나
아홉 가지가 제거되었으며 즉위하여 인정을 베풀어 백성의 질고疾苦
를 풀게 하였다. 아픈 사람들을 바로잡아 주었으며 피폐한 사람들을
회복시켜 살찌게 했다"는 것은[19] 수성이나 경장의 시대가 아니고 창

---

19 『陽村集』 권17, 「送忠淸道都觀察使韓公詩序」 참조.

길재 초상

업의 시대로 역사를 판단했던 것이다. 그러나 정몽주와 길재를 찬양
하는 의리학파는 강상이 거의 끊어질 뻔했던 것을 붙들고 선비의 기
풍이 넘어지려는 때에 격려하고 윤리적 정통을 후세에까지 남겨준 것
은 자신들로부터 비롯된다고 보는 것이다.[20]

20 『冶隱言行拾遺』, 卷中, 「太學生疏語」 등 참조.

# 제3부 조선시대와 현대의 유학

# 제1장 조선 전기의 유학

## 1. 조선 전기 유학의 개관

고려가 멸망하고 조선왕조가 성립하는 과정에서 사상적 전환의 현저한 계기를 이룬 것은 배불숭유운동排佛崇儒運動이었다.

신라 시대에 융성하였던 불교는 고려에 계승되었으나 사상적으로는 점차 쇠퇴하였다. 고려 말기에 이르러서는 구복적求福的 불사佛事와 전답·재물의 공납이 성행하여 사원의 재력財力은 과도하게 비대하여 졌으며 이로 인한 국가 재정의 궁핍과 전제田制의 문란은 내부로부터 새로운 이념과 개혁을 요구하게 되었다.

원래 고려 때에는 유·불·도 삼교가 교섭하여 갈등을 빚지 않았던 것이며 당시의 유학은 사장詞章에는 능한 반면 경학에는 깊은 연구가 없었다. 그러나 고려 말엽에 이르러 비로소 성균관의 유학자들을 중심으로 주자학이 수용되어 합리적이고 윤리적인 사상으로서 새로운 학풍을 이루게 되었다. 여기서 여말 선초의 배불숭유 운동에는 이색·정몽주와 같이 불교의 유폐流弊를 지적하고 인간 생활의 상도로서 유교를 높일 것을 주장하는 온건한 태도와 정도전의 『불씨잡변佛氏雜辨』·『심기리편心氣理篇』·『삼봉집』, 권근의 『주역천견록』 등에서 보는 바와 같이 주자학적 관점에서 불교 교단의 폐단뿐만 아니라 교리 자체를 논리적으로 변척辨斥하였다. 그리고 조선왕조는 개국과 더불어 친명

정책親明政策·전제 개혁 등을 불러 일으켰던 국내외의 정치적·사회적 요구에 따라 구 제도의 배경을 이루고 있던 불교를 배척하였고 유교사상을 통치 이념으로 받아들여 새로운 질서의 근거를 삼았다. 이 시대의 유학자들 가운데는 정몽주·길재 등 절의節義를 지켜 신왕조에 협력하지 않은 태도와 정도전·하윤河崙·권근 등이 이태조를 도와 국전國典의 제정과 기본 정책의 결정을 통하여 유교사상을 조선왕조의 이념으로 확립시키는데 진력하는 태도로 볼 수 있다.[1]

태조에서 태종에 이르는 동안에는 유교사상에 입각한 시정으로 정치적 안정을 이루었고 성종시대에는 문물 제도가 확립되고 유교사상이 서민에까지 보급됨으로써 조선왕조 5백 년의 기반이 이루어졌다. 유교사상이 널리 보급되고 학문적인 발전에 중요한 역할을 하게 된 배경으로는 서적의 인쇄와 보급을 들 수 있다. 1403년에 계미자癸未字가 주조된 후 갑인자甲寅字(1434)·을해자乙亥字(1455) 등 성종 때까지 수차에 걸쳐 동銅과 연鉛으로 활자를 개조하였다. 이리하여 유교 경전과 『삼국사기』·『고려사』 등의 사서史書와 경서의 언해諺解, 일반 교과서 등 문文·사史·철哲에 관한 서적을 다량으로 인쇄하여 각도에 널리 반포함으로써 교육과 학풍을 크게 진작시켰다. 세종은 1420년 집현전集賢殿을 궁중에 설치하여 유학을 연마하게 하고 학자를 우대하여 조선 전기의 유교사상이 학술적으로 심화하는 계기를 마련하였다. 또한 세종은 훈민정음을 창제하여 민족 문화에 획기적인 업적을 이루었다.

유교는 고려말 이래 불교와 대립하였으며 또한 조선 개국 초기로부

---

1 정도전의 『朝鮮經國典』은 그 대표적인 경우라고 할 수 있다. 이것은 이 태조 3년에 정도전에 의하여 편술된 것으로 먼저 正寶位·國號·安國本·世系·敎書로서 입국의 기본이념과 방향을 정초하고, 다시 治典·賦典·禮典·政典·憲典·工典의 六典을 조목별로 규정한 것이다. 『조선경국전』을 보면 유교이념이 그 핵심을 이루고 있음을 알 수 있다.

터는 도교를 억제하며 고려시대로부터 내려오던 초례소醮禮所를 폐지
하고 소격전昭格殿만을 남기었다. 그 뒤 조광조의 진언으로 소격서昭
格署마저 폐지되었으며 이언적李彦廸의 「서망재망기당무극태극설후
書忘齋忘機堂無極太極說後」는 성리학의 관점에서 불교와 도가사상을
비판하였다.[2] 조선의 유학은 불교 배척에서 나아가 도교를 비판하는
가운데 점차로 주자학적 정통성을 강화하여 갔던 것이다.

여말 이래 유학자 가운데 조선왕조에 협조하지 않고 절의를 지킨
길재는 정몽주를 계승하여 산림 속에서 교학敎學에 전념하였다. 의리
학의 학풍을 세운 이러한 사림士林의 후계자들은 도학의 의리정신을
내세워 관료 정치인이나 사장학파詞章學派와 대립하였다. 세조의 찬
위簒位 이후 이를 지지한 훈구 세력勳舊勢力에 대하여 단종에게 절의
를 지킨 사육신·생육신을 비롯한 재야의 사림은 사상적인 대립을 형
성하게 되었다. 성종 이후 관계에 진출한 신진 사림은 훈구 세력에 대
하여 비판적 태도를 취하여 반목하게 되었다. 김종직의 「조의제문弔
義帝文」을 편입한 김일손金馹孫의 사초史草 문제를 기회로 훈구 세력
은 왕권을 빌어 사림을 제거하는 사화를 일으켰다. 무오사화戊午士禍
를 발단으로 한 갑자甲子·기묘己卯·을사乙巳의 사대 사화는 수많은
사류士類의 희생을 빚었거니와 김굉필金宏弼·정여창鄭汝昌·조광조
같은 인물들은 도학의 주류를 형성하였고 대부분이 문묘文廟에 배향
되었다.

이와 같은 도학파들은 유학의 정통적 정신에 투철하고 공과 사, 의
와 불의를 엄격하게 분별하였으며 그들의 정신은 옳은 것을 위하여
생사를 넘어설 수 있는 우국애민憂國愛民의 의리사상으로 전개되었

---

2 이언적(晦齋: 1491~1553)이 曺漢輔(忘機堂)에게 준 편지로서 유교의 무극태극설이
  도가의 '無'나 불교의 '空'과 다름을 변론하여, 道·佛을 아울러 비판한 것이다. 조선
  조에 들어 처음으로 있었던 철학적 논변으로 중요시되었다.

다. 그리고 김흠운金歆運의 순절을 기린 김종직의 〈양산가陽山歌〉에
서 보듯이 도학파들의 의리정신은 멀리 신라의 화랑도를 비롯하여 후
기의 조선 사회에서 보는 의리 및 의병 사상과도 연결되는 것으로서
민족 정기의 표상이었다고 할 수 있다.

사대 사화 이후 사류士類에게는 정치를 통하여 유교의 이상을 실현
하려는 것보다 산림山林에서 학문에 전념하는 풍조가 일어나고 이론
적이고 사색적인 학풍이 조성되었으며 조선 성리학의 전성기를 이루
었다. 그 가운데서도 이황李滉과 이이李珥는 조선 유학의 쌍벽을 이
루었으며 후세에 지대한 영향을 주었다. 이 시기에 들어온 양명학은
이단시되어 배척당하였으며 공공연한 연구 활동이 불가능하였다.[3] 조
선의 성리학은 자연이나 우주의 문제보다 인간의 내면적 성정性情과
도덕적 가치의 문제를 추구한 것이 그 특징이다. 퇴계 이황과 고봉高
峯 기대승奇大升 및 율곡 이이와 우계牛溪 성혼成渾의 사단칠정四端
七情에 관한 논변을 통하여 '리기성정론理氣性情論'이 활발히 전개되
었다. 또한 내면적 도덕 원리인 인성론人性論은 송익필宋翼弼·김장생
金長生 등에 의하여 유교의 행동 규범인 예설禮說로 발전하였다.

선조 때 들어 정치적 불안과 거듭되는 병란으로 말미암아 집권층
내부에는 점차 분열과 대립의 현상이 심하였으며 훈구와 사림의 대립
뿐만 아니라 유교 이념 및 정책상의 대립 등이 얽혀 당쟁이 치열하게
나타났다. 그러나 이러한 당쟁 속에서도 유교의 정통과 의리를 밝히
려는 도학정신은 면면하게 계승되었다.

임진왜란이란 위기를 맞아 이순신李舜臣이 보인 충렬정신과 사림

---

3 퇴계 이황은 양명학을 배척하는 「傳習錄論辨」을 지었으며, 그 이래로 양명학은 조
  선조를 통하여 배척되고 공공연한 연구는 불가능하였다. 그러나 양명학에 대한 연
  구가 전혀 없는 바는 아니었다. 영조 때의 霞谷 鄭齊斗는 한국 양명학의 泰斗가
  되었다.

김장생 초상

의 조헌趙憲이 승려인 영규靈圭와 합세하여 의병을 일으켜 순국한 칠
백 의사총義士塚의 충의 정신에서 그러한 면이 잘 나타났다. 이 정신
은 병자호란 때의 김상헌金尙憲 등과 척화斥和 삼학사三學士, 후기 효
종孝宗 때 송시열宋時烈 등에 계승되어 한국사상사에서 충절忠節과
자주의 의리정신으로 계승 발휘되었던 것이다.

조선 전기의 주류主流를 이룬 유교사상은『경제육전經濟六典』·『경
국대전經國大典』등 치국의 기본 법전을 제정하게 되었으며 이 법전
의 정신은 멀리『주례』의 육관제도六官制度와 가까이는 명률明律에
준거하였다.『대명률大明律』에 보이는 불충죄不忠罪와 불효죄가 가장
큰 죄악으로 중시되었으며 이러한 충효사상은 개인윤리나 사회윤리에
서 핵심이 되었던 것이다.[4]

## 2. 世宗時代 문화와 유학사상

세종대왕은 근세 조선에서 뿐만 아니라 한국 민족사를 통하여 가장
위대한 성군聖君으로 일컬어짐은 누구나 알고 있는 바와 같다. 세종
시대는 조선조가 성립하여 태조·태종에 이르는 동안 창업기로서 정
치적 안정을 가져온 다음 수성守成의 시대로 접어들어 고도의 문화를
창조하였던 황금시대였다. 세종은 조선왕조가 성립한 지 27년째 되던
해인 1418년에 22세의 젊은 나이로 즉위하였고 54세인 1450년에 이
르기까지 32년간 재위하여 인간을 존중하고 백성을 사랑하는 어진 정
사를 폈다. 또한 민족적으로는 물론이려니와 세계적으로도 지극히 우
수하고 위대한 학술 문화를 이룩하여 그 거룩한 정신과 불멸의 업적

---

**4**『大明律』에서 이를 크게 강조하고 있다.

을 남겼다.

　　가정에서는 충효를 전하고 대대로 인경仁敬을 지킨다.
　　家傳忠孝, 世守仁敬[5]

고 하는 세종의 친필親筆에서도 볼 수 있는 바와 같이 세종의 근본
정신은 내 나라와 내 집을 지킨다고 하는 자주의식으로서의 충효정신
그리고 백성을 사랑하고 인간을 존중한다고 하는 인애仁愛와 존경의
정신에 있다고 할 수 있다. 조선조의 창건이 유교이념을 기본으로 한
것이기도 하려니와 세종정신의 핵을 이루는 것은 역시 유교의 인도주
의 사상이었다. 다시 말하면 세종정신은 인간을 존중하고 백성을 사
랑한다는 도덕의식을 기본으로 하면서 여기에 고도의 문화의식이 부
가됨으로써 최고의 가치가 발휘되는 것이라 할 것이다.
　그러므로 세종시대의 문화는 그 출발에서 인도적이요, 문화적이었
으며 한갓 왕권을 동원하여 위압함이 아니었다. 세종은 그의 기본 이
념을 추구하고 실천하기 위하여 온갖 노력을 기울였으며 집현전의 설
치는 그러한 표징의 하나라 할 수 있다. 세종은 세속적인 권위가 아니
라 진리에 의하여 통치코자 하였으며 제왕을 위한 것이 아니라 백성
을 위한 것이었다.
　세종대왕의 치적은 학술적인 것으로부터 정치·사회·교육·군사
문제에 이르기까지 이론과 실제의 전 영역에 걸쳐 빠짐이 없었다. 이
와 같은 모든 치적은 모두 세종의 근본정신을 성취하기 위한 방법이
었다. 그리고 왕립 연구소로서의 집현전集賢殿은 바로 세종문화의 산

---

5 『松泉書院文獻論』에 의하면 세종대왕이 李貞幹(1360~1439)의 효행을 아름답게 여
　겨 '家傳忠孝 世守仁敬' 8자를 御筆로 써 주었다고 한다. 그것을 목각한 것이 현존
　한다.

실이었다. 세종은 스스로의 자품資品이 명민明敏하고 영매英邁하였음에도 단독으로 하지 않고 군신이 협력하여 진리와 인도를 추구하였다.

집현전이란 명칭의 기관은 당唐나라 때부터 있던 것이며 고려에서도 수문전修文殿·집현전 그리고 보문각寶文閣 등으로 불렸다. 그러나 세종 2년 3월에 세워진 집현전은 종래와 같이 경전의 간행 등에 그치는 것이 아니라 최고 수준의 학자들에 의한 본격적인 연구 기관의 구실을 수행하였다. 세종은 대내외적으로 국경선을 확정하여 국권을 확립하고 국조 단군을 제사하는 등 자주적인 시책을 수행하였으며[6] 백성들의 억울함을 없애고 고통을 덜어주기 위하여 형벌이나 조세·부역을 줄이고 가볍게 할 수 있는 법률을 제정하였다. 전분육등田分六等[7]과 연분구등年分九等과 같은 전세제도田稅制度[8]라든가 사형은 삼심三審을 거쳐야 한다는 금부삼복법禁府三覆法과 같은 것은 모두 그것을 말한다. 농업 생산을 합리적으로 수행하기 위하여 측우기測雨器 등 각종 천문기계의 제작, 농사법으로서의 『농사직설』, 의학서로서의 『의방유취醫方類聚』 등의 간행은 모두 민생에 필수적인 것들이었다. 그러나 이러한 모든 시책이 모두 우연한 것이 아니요, 애민애족하는 실학정신과 학술적인 배경에서 연유한다는 것은 매우 중요한 뜻을 지니는 것이라 하겠다.

앞서 말한 바와 같이 세종의 도덕의식과 문화의식은 자주적인 각성에 의한 것이며 그것은 동시에 유학사상에 밑받침되고 있다. 세종 13년(1431) 왕명에 의하여 편찬된 『삼강행실도三綱行實圖』가 유학사상

---

6  홍이섭,『세종대왕』, 세종대왕 기념사업회, 1971 참조.
7  세종 24년(1444)에 전국의 토지를 기름지고 척박한 정도에 따라 6등급으로 나누고 등급마다 量尺을 달리하였다.
8  해마다 농사의 豊凶을 고려하여 上上·上中·上下·中上·中中·中下·下上·下中·下下의 9등급으로 나누어 그 等差를 결정하였다.

삼강행실도

에 입각한 것임은 말할 것도 없거니와 민족의 자랑이요, 인류의 보배
인 훈민정음의 창제도 동양 철학의 최고 원리인『주역』의 원리에 의
하여 창제된 것이었다. 이것은 높은 문화를 일반 민중에게까지 보급
시키고자 하는 인간존중 사상의 발로라고 할 수 있다.[9]

　세종은『삼강행실도』의 제작을 명하면서 다음과 같이 전교하였다.

　　삼대三代(夏·殷·周)의 치治는 다 인륜을 밝히는 것이었다. 후세에 교
　화가 무너져서 백성들이 친하지 못하며 군신·부자·부부의 대륜大倫이
　모두 본성에 어두워 항시 각박하게 되었다. 그러나 그 사이에 탁행卓行
　고절高節이 습속에 흔들리지 않고 감화 받을 수 있는 사람들도 또한 많
　다. 내가 그 특출한 사람들을 취하여 도圖와 찬贊을 짓게 하고자 하노
　니 모름지기 중외의 우부愚夫·우부愚婦에 이르기까지 누구나 쉽게 보
　고 느껴서 흥기하는 바 있게 한다면 또한 화민성속化民成俗하는 한 가
　지 방법이 될 것이다.[10]

『삼강행실도』는 그림과 해설 그리고 그것을 기리는 글을 붙인 것으
로서, 현우賢友나 귀천貴賤 그리고 아이들이나 부녀자에 관계없이 무
식한 사람들이라 하더라도 빠짐없이 모두 알 수 있게 함으로써, 개인
도덕과 사회윤리를 확립하자는 것이었다. 이것은 역대로 조선 사회를
형성 유지시키고 국난을 극복할 수 있는 구심적인 역할을 하여 온 바
라 할 수 있다.

　다음으로 훈민정음의 제작에 관하여 보기로 하겠다. 세종은 정음

　9 『훈민정음』 서문 참조.
10 "三代之治 皆所以明人倫也 後世教化陵夷 百姓不親 君臣父子夫婦之大倫 率皆昧於
　　所性 而常失於薄 間有貞行高節 不爲習俗所移 而聳人觀感者亦多 予欲使取其特異
　　者 作爲圖贊 須諸中外 庶幾愚夫愚婦 皆得而觀感而興起 則化民成俗之一道也."

제작의 동기를 분명하고 간명하게 들고 있다. 그것은 일반 백성들이 자기의 뜻을 자유롭게 표현할 수 있도록 하자는 데 있다는 것이다. 그러나 한문으로는 어음語音이 달라서 잘 습득하지 못하는 사람이 많으므로 새로 문자를 창제하였으니 쉽게 배워서 쓰기에 편하도록 하였다는 것이다. 세종은 정음 창제의 이유로서 무식한 백성을 포함하여 모든 사람들이 쉽게 사용하여 자기의 뜻을 펼 수 있도록 한다는 것이다.

이와 같이 정음의 창제의 바닥에는 애민 사상이 깔려 있으며 그것이 기본 동기가 되고 있음을 알 수 있다.

훈민정음의 창제 원리에 대하여는 종래 구구한 학설이 있었으나 1940년 경상북도 안동에서 훈민정음 해례본解例本이 발견되었다. 이것은 정음 반포 당시의 원본으로 인정되는 것이다. 여기에 의하면 훈민정음이 유학의 최고最高 경전인 『주역』과 송대에 발달한 성리학에 근거하여 창제되었음을 분명히 알 수 있다.

훈민정음 해례본의 「제자해制字解」 벽두劈頭에는 다음과 같이 기록되어 있다.

하늘과 땅의 이치는 하나의 음양과 오행뿐이다. 곤괘坤卦와 복괘復卦의 사이가 태극이 되고 움직이고 고요한 후에 음양이 된다. 무릇 생명을 지닌 무리로서 하늘과 땅 사이에 있는 자 음양을 두고 어디로 가랴. 그러므로 사람의 목소리도 다 음양의 이치가 있건마는 도리어 사람이 살피지 못할 뿐이다. 이제 정음을 지으신 것도 애초에 꾀로 일삼고 힘으로 찾아낸 것이 아니라 다만 그 목소리에 따라 그 이치를 다하였을 뿐이다.[11]

11 "天地之道 一陰陽五行而已 坤復之間爲太極 而動靜之後爲陰陽 凡有生類在天地之間者 捨陰陽而何之 故人之聲音 皆有陰陽之理 顧人不察耳 今正音之作 初非智營而力索 但因其聲音而極其理而已."

訓民正音解例
制字解
天地之道一陰陽五行而已。坤復
之間為太極而動靜之後為陰陽。
凡有生類在天地之間者捨陰陽
而何之。故人之聲音皆有陰陽之
理。顧人不察耳。今正音之作初非
智營而力索。但因其聲音而極其

훈민정음 해례

　위에서 볼 수 있듯이 보편적 원리로서의 역易의 원리를 말하고 그
것이 인간의 발성기관에 들어 있음을 발견하여 그 형상을 본따 그림
으로써 문자를 제작하였다고 했다.[12]

　그 실제적인 도형에서 먼저 초성初聲·종성終聲의 경우에 보면 그
속에는 태극太極·음양·삼재三才의 원리가 내포되어 있으나 오행과
직접적으로 연계시켜서 볼 수 있다. 위에서 볼 수 있는 것은 오행이

---

12 이정호, 『훈민정음의 구조원리』, 아세아문화사, 1975 참조. 이하의 도형도 역시 같은
　책 참조.

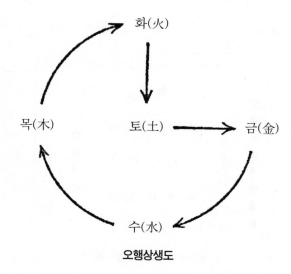

**오행상생도**

상생相生하는 순서이다. 목木·화火·토土·금金·수水가 사람의 구강
에서는 아牙·설舌·순脣·치齒·후喉로 되어 있어서 아래와 같은 도형
이 이루어진다.

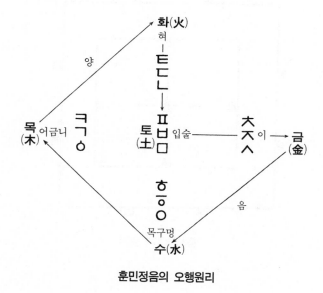

**훈민정음의 오행원리**

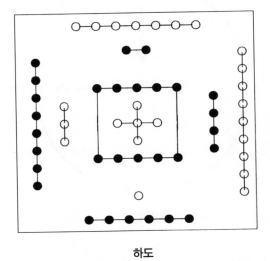

하도

중성 11자 원리

그리고 중성中聲의 경우도 역시 삼재와 오행과 하도河圖의 원리가
응용된 것으로서 앞의 그림과 같이 도형화하여 볼 수 있다.

『하도』는 가운데의 점(·)을 중심으로 하여 1·6, 2·7, 3·8, 4·9,
5·10으로 구성되어 있다. 이와 관련하여 중성 11자는 앞의 그림과 같
이 도형화하여 볼 수 있다. 이것은 해례본의 설명과 같이 천·지·인天
地人 삼재三才와 『하도』의 원리가 응용된 것으로서 중성中聲 11자가
구성된다는 것이다.

학술 연구를 통하여 유학의 원리를 이와 같이 높은 수준에서 창의
적으로 응용하여 세계적인 문자를 발명하였다는 것은 매우 중요한 뜻
을 지닌다 할 것이다. 이것은 유교의 경전인 『주역』의 원리적 우수성
과 세종의 자주적 정신을 잘 보여 주는 것이라 하겠다.

세종은 국민 정신을 순화하기 위하여 『삼강행실도』를 편찬 보급하
였으며 민중에게 정음正音을 주어 눈을 활짝 뜨게 하였다.

세종은 나라의 제도를 마련하고 음률을 정비하는 데서도 유교의 고
전 정신을 응용하였다. 율곡 이이는 세종에 대하여

유儒를 숭상하고 도道를 중히 여겨서 인재를 기르며, 예禮와 악樂을
제작하여 후세에 본을 보였으니 동방의 다스림이 이때에 성하였다. 이
나라 만세의 왕업이 세종에게서 비로소 터잡혔으며 그 유택遺澤이 후
세에까지 남았다.[13]

라고 하였다.

세종은 유학의 경사經史를 밝히 알았지만은 특히 송대 경학宋代經
學의 집대성이라고 볼 수 있는 『사서오경대전四書五經大全』과 『성리

13 『율곡전서』 권15. 「東湖問答」, 〈論我朝古道不復〉

대전性理大全』에 대하여 "그 내용을 자세히 읽어 보니 자세하고 정밀
하여 실로 남김이 없다"[14]고 하였으며 그것을 명나라에서 더 구해올
수 있는가를 알아보도록 지시하면서 "특히 이치 공부에서는 오경·사
서와 『성리대전』이 더할 나위 없으니 …… 만약 대전판본大全版本이
있거든 종이와 먹을 대주고 비공식으로 인쇄해 올 수 있는가를 물어
보라"고[15] 하였다. 세종시대 학술의 근본은 경학과 성리학에 있었던
것을 알 수 있다.[16]

세종은 국민 교육을 효율화하기 위하여 태종 때부터 시행하였던 인
쇄술을 발전시켜 경자자庚子字(1420)·갑인자甲寅字(1434), 그리고 병
진자丙辰字(1436) 등을 만들었으며 저술과 편찬을 통하여 수많은 서적
을 간행하였다. 세종 조에 간행된 서적을 열거하면 대개 다음과 같다.

| 서 명 | 찬 자 | 편찬 연대 |
|---|---|---|
| 『수교고려사讐校高麗史』 | 유관柳寬·변계량卞季良 | 세종 3년 |
| 『효행록孝行錄』 | 설순偰循 | 동 10년 |
| 『농사직설農事直說』 | 정초鄭招·변효문卞孝文 | 동 11년 |
| 『오례의五禮儀』 | 허조許稠 | 동 12년 |
| 『팔도지리지八道地理志』 | 맹사성孟思誠·권진權軫 등 | 동 14년 |
| 『칠정산내외편七政算內外篇』 | 정인지鄭麟趾·정초 | 동 15년 |
| 『신찬경제육전新撰經濟六典』 | 황희黃喜 등 | 동 15년 |
| 『삼강행실三綱行實』 | 설순·권채權採 | 동 15, 16년 |

---

14 『세종실록』, 7년 을사 12월 정축조.
15 『세종실록』, 17년 을묘 3월 계해조.
16 이정호, 『훈민정음의 구조 원리』, 10쪽 참조.

| 『자치통감훈의資治通鑑訓義』 | 윤회尹淮 이하 제유신 | 동 17년 |
|---|---|---|
| 『통감강목훈의通鑑綱目訓義』 | 이계전李季甸 | 동 18년 |
| 『동국연대가東國年代歌』 | 김문金汶·권도權蹈(權踶) | 동 18년 |
| 『신주무원록음주新註無寃錄音註』 | 최치운崔致雲 등 | 동 20년 |
| 『고려사高麗史(新撰)』 | 신개申槩·권제權踶 | 동 20~24년 |
| 『훈민정음訓民正音』 | 세종어제世宗御製 | 동 25년 |
| 『치평요람治平要覽』 | 정인지 등 | 동 27년 |
| 『의방유취醫方類聚』 | 집현전 유신儒臣, 의관醫官 | 동 27년 |
| 『제가역상집諸家曆象集』 | 이순지李純之 | 동 27년 |
| 『용비어천가龍飛御天歌』 | 정인지 | 동 27년 |
| 『역대병요歷代兵要』 | 집현전 유신 | 동 27년~ 단종 원년 |
| 『동국정운東國正韻』 | 집현전 유신 | 동 29년 |
| 『석보상절釋譜詳節』 | 수양대군首陽大君 | 동 29년 |
| 『월인천강지곡月印千江之曲』 | 세종어제 | 동 30년 |
| 『고려사四聲通攷』 | 신숙주申叔舟 | 동 31년 |
| 『고려사高麗史(改修)』 | 김종서金宗瑞·정인지 | 동 31년~ 문종 2년 |

　　세종시대의 학술문화는 출판사업을 통해서도 그 찬란함을 엿볼 수 있거니와 여기서 인도仁道를 실현한다는 유학의 정치 이념이 만개함을 볼 수 있으며 동시에 예악으로 천하를 다스린다는 본래의 정신이 구현되었음을 알 수 있다. 학술과 정치가 조화하고 일치하였던 세종대의 학술문화는 후세의 모범이 되었다. 오늘날에도 연구하고 본받아야 할 중요성이 있다고 할 것이다.

## 3. 조선시대의 도학사상

조선조는 유학을 기본 이념으로 건국하였으며 약 30년 후에는 세종
시대를 맞이하여 민족의 자주성을 확보하고 유학사상을 응용하여 세
계적인 수준의 높은 학술과 문화를 창조하였으며 민족사의 기반을 튼
튼히 하였다. 그 뒤 세조·성종 대를 이어 15세기 말에 이르기까지 국
권을 세우고 착실하게 발전하여 갔다. 그 일을 성취한 것은 유가 출신
의 인재들이었으며 이들을 사공파事功派라고 부를 수 있을 것이다.

그러나 조선조의 건국과 함께 정치적·사회적 일선에서 후퇴하였던
정몽주 계통의 학맥이 있었다. 이들은 길재·김숙자金叔滋·김종직·
김굉필·조광조로 이어지는데 의리사상의 전통을 지닌 성리학파였다.
이와 같이 조선조의 도학파는 건국 초기로부터 국사에 참여해 온 사
공파와는 달리 정몽주 계통의 학맥을 이어받았다. 이들 도학파들은
사회 정의에 예민하고 비판정신이 강렬하였으며 세조의 왕위 찬탈에
항거하였던 사육신·생육신 등의 절의파와도 기맥氣脈을 같이 하였다.
세조의 즉위를 도왔던 훈구세력은 특권층을 이루고 권력을 장악하였
다. 그래서 세종조로부터 정계에 진출하기 시작한 도학파들과는 차츰
갈등을 빚게 되었으니 훈구층은 신진 사림士林을 견제하였으며 신진
사림은 세조 등극 이래의 권력층의 비리非理를 비판하였다. 여기서
도학파들은 수차의 사화士禍를 당하여 희생되었으며 연산군 때부터
시작된 무오·갑자사화와 그 후의 기묘·을사사화는 그 대표적 사례에
속하는 것이었다. 조선조 도학사상의 태두이며 기묘사화에 희생된 조
광조가 일찍이 중종에게 말하기를 "그 몸을 돌보지 않고 나랏일을 도
모하며 일을 당하여는 감히 화환禍患을 헤아리지 않는 것이 올바른
선비의 용심用心"[17]이라 하였고 다시 "개국開國 이래 사림의 화禍가
끊이지 않아서 군자가 국사에 힘써서 거의 성공할 때마다 패망하지
않은 때가 없었으니 심히 두려운 일"[18]이라고 하였다.

조광조는 "세조·성종 조에는 훈구지신勳舊之臣이 늘어서서 자리를 잡고 폐습을 누적시켰다"[19]고 비판하는 한편 무오사화 때 부관참시剖棺斬屍된 김종직과 갑자사화에 희생된 김굉필에 대하여는 다음과 같이 칭송하였다.

김종직은 또한 유자儒者이다. 그 때에 김굉필의 무리가 비록 일시에 시행하지는 못하였으나 근래 그 풍도風度를 듣고 추모하는 자가 선행善行을 힘쓰는 것은 이 사람의 공이니 선인善人은 국가의 원기元氣임을 알 수 있다.[20]

위와 같이 조선조의 도학파는 고려가 멸망하고 조선이 건국할 당시에는 참여하지 않았으며 다시 세조 이후에 이루어진 훈구 특권층에 대해 비판적이었음을 알 수 있고, 사화와 희생으로 점철된 도학파의 의리정신 속에서 한국유학의 특징을 발견하게 되는 것이다.

이들 도학파의 의리정신은 조선조에 들어와서 비로소 발생한 것이라기보다는 한국 민족사를 통하여 연면히 흘러온 민족 정기의 발로라 할 수 있다. 앞서 조광조가 지적한 바와 같이 김숙자의 아들인 김종직은 성종 때 형조판서에까지 오른 일이 있거니와 한국 도학파 형성에 중요한 인물이었음은 전술한 바와 같다. 또한 「조의제문弔義帝文」을 지었다는 이유로 무오사화에 화를 당하였음도 주지하는 바이다.

그런데, 그의 의리사상은 멀리 고대로 올라가 신라의 화랑 정신과도 맥脈을 같이 하는 것이라 할 수 있다. 그것은 김종직이 신라 내물

**17** 『靜庵集』 권3, 「參贊官時啓」 참조.
**18** 『정암집』, 부록, 권5, 「연보」, 기묘 7월조.
**19** 『정암집』 권3, 「참찬관시계(11)」 참조.
**20** 『정암집』 권3, 「참찬관시계(15)」 참조.

왕의 8세손인 김흠운金欽運과 그의 부하들이 전장에서 장렬하게 싸
워서 죽은 일을 칭송하였던 〈양산가陽山歌〉라는 시 속에 잘 나타나
있다.[21]

　김흠운은 백제군이 고구려군과 함께 침입할 때 낭당대감郎幢大監이
라는 직책으로 전장에 임하였다. 그는 집에서 자지 않고 비바람을 맞
으며 사졸士卒들과 고락을 함께 하였다. 그는 양산陽山 밑에서 백제
군과 대치하였는데 새벽에 기습을 받아 위험에 처하였으나 싸울 결의
를 하였다. 부하들이 만류함에도 그는 "대장부가 이미 몸을 나라에 허
락하였으니 남이 알거나 모르거나 한 가지이다. 어찌 감히 명예를 구
하랴?"하고 나아가 싸우다 죽었다. 그 뒤를 따라 대감大監 예파穢破
와 소감少監 적득狄得도 함께 싸우다가 죽었다. 또한 소기당주少騎幢
主 보용나寶用那도 김흠운이 전사하였다는 말을 듣고 "흠운은 귀골貴
骨이요, 또한 세도가 영화로우며 사람들이 아끼는 바인데도 수절하여
죽었는데 하물며 나는 살아 있어도 유익하지 못하며 죽어도 손상될
것이 없는 자로서 더 말할 것이 있으랴?"[22]하고 나아가 싸우다 죽었
다. 후일 김종직은 〈양산가〉를 지어 그 내용을 시로 읊었다. 〈양산가〉
는 경주慶州 칠영七詠 가운데 하나이다.

　　적국敵國이 큰 돼지 되어 우리 변경邊境을 먹어드니
　　용감한 화랑의 무리들이 나라 은혜 갚기 겨를이 없네.
　　창을 메고 처자를 하직하니 샘물로 입가시고 말린 밥을 씹었네.
　　적병이 밤에 성루城壘를 침노하니 씩씩한 혼백이 칼끝에 흩어졌네.
　　양산의 구름을 돌아다 보니 무지개 광채가 드높이 뻗쳤구나.
　　슬프다. 네 대장부는 종시 북방의 강적에게 희생되었구나.

---

21 『新增東國輿地勝覽』, 권21 참조.
22 『삼국사기』 권47, 「열전」, 〈金歆運〉 참조.

천추에 귀웅鬼雄이 되어 서로 더불어 초장椒漿을 흠향하리라.

敵國爲封豕　荐食我邊疆
趫趫花郞徒　報國心靡遑
荷戈訣妻子　嗽泉啖糗糧
賊人夜劘壘　毅魂飛劍鋩
回首陽山雲　矗矗虹蜺光
哀哉四丈夫　終是北方強
千秋爲鬼雄　相與欲椒漿[23]

　　화랑도의 위국충절을 기린 김종직의 시에서 효제충신孝悌忠信을 기본 이념으로 했던 화랑도의 정신이 다시 살아 있음을 볼 수 있으며,[24] 이것이 한국의 도학파의 흐름 속에 살아온 것임을 알 수 있다. 이러한 충렬정신은 사림의 의리사상 속에 그대로 연결되었으며 국난이 있을 때마다 의병정신으로 되살아났던 것이다.

　　고려말 조선초에 유학자들은 성리학을 대개 이학理學이라고 하였다. 이때의 '이理'는 의리의 리이다. 이학이란 의리를 숭상하고 이욕利慾을 천시하는 학문이다. 의義와 리利가 서로 대립하는 개념으로 부각된 것은 사림파가 훈구파와 대결할 때의 가치관을 대변하는 것이라 하겠다. 즉, 의는 윤리 개념인 동시에 사회 정의 개념으로 확산되었던 것이다. 그러나 이학이나 의리지학은 말하였지만 '도학'이란 개념은 뒷날 정암 조광조(1482~1519)에 이르러 확립되었다고 할 것이다.[25]

---

**23** 『신증동국여지승람』권21, 慶州府, 〈題詠〉 참조.
**24** 『삼국유사』권3, 「塔像第四」, 〈彌勒仙花未尸郞眞慈師〉조에는 화랑도의 창설 이념에 대하여 "聚徒選士 敎之以孝悌忠信 亦理國之大要也"라고 하였다.
**25** 이하 류승국, 「한국의 유학사상 개설」, 『한국의 유학사상』, 삼성판 세계사상 대전집 21, 1976, 27~29쪽 참조.

도학의 이름이 어느 시대부터 비롯되었는가 하고 제자가 물었을 때 율곡 이이는 "송대로부터 시작되었다. 도학은 본래 인간윤리의 내면성을 밝히는 데 본질이 있으므로, 인간의 도리를 극진하게 하는 것이 도학이다"고 하였다. "이와 같은 관점에서 말한다면 우리나라의 학문은 언제부터 시작했습니까"라고 제자가 물으니 이이는 "고려말로부터 시작했으나 권양촌의 「입학도入學圖」는 맞지 않는 듯하며, 정포은은 이학의 조祖라고 하지만 내가 보기에는 사직을 편안하게 하려는 신하이지 참다운 유자〔眞儒〕는 아니다. 도학은 조정암으로부터 시작한다"[26]고 하였다.

조선조 성리학은 윤리적·정치적 측면으로부터 도학으로까지 심화되었다. 도학은 단순한 윤리사상이 아니다. 의와 리를 상대적으로 분별하는 데서 그치는 것이 아니라 자기 본심 내부의 순일하고 무잡無雜한 내면적 극처에서 성찰하고 존양하며 한결같은 상태를 유지하는 데서 도학의 의미를 갖는다고 하겠다. 도학은 윤리적 차원을 넘어서 신성한 종교적 차원으로까지 조명될 수 있다. 조광조의 성리학은 도학사상으로, 윤리를 넘어서 생사를 초월한 경건한 태도로 성인의 도를 따르고자 하였다.

조광조는 의리를 높이고 권세를 천하게 보며 도심을 높이고 인욕을 눌러 강상綱常을 세우려고 하였다. 이것이 그의 도학정신이다. 이 도학정신을 계승하여 이론적으로 분석하고 논리적으로 체계화한 것이 다름 아닌 퇴계·율곡의 성리학이다. 이 성리학의 정밀한 이론 체계는 퇴·율에 이르러 그 절정에 이르렀지만, 퇴율성리학은 조광조의 도학사상에서 그 단서가 열렸다고 하겠다. 조광조의 「계심잠서문戒心箴序

---

26 『율곡전서』권31, 「語錄 下」 "問 我朝學問 亦始於何代 曰 自前朝末始矣 然權近入學圖 似齟齬 鄭圃隱號爲理學之祖 而以余觀之 乃安社稷之臣 非儒者也 然則道學 自趙靜菴始起."

文」을 보면, 조광조의 인격적 성실성, 도학적 엄숙성뿐만 아니라 그의 심성리기관의 본질까지도 알 수 있다.

사람이 천지로부터 강강剛 또는 유유柔한 기운을 품부받아서 형체를 이루고, 건健 또는 순순順한 기운을 받아서 성품을 이루었으니, 대기大氣는 사시四時로 행하고 마음은 사덕四德을 포함하였으므로 기운의 큼은 호연하여 포용하지 못하는 것이 없고, 마음의 신령스러움은 영묘하여 통하지 않는 바가 없다. 하물며 임금의 한 마음은 하늘의 큼을 본체로 하였으니 천지의 기운과 만물의 이치가 모두 내 마음의 운용하는 속에 포함되어 있다. ………그러나 사람의 마음에는 탐욕이 있으므로 그 마음의 본체의 영묘한 것이 침체하고 사사로운 인정에 끌려서 유통하지 못함으로써 천리가 어두워지고 기운도 또한 막히어서 인륜이 폐하여지고 천지 만물이 생을 이루지 못하는 것이다.[27]

이상에서 조광조가 천인天人의 관계를 일원적인 것으로 파악했음을 알 수 있다. 천지의 기운이 호연무애한 것이 내 마음의 영통함과 같다고 한 것은 하늘과 사람의 본원을 같은 것으로 본 것이다. 중국 송대 성리학자들은 리기설을 우주론적으로 해석하려는 경향이 있으나 조광조의 리기설은 인간학적으로 해석하였다는 데 특색이 있다. 그는 하늘의 큰 성질을 인간이 체득하여 인간에 내재한 천지의 기운과 만물의 이치를 내 마음에 포용하여 운용하는 것이라 하였다. 또 인간에 내재한 기운과 이치를 밝혀 가지면 마음에 영묘함이 통하지 않는 바

---

**27** 『정암집』 권2, 「戒心箴序」 "人之於天地 稟剛柔以形 受健順以性 氣則四時 而心乃 四德也 故氣之大浩然 無所不包 心之靈妙然 無所不通 況人君一心 體天之大 天地之 氣 萬物之理 皆包在吾心運用之中 一日之候 一物之性 其可不順吾道 使之乖戻邪枉 耶 然人心有欲 所謂靈妙者沈焉 梏於情私 不能流通 天理晦冥 氣亦否屯 彛倫斁 而 萬物不遂."

가 없다고 하였다.

퇴율성리학에서는 인간에 내재한 리기를 '리기'라 하지 않고 '성정性情'이라 하였다. 그러나 조광조는 성정이라 말하지 않고 '마음 속의 리기'라고 하였다. 이것은 중국의 성리학과 한국 성리학의 차이를 단적으로 드러낸 것이라 할 수 있다. 우주로부터 인간에로 문제를 전환하였다는 점에서 한국 성리학사에 중요한 문제를 제시하였다고 할 것이다. 단순히 윤리적인 설명에서 그친 것이 아니라, 이론적으로 인간의 마음에 수렴하여 리기를 설명하고 리기 이원을 내 마음의 깊은 곳에서 영묘하게 일원하여 호연지기가 영변불측靈變不測하게 나타나는 것으로 설명하였으니, 사단칠정의 이원적 일원성과 일원적 이원성의 미묘함을 잘 설명한 것이라 하겠다. 그리고 이러한 영묘성을 체득 · 체인하는 논리는 인욕과 천리를 오심吾心 중에서 준엄하게 판별하여, 천리를 간직하고 인욕을 막아야 한다는 수양론으로 연결되었다. 이것이 후대에 사단칠정론으로 전개되며, 퇴계의 경敬 사상이나 율곡의 교기질론矯氣質論의 선하를 이루는 것이라 하겠다.

앞서 말한 바와 같이 포은 정몽주 이래의 의리학파 또는 도학파는 조광조에 이르러서 가장 빛을 발하였다. 조광조는 연산군을 폐위시킨 중종반정 이후 10년이 지난 다음 사로仕路에 들어서 도학사상에 입각하여 종래의 인습과 타성을 타파하고 개혁정치를 실시하였다. 그것은 단순히 종래의 것을 수정하는 것이 아니라 새롭고도 본질적인 이념을 기반으로 하여 국가 체제를 근본적으로 개혁하고 지도층의 기풍을 쇄신하며 민풍을 바로잡음으로써 인도와 정의에 입각한 민족 국가를 형성코자 함이었다.

이것이 다름 아닌 내성외왕內聖外王의 왕도정치의 실현을 의미하는 것이었다. 그러므로 한갓 정치 권력을 동원하여 민중을 억압한다거나 집권층의 이익을 옹호하는, 힘으로 하는 패도가 아니요, 인간의 본심에 호소하는 왕도인 것이다. 율곡 이이는 정암 조광조에 대하여 다음과 같이 말하였다.

> 위기爲己의 학學으로 세상에 이름난 이는 조정암 선생으로부터 발단
> 하였다. 정암 선생은 독행자득獨行自得하여 그 몸가짐이 경건하였고 반
> 드시 성인을 따르고자 하였으며 조정에 나아가서는 반드시 도를 행하
> 고자 하였다. 그 간절하게 원하는 바는 군주의 마음을 바로잡아 왕도정
> 치를 펴려는 것이요, 의로운 길을 열어 놓고 이욕利慾의 마음을 막고자
> 하는 것이었다. …… 오늘날 사람들이 능히 어버이를 버리지 않을 것을
> 알며 임금을 뒤로 하지 않을 것을 알며 상사喪事에 마땅히 슬퍼할 것을
> 알게 된 것은 모두 정암 선생의 가르침이다. 그 공덕을 갚으려 해도 끝
> 이 없다.[28]

이이의 말과 같이 조광조는 의義와 리利, 왕王과 패覇의 분별을 준
엄하게 하여 임금의 마음을 바로잡고 백성에게 복택을 주는 것을 사
명으로 여겼다. 이와 같이 하기 위해서는 도학을 숭상하고 성현을 본
받는 데 있다고 생각했던 것이다. 도학정신은 무자기無自欺 곧 스스
로를 속이지 아니하는 내적 성실성에 근원하므로 일심一心의 본원이
깨끗하여 조그마한 사예邪穢도 없어야만 순수한 자기를 이룩할 수 있
고 따라서 남에게 좋은 영향을 줄 수 있다고 보는 것이다. 율곡 이이
는 도학을 하는 선비가 바로 진유眞儒라고 하면서 『동호문답東湖問答
』에서 다음과 같이 기술하였다.

> 이른바 진유라는 것은 조정에 나아가면 한 시대에 도를 행하여 이
> 백성으로 하여금 태평을 누리게 하고, 벼슬에서 물러나오면 가르침을

---

28 『율곡전서』 권13. 「道峯書院記」

만세萬世에 드리워 배우는 이로 하여금 큰 잠에서 깨어나게 하는 것이다. 만약 나아가 도를 행함이 없고 물러나 가르침을 드리움이 없다고 하면 비록 진유眞儒라 하더라도 나는 믿지 않는다.[29]

도道를 행함과 교敎를 드리움은 도학사상의 요체라 할 수 있다. 그러므로 조광조는 도를 행하고자 하였다. 이것은 정치적으로 패도로부터 왕도로, 사회적으로는 소인유小人儒의 사회로부터 군자유君子儒의 사회로의 전환을 뜻하는 것이었다. 도를 행한다는 것은 다름 아닌 인정仁政을 뜻하는 것으로서 만백성 즉, 민중의 관점에서 민중을 위하여 정치를 행하는 것이었다. 조광조는 당시의 실정과 민중에게 알맞지 않은 것은 국법이라 하더라도 고칠 수 있는 것이라 하여 다음과 같이 말하였다.

나라의 법제는 비록 가볍게 개혁할 수는 없으나 학문이 높고 사리를 잘 알 수 있으면 대신과 더불어 동심 협력하여 뺄 것은 빼고 보탤 것은 보태어서 융평隆平을 기하되 조종祖宗의 성헌成憲을 준수함이 옳다. 만약 소성小成에 편안하여 구차하게 인순因循한다면 제왕의 법을 어떻게 이루겠는가? 사습士習과 민풍民風이 순정醇正한 데로 돌아가고 고도古道를 회복코자 한다면 반드시 분발하여 행하고 모두가 함께 더불어 유신維新한 다음에야 고무하고 진작하여 태평을 이룰 수 있을 것이다.[30]

---

**29** 『율곡전서』 권13, 「동호문답」 "夫所謂眞儒者 進則行道於一時 使斯民有熙皥之樂 退則垂敎於萬世 使學者得大寐之醒 進而無道可行 退而無敎可垂 則雖謂之眞儒 吾不信也."
**30** 『정암집』 권3, 「참찬관시계(5)」

여기서 볼 수 있음과 같이 조광조의 법정신은 형평정신에 있었으며 전체적인 균형을 이루면서 높은 수준으로 끌어올리고자 하는 융평정신隆平精神에 있었다. 어느 계층을 막론하고 모두 참여하여 새롭게 됨으로써만이 지치至治 즉, 이상적인 다스림에 도달할 수 있다는 것이다.

조광조는 민생에 가장 시급한 것으로서 과도한 세금 정책을 합리적으로 개정하여 민생고를 덜고[31] 집권층의 부당한 특권을 원천적으로 봉쇄하고자 신중하면서도 과감하게 행동하였다. 그 가운데서도 중종반정 이후에 부당하게 주어진 공신록功臣錄 개정을 추진하였다.[32] 이것은 지극히 당연한 일이었으나 특권층에게는 치명적인 타격이었다. 이로 말미암아 훈구파의 반격을 받아 기묘사화가 일어나고 조광조를 비롯한 그의 동료들은 죽거나 추방되었던 것이다.

그러나 조광조는 비명에 갔으나 그의 도학사상은 후세에 계승되어 퇴계 이황, 율곡 이이를 비롯한 조선조의 모든 유림에게 계승되어 지대한 영향을 주었으며 한국유학의 기본 성격을 형성하였던 것이다.

---

31  조광조는 "민생을 두터이 하고자 하면 모름지기 貢賦와 軍額 두 가지 일이 알맞게 된 다음에라야 治化가 나올 수 있을 것이다"(「元子輔養官時啓」)고 하였다. 또한 "우리나라의 田稅는 30분의 1인데 貢物이 너무 많아 이로써 민생이 날로 곤궁하다. 經費의 쓰임을 마땅하게 헤아려 줄인 다음에야 安民할 수 있다"(「참찬관시계(5)」)고 하였다. 이러한 주장은 이 밖에도 볼 수 있다.

32  抄削된 공신은 전 공신의 4분의 3에 달하는 76인이었다. 조광조에 의하면 "禍가 현저한 것은 쉽게 보이지만 화가 隱微한 데 있는 것은 두려워해야 한다. 이것은 政事의 실책과 같지 않다. 다만 利가 있음만 알고 仁義가 있음을 알지 못하며 이것으로 풍속을 이루면 장차 이르지 않는 것이 없을 것이다. 생각이 여기에 이르러 어찌 염려치 않을 수 있겠는가?"라고 하였다. 사람들이 이해 관계로만 움직인다면 나라는 망하고마는 것이라고 보았던 것이다.

## 4. 성리학의 융성과 퇴계·율곡

주자학으로 일컬어지는 성리학이 우리나라에 전래한 것은 13세기 말엽 고려 충렬왕 때였다. 신학新學인 성리학은 종래 침체하였던 유학의 중흥을 시도하여 자체를 재정비하고 고려 말기에 불교와 유교의 전환이라는 커다란 변동을 가져 왔으며 유교를 국시로 하는 조선조를 성립시키는 원동력이 되었다.

조선조의 성립과 함께 역대로 각종 법전이 제정되었으며 특히 세종 시대에 훈민정음의 창제를 비롯한 학술 문화의 창달은 또한 그 근본 원리에서 유학을 기저基底로 하는 것으로서 민족사적으로 매우 중대한 의의를 지니는 것이었다.

그러나 세조·성종조를 지나 연산군 때에 이르러서는 훈구귀족勳舊貴族과 신진 사류士類의 충돌로 무오·갑자의 양대 사화가 일어나서 정몽주 계통의 의리파인 김종직·김일손金馹孫·김굉필·정여창 등의 수많은 선비들이 화를 입고 희생되었다. 중종반정 후에 조광조를 중심으로 한 도학파들은 또다시 국정에 참여하여 일대 개혁운동을 전개하였으나 이는 기성 특권층의 이해利害와 충돌하여 기묘사화가 일어났다. 명종 초년에는 윤원형尹元衡의 집권과 함께 을사사화로 말미암아 류관柳灌·류인숙柳仁淑 등의 사류들이 희생되었다. 연산군 때의 무오사화로부터 약 반세기 동안은 의리학 또는 도학정신에 투철하고 사회적으로 비판 세력을 형성하였던 성리학파들이 희생되고 고초를 겪는 수난의 시대였다.

성리학의 전성기라 할 16세기는 유교 이념을 바탕으로 하여 성장되어 온 조선 사회를 배경으로 하고, 고려말 이래로 의리사상의 학맥을 이어온 도학파들이 희생되었던 시대였으며 송대 성리학이 이 땅에 전래된 지 약 2백년이 경과한 시기였다. 이 때에 한국유학의 쌍벽이라 할 퇴계 이황(1501~1570)과 율곡 이이(1536~1584)가 탄생하였으며 화담花潭 서경덕徐敬德(1489~1546), 일재一齋 이항李恒(1499~1579), 하서河西 김인후金麟厚(1510~1560), 고봉 기대승(1527~1572) 그리고 우계 성혼(1535~1598) 등이 모두 같은 시대의 인물들이었다. 당시로 말하면 성리학이 수용 연구되어 온 역사적 과정으로 보나 또한 일반 사류들이 사회 활동보다는 은둔하여 학문을 연찬할 수밖에 없었던 사회적 여건으로 보나 성리학이 크게 발달되었던 사실은 형세로 보아 매우 당연한 일이라 하겠다.

성리학이란 송대에 성립한 것으로서 송학宋學·도학道學·이학理學·정주학程朱學·주자학이라는 여러 가지 명칭으로 보는 면에 따라서 각기 다르게 일컫는다. 종래의 유학이 '수신修身·제가齊家·치국治國·평천하平天下'라고 일컫듯이 실천적 윤리적인 면에 치중되어 있었으나 성리학에서는 인간 행위의 올바른 준칙으로서 그 원리와 근거를 깊이 물었던 것이다. 그러므로 한갓 윤리의 문제에 머물지 않고 철학적 성격을 띠게 되는 것이며 매우 이론적이고 논리적인 학문이 된다. 나아가서 성리학자들은 인간의 본성과 우주의 형이상학적 원리를 탐구하게 되는 것이며 여기서 리기理氣와 성정性情의 문제가 아울러 나오는 것이다.

한국의 성리학파는 인간에 대하여 보다 큰 관심을 기울였다. 그러므로 이학理學이란 인간의 성리性理에 대한 문제이면서 동시에 선악善惡과 정사正邪와 관련된 의리義理의 문제에 직결되는 것이었다. 다시 말하면 한국의 성리학파는 인간과 존재의 본질을 탐구하는 본체론적인 측면과 역사적·사회적 상황에서의 행위의 준칙과 규범을 제시한다고 하는 현실적 측면을 동시에 구비하고 있다고 할 수 있다.

전성기 성리학의 대표적 인물로서는 퇴계와 율곡을 들 수 있겠다. 그러나 퇴계와 율곡의 성리학을 논하기에 앞서서 기론자氣論者인 화담 서경덕의 사상을 살펴보는 것이 좋을 듯하다.

서경덕은 일반적으로 송대의 장횡거張橫渠(1020~1077)의 학문과 관련시켜서 본다. 일찍이 장횡거는 다음과 같이 말하였다.

　태허太虛는 무형하니 기氣의 본체이며 그것이 모이고 흩어지는 것은
변화의 객형客形일 따름이다. …… 기가 태허 가운데서 모이고 흩어지
는 것은 얼음이 물에서 엉기고 풀리는 것과 같다.[33]

서경덕은 「원리기原理氣」·「리기설理氣說」·「태허설太虛說」·「귀신사
생론鬼神死生論」과 같은 논설을 지어 기에 치중한 사상을 전개하였다.
서경덕에 의하면

　태허는 맑고 무형하니 이름을 붙여 선천先天이라 한다. 그 크기가 바
깥이 없으며 거슬러 올라가도 시작이 없다.[34]

고 하여 기氣의 본체를 말한다. 그러나 동시에

　갑자기 뛰고〔躍〕 홀연히 열림〔闢〕이 있으니 이것은 누가 시키는 것
인가? 저절로 그렇게 되며 또한 그렇게 되지 않을 수 없는 것이니 이것
이 이理의 시時이다.[35]

라 하여 기氣의 작용면을 말하였다. 서경덕은 기라는 것이 모든 존재
의 근원이며 현상으로서 존재하는 것은 오직 기만이 있을 뿐이라고
보았다. 이것은 유기론唯氣論이라고 할 수 있을 것이다.
　서경덕의 이러한 사상은 진리를 한갓 관념적인 것으로 보는 공허한

---

33 『正蒙』,「太和篇」
34 『화담집』권2,「原理氣」"太虛 湛然無形 號之曰先天 其大無外 其先無始."
35 같은 책. "焂爾躍 忽而闢 孰使之乎 自能爾也 亦不能不爾 是謂理之時也."

이론에 대하여 그 허망함을 지적하고 확실한 사실성을 기반으로 하여야 한다는 사실 존중의 사상이 들어 있다고 할 수 있다. 서경덕은 이치라는 것도 다만 기氣가 작용함에 기 자체의 자율성에 지나지 않는 것이므로 기를 떠나서는 진리를 논할 수 없는 것이라고 보았다.

서경덕은 또한 격물치지格物致知를 소중히 여겨서 사실 그 자체에 내재하는 원리를 주체적으로 자득함으로써만 깨달아 알 수 있는 것이라고 보았으며 그것은 타인을 모방하거나 배워서 되는 학문이 아니었던 것이다. 서경덕은 기氣의 불생불멸론을 펴서 그것의 항존성恒存性을 주장하였다. 그것은 유형과 무형을 모두 포함하는 것이며 정신과 물질도 또한 그 속에서 아울러 논의되는 것이다.

퇴계 이황은 출생하기 3년 전에 무오사화가 일어났고 45세 때 을사사화가 일어나기까지 수많은 사림이 화를 입었다. 퇴계는 생애의 대부분을 사화의 와중에서 보냈다. 퇴계가 50세 이후 말년에 이르러 도산陶山으로 은퇴하게 된 동기는 소극적으로 현실을 버렸다는 뜻이 아니다. 오탁汚濁한 정쟁의 소용돌이 속에서 섞이지 않고, 겸선兼善이 불가능하다면 독선獨善을 취하며, 더 나아가 인재를 양성하고 의義와 리利가 혼돈된 사회 풍조에서 무엇이 옳고 그른가를 분명히 하여 학술적으로 진리를 밝히며, 가치 체계를 바로잡으려는 적극적 의지와 굳은 각오에서 비롯되었다.

퇴계는 서울에서 벼슬할 때에도 늘 고향에 돌아가고자 하였고 고향에 돌아가면 다시 국사를 걱정하였다. 군자가 은거하는 것은 범인이 은거하는 것과는 다른 뜻이 있으며, 비록 은퇴한다 하더라도 숨은 공부가 있어야 한다고 제자들과 문답한 바 있다. 이 숨은 공부는 다름 아니었다. 학문과 교육과 교화를 통해서 진리의 표준을 높이 내걸고 사회를 광정匡正하려는 적극적인 의지를 담은 것이었다.

현재 전하는 『퇴계선생문집』을 보면 『문집』 49권, 『별집』 1권, 『외집』 1권, 『속집』 8권이 있다. 이밖에도 『자성록自省錄』 1권, 『사서삼

이황(퇴계) 초상

경석의四書三經釋義』 1권, 『역학계몽전의易學啓蒙傳疑』 1권, 『송계원명이학통록宋季元明理學通錄』(본집 11권, 외집 1권) 등 많은 저술을 남겼다. 이 많은 저술들은 퇴계의 학술 사상을 연구하는데 모두 중요한 것들이다. 퇴계의 학문은 방대하여 문학·철학·역사학·교육학·정치학 등 제반 분야에 걸쳐 있지만, 저술 중에서 철학사상과 관련된 논저로는, 「천명도설天命圖說」 및 동同 후서後敍, 기대승과의 「사단칠정리기논변」, 「전습록논변」, 「벽이단서논변」(「心無體用辨」·「白沙詩敎辯」), 『사서삼경석의』 등이다. 퇴계의 인격과 학문하는 태도 및 방법을 살피는 데 중요한 논저로는 『자성록』, 『주자서절요朱子書節要』 및 같은 책 서문, 『심경석의心經釋義』, 『고경중마방古鏡重磨方』, 『송계원명이학통록』, 「연평답문발延平答問跋」 등을 들 수 있다.

퇴계는 대개 60대 이후에 가서 자신의 철학적 주장을 분명하게 드러냈다. 제자들과 사단칠정 리기분속理氣分屬을 연찬하는 과정에서 이론적으로 심화되었고 이단에 대한 배척도 강렬하였다. 60대 후반으로부터 세상을 떠날 때까지 적극적으로 자신의 사상을 드러내어 퇴계 철학의 본령을 천명하였으니, 이것은 「무진육조소戊辰六條疏」와 『성학십도聖學十圖』에 응축되었다.

퇴계는 서경덕과는 매우 대조적으로 기氣가 아니라 리理를 절대적인 것으로 보아 중요시하여 리존설理尊說을 주장하였다. 퇴계는 정통 정주학의 계통을 따라서 그의 리기론을 전개함에 항시 리우위설理優位說의 관점을 강력하게 견지하였다. 퇴계는 리의 구극성究極性을 표현하여 다음과 같이 말하였다.

무릇 옛날이나 오늘날의 사람들이 학문과 도술이 다른 까닭은 오직 이理를 알기 어렵기 때문이다. …… 이것은 지극히 허虛하지만 지극히 실實하고, 지극히 없는 것〔無〕 같지만 지극하게 있는 것〔有〕이다. …… 능히 음양·오행·만물·만사의 근본이 되는 것이지만 그 속에 갇혀 있는 것이 아니다. 어찌 기기氣와 섞여서 하나가 될 수 있겠는가?[36]

리는 만유萬有를 명령하는 자리요, 어느 것에게 명령을 받는 것이 아니다.[37] 퇴계는 리理와 기氣를 엄격하게 구별하여 그 혼동을 결단코 용납하지 않았다.

퇴계는 태극 또는 리理로 표현되는 형이상자形而上者를 다름 아닌 인간의 선한 본성의 궁극적 근원으로 보았던 것이다. 서경덕의 경우는 인간성의 문제라든가 선선善·미美, 또는 성성聖의 가치 문제가 크게 대두되지 않았다. 그러나 퇴계의 학문은 인간학적인 면에 그 특징이 있다고 할 수 있다. 인간의 존엄성은 다른 어느 것과도 혼동되어서는 안 된다고 보는 것이다. 성리性理란 곧 인간의 본성을 지칭하는 것이라고 할 수 있거니와 그것은 순수 무잡한 진리인 것이다. 그것이 인간의 본성을 이루고 있는 것이며 인간은 그것을 확충하고 발휘함으로써 인간이 인간된 소임을 다하게 되는 것이다. 그러므로 그것은 신체적 물질적 조건에서 유래하는 것과는 엄연히 구별하여야 한다고 보았다. 이러한 내용은 특히 퇴계 이황이 기대승과 주고 받은 편지인 사칠론四七論 속에서 상세하게 볼 수 있다.

성리학에서는 사단四端과 칠정七情을 논한다. 『맹자』에 보면 인간에게는 인의예지仁義禮智로서의 본성이 있고, 그것이 나타나는 것으로서 측은惻隱·수오羞惡·사양辭讓·시비是非의 사단四端이 있다. 그리고 『예기』에는 희喜·노怒·애哀·구懼·애愛·오惡·욕欲으로서 칠

---

**36** 『퇴계전서』 권16, 「答奇明彦別紙」 "蓋嘗深思古今人學問道術之所以差者 只爲理字難知故耳 …… 洞見得此箇物事至虛而至實 至無而至有 …… 能爲陰陽五行萬物萬事之本 而不囿於陰陽五行萬物萬事之中 安有雜氣而認爲一體 看作一物耶?"
**37** 또한 퇴계는 이 理야말로 지극히 높아서 상대할 것이 없는 것〔極尊無對〕으로, 무엇에 대하여 명령할지언정 어느 것에 의해서도 명령을 받지 않는 것〔命物而不命於物〕이라 하였다. 『퇴계전서』 권13, 「答李達李天機」 참조.

정七情이 나온다. 퇴계는 여기서 인간의 마음을 순수하게 인간의 본성에서 유래하는 경우와 신체적 조건에서 말미암은 것, 즉, 본연지성本然之性에서 유래하는 것과 기질지성氣質之性에서 오는 것을 구별하여 말하는 것이며, 이것이 다름 아닌 사단과 칠정이라고 보는 것이다.[38]

그러므로 사단이란 리가 발함에 기가 따르는 것[理發而氣隨之]이요, 칠정이란 기가 발함에 리가 타는 것[氣發而理乘之]이라 하였다.[39] 사단과 칠정은 퇴계에 의하면 '도심道心'과 '인심人心'이라고도 할 수 있다.[40] 본연지성에서 발하는 사단 즉, 도심은 순선무악하지만 형기形氣에서 발하는 칠정 즉, 인심은 선하게도 되고 악하게도 된다. 그러므로 신체성에서 온다고 보는 칠정 또는 인심은 본래 선善한 것이지만은 그것이 중용을 잃어버리면 인욕人慾, 곧 악惡이 된다.[41]

이와 같은 이원론적 인간 파악에서 퇴계의 경사상敬思想이 나오는 것은 당연한 귀결이라고 할 수 있다. 송학宋學에서는 '마음은 몸의 주재主宰요, 경敬은 또한 한 마음의 주재'라고 본다. 경이란 성학시종聖學始終의 요要가 된다는 것이다. 그러므로 퇴계의 경우 경으로 각성된 주체는 인간의 본성에서 오는 사단을 확충하고 또한 인간의 신체적 욕구에 한계를 줌으로써 인욕人慾에 떨어지지 않도록 하여야 한다

---

38 『퇴계전서』권16. 「答奇明彦論思端七情」第二書 "惻隱羞惡辭讓是非 何從而發乎 發於仁義禮智之性焉爾 喜怒哀懼愛惡欲 何從而發乎 外物觸其形而動於中 緣境而出焉爾 四端之發 孟子旣謂之心 則心固理氣之合也 然而所指而言者 則主於理何也 仁義禮智之性粹然在中 而四者其端緒也 七情之發 程子謂之動於中 朱子謂之各有攸當則固亦兼理氣也然而所指而言者 則在乎氣何也 外物之來 易感而先動者莫如形氣 而七者其苗脈也."

39 『퇴계전서』권7, 『聖學十圖』「第六心統性情圖」에 대한 퇴계의 논설 부분 참조.

40 『퇴계전서』권36, 「答李宏中問目」 "人心 七情是也 道心 四端是也."

41 『퇴계전서』권16. 「답기명언논사단칠정 第二書」 "七情本善而易流於惡 故其發而中節者乃謂之和 一有之而不能察則心不得其正矣."

고 보았다. 여기서 인간 자아의 주체적 각성이 요구되는 것이다.[42]

퇴계는 당시에 사화가 연달아 일어나서 올바른 선비들이 죽임을 당하며 부조리가 행하는 사회현실에서 진실로 선악善惡과 정사正邪의 근원을 밝히고 올바른 진리를 천명함으로써 사람들이 나아갈 바 표준과 방향을 제시하고자 하였다. 퇴계의 학풍은 후세에 깊은 영향을 주었으며 일본에까지 전해져서 일본인들에게 큰 영향을 끼쳤다.

율곡은 퇴계보다 35년 뒤에 태어났다. 율곡은 성리학에서의 논리적 직절성直截性이 그의 학문적 특징으로 일컬어지고 있지만 한편으로 현실적 측면에서 정치·사회적 제문제에 대해서도 발군拔群의 경륜과 능력을 가진 정치가요 경세가로 유명하다. 택당澤堂 이식李植(1584~1647)이 "율곡은 자품과 학식이 정암과 퇴계에 떨어지지 않을 뿐 아니라 경세제민의 재략을 겸한 분이다"[43]고 한 것과 같이 그는 단순한 학문가나 교육가에 그치지 않았다.

율곡에 대해서 홍이상洪履祥(1549~1615)이 만시挽詩에서 "사문斯文의 종장宗匠이요, 나라에는 시귀蓍龜[44]로다. 해내海內의 성명을 무식한 주졸走卒도 아는도다"라고 하였듯이, 학문에서 종장일 뿐 아니라 국사를 처리함에서도 그 선견지명과 그 능력을 누구도 따를 수 없었던 것이다. 율곡을 말할 때에 흔히 십만양병설을 들어 국방정책을, 노비제 개혁을 들어 사회정책 등을 찬양하며, 국시론國是論이나 경제사經濟司 설치에 대한 건의를 들어 여론정치와 의회제도의 선구라 칭

---

**42** 『성학십도』「第四大學圖」에 대한 논술 참조.

**43** 『택당집』권15,「示兒代筆」 "吾宗栗谷公 出於其後 資稟學識 不下於靜退 而加有經濟才略 旣受知宣廟 不許退去 遂以國家安危自任 知無不言 言無不盡 大槩欲變通弊法 安民固國 以防大亂之漸 而欲先和朝廷 集人才 然後有所施設 故便爲黨人所陷 賴宣廟鎭定 僅免靜菴之禍 雖得歿於牖下 而話辱彌甚 迄今尙有齒舌 道之難行如此 理學之名 未易當也."

**44** 점을 칠 때 쓰는 시초와 거북껍질로 말하는 것으로, 여기서는 국사를 잘 알아 미리 처리한다는 뜻.

이이(율곡) 초상

송한다. 조선 실학의 대가인 성호 이익(1681~1763)은 『성호사설星湖僿說』에서 "국초 이래로 시무時務를 아는 이로는 오직 율곡과 유형원(1622~1673)이 있을 뿐이라"[45]고 하였다.

그러나 경세치용에 관한 율곡의 건의와 대책들은 율곡의 고매한 인격과 사상의 활용적 측면을 말하는 '용用'의 일단인 것이다. 사상은 '체'요 실천은 체의 용이다. 이러한 가시적이고 경험적이고 대상적인 정책을 창출하는 사상의 본령인 '체體'가 무엇인가를 아는 것이 더 중요하다. 율곡이 시폐時弊를 말하는 상소에서 "전하께서는 선을 좋아함은 지극하면서도 도학을 중히 여기는 것은 독실하지 않습니다. 사람의 충효나 청백한 한 가지 행동을 들으면 찬탄하여 버려두지 않으나, 도학으로써 사명감을 가진 사람이 있는 것을 들으면 혹 그것이 거짓이 아닌가 의심하십니다. 무릇 도학자는 반드시 착한 행실을 갖추고 있지만 착한 일을 행한 자가 반드시 도를 안다고는 하지 못합니다. 어찌 일절一節은 중히 여기면서 도학은 가볍게 여기십니까?"[46]라고 하였다.

예나 지금이나 사람들이 눈에 보이는 일은 중시하고 인격과 학문과 진리는 경홀輕忽히 여긴다는 뜻이다. 율곡의 말로 미루어 생각할 때 그의 위대한 업적들이 그의 사상과 인격에서 유래한 것을 모르고 그의 철학을 존신하지 않은 채 그의 업적만 찬양하는 것은 반성할 필요가 있다. 율곡이 항상 초출超出한 현실 타개 방안을 내놓을 수 있었던 것은 현실을 달관하는 예지와 확실한 지식과 명석한 판단력에서 유래한다. 이것이 바로 율곡철학의 근본문제이며 특징이기도 하다. 율곡철

---

**45** 『성호사설』 권11, 「人事門」, 〈變法〉 "國朝以來識務屈指 惟李栗谷柳磻溪二公在."

**46** 『율곡전서』 권7, 「陳時弊疏」 "殿下好善雖至 而信道不篤 聞人有忠孝淸白一節之行 則嘆賞不置 聞人有以道學自任 則或疑其僞 夫道學者 必具善行 行善者 未必知道 豈可重一節而輕道學乎."

학에서 성리학의 논리적 명석성과 현실적 측면에서 실학의 사실적 정합성이 어떻게 일치하는가 하는 문제가 그의 남다른 점이요, 율곡철학의 근본 문제가 여기에 있다고 하겠다.

돌이켜 볼 때, 정암 조광조는 도학자로서 현실을 개혁하기 위해 조정에서 원리 원칙의 근본주의를 관철하려고 최선을 다하다가 정치적 모략에 의하여 좌절되었다. 반면 퇴계는 정쟁의 와중에서 스스로 물러나 퇴도退陶라 자호自號하고 학문에 침잠하였다. 선조는 벼슬에 나오기를 독촉하였으나 시종 사양하고 나아가지 않다가 평생의 온축한 학문을 집약, 나라에 올려 임금의 마음을 바로잡고 임금을 통하여 성인의 학문으로 만민에게 복택福澤을 입히고자 하였다. 중종반정 후 나라에서 선비들을 아끼고 우대하던 즈음에 조광조가 때를 얻어 정치에서 도학을 실현하고자 열성을 다해 활동한 반면, 퇴계는 거듭되는 사화로 선비들이 수난을 당하므로 현실로부터 물러나 그 뜻을 개결介潔하게 지키고자 하였다.

조광조가 가졌던 도학의 근본정신은 수직으로 천인일체天人一體의 도심을 높이는 일원론적 성격을 갖는데 비해, 퇴계는 옥석이 뒤섞일 수 없는 리기부잡성理氣不雜性을 강조하고 리기이원론의 관점에서 리 우위설을 강조하였다.

그러나 율곡은 벼슬에 나아가는 것만을 원칙으로 하는 것도 아니요, 물러나는 것만을 원칙으로 하지도 않았다. 고수를 원칙으로 하는 것도 아니고 변통만을 원칙으로 하는 것도 아니다. 그는 바람직한 인간상으로 성자상聖者像을 규정하여 "무릇 진유眞儒라 함은 세상에 나아가면 도를 행하고, 들어와서는 가르침을 만세에 드리운다"고 하였다. 또 "도학군자는 진퇴와 출처가 의리에 합하니 나아가거나 물러가거나 영향력이 지대한 것이라"고 하였다. 이론과 현실이 서로 맞아야 하므로 율곡은 "때를 아는 것이 귀하며 실지를 힘쓰는 것이 긴요하다"고 하였던 것이다.[47]

율곡은 49년이라는 짧은 삶을 살다가 갔으나 그의 사상과 저술은 근세 학술사상사에서 빛나는 업적이다. 퇴계는 순유純儒로서 유학의 정통사상의 본질을 발휘하여 모든 이단을 배척하고 구심적으로 극에 도달하였다고 한다면, 율곡은 통유通儒로서 유교의 고전과 송대 선현들의 학술을 깊이 이해했을 뿐 아니라, 16세에 금강산에 들어가서 1년간 불교를 공부한 바 있어 불교에 대해서도 깊이 이해하였으며 생불生佛의 칭호를 들었다. 또 노장을 비롯한 제자백가에도 통달하여 노자의 『도덕경』을 주해한 『순언醇言』이라는 책이 현재까지 전하고 있다. 양명학에 대해서도 비판은 하였으나 양명학의 대체를 이해하였다.[48] 「학부통변발學蔀通辨跋」을 보면 양명학에서 그 공을 취하고 과過를 약約하는 것이 충후한 도리라고 하였다.[49] 서경덕에 대해서도 기학파라 하여 이단시하지만 화담의 학문에는 창견처創見處가 있으며 언어와 문자로 배울 수 없다고 높이 평가하였다. 다만 서경덕의 유기론은 기일변氣一邊에 치우친 것으로 도학적 측면에서는 부족하다고 지적하였다.[50] 율곡은 주자학에 대해서도 맹목적으로 추종하지는 않았다. 주자의 말이라 할지라도 논리적으로 합리성이 결여되었다든가 모순이 있을 때에는 주자의 설이 옳지 않다고 보는 태도를 취했다.[51]

----

**47** 『율곡전서』 권5, 「萬言封事」 "臣伏以 政貴知時 事要務實 爲政而不知時宜 當事而不務實功 雖聖賢相遇 治效不成矣."

**48** 명나라 사신 황홍헌은 陸王學者였다. 그들의 요구에 응하여 율곡이 즉석에서 지어 보인 「克己復禮說」에 대하여 황홍헌은 매우 찬탄하면서 중국에 돌아가서 널리 전하겠다고 하였다 『율곡전서』 권14. 「克己復禮說」; 『율곡전서』 권34, 「연보」; 『율곡전서』 권13, 「學蔀通辨跋」 참조.

**49** 『율곡전서』 권13, 「學蔀通辨跋」 "取其功而略其過 亦忠厚之道也."

**50** 『율곡전서』 권33, 「연보」, 40세 5월조.

**51** 『율곡전서』 권10, 「答成浩原」 "若朱子眞以爲理氣互有發用 相對各出 則是朱子亦誤也 何以爲朱子乎."

율곡이 주자를 숭배하여 "내가 주자 후에 태어나 학문에 거의 착오가 없는 것은 다행한 일이라"[52]고 주자를 높이면서도, 진리를 탐구하는 태도에서는 내적으로 성실하고 외적으로 사리와 논리에 어긋나지 말아야 하므로, 아는 것과 모르는 것, 옳은 것과 그른 것, 선한 것과 악한 것을 명백하게 판단해야 했던 것이다. 이것이 철학하는 태도요, 또한 학문의 자유와 자율성을 긍정하는 학문인의 주체성으로 보았다.

율곡 역시 퇴계의 경우와 같이 한국 도학사상의 정맥正脈을 이어받으며 정통 성리학파의 관점을 취하였다. 율곡은 단순히 주자학만 묵수한 것이 아니라 불교와 노장을 비롯한 제자학諸子學 및 양명학 등 여러 종파 및 학파의 사상을 깊이 연구하였다. 이런 점은 율곡이 당시의 일반 주자학자와는 다른 특징이었다고 할 수 있다. 율곡은 타학파나 종파의 사상을 요해하고 있었으나 각기의 특성을 혼동하지 않았다. 그러면서도 율곡은 유학의 본령을 들어서 그 기본 정신에 투철하였으며 철학적으로 전개하였을 뿐만 아니라 실제적인 현실 문제에까지 연결시킬 수 있었던 것이다.[53]

앞에서 본 바와 같이 율곡은 도학사상의 정맥正脈을 계승하였다. 그는 도학에 대해 "송나라 때로부터 시작했으며 본래 인간 윤리의 내면성을 밝히는 데 그 본질이 있으므로 인간의 도리를 극진하게 하는 것이 곧 도학이다"라고 하였다. 그리고 이 나라의 도학은 진정한 의미에서 조광조로부터 비롯하는 것이라고 하였다.[54]

---

52 『율곡전서』 권32, 14b 「어록 하」 "栗谷常曰 余幸生朱子後 學問庶幾不差矣."
53 『성호사설』 「治道門」에서는 "國初 이래 時務를 아는 사람으로 이율곡과 유반계 두 분이 있을 뿐이다"라고 하였다.
54 『율곡전서』 권31, 「語錄 上」 "道學之名 始於何代耶 先生曰 始於宋朝 道學本在人倫之內 故於人倫盡其理 則是乃道學也. 問我朝學問 亦始於何代 曰自前朝末始矣 然權近入學圖 似齟齬 鄭圃隱號爲理學之祖 而以余觀之 乃安社稷之臣 非儒者也 然則道

조광조는 의리義理, 왕패王覇의 분별을 엄격하게 하여 임금의 마음을 바로잡고, 백성에게 복택福澤을 주는 것을 자신의 사명으로 여겼다. 이밖에 도학을 숭상하고 성현을 본받는 다른 까닭이 있을 수 없다고 생각하였다.

성리학은 형이상학적 성격을 가졌다고 할지라도, 공자가 말하는 효제충신孝悌忠信이라든가 인의仁義와 같은 일상적으로 인간이 행할 도리를 떠나서 설명하는 것이 아니다. 개별적인 규범所當然만을 알고 근본원리所以然을 알지 못하면, 그 행위가 결과적으로 선행에 합치한다고 하더라도 도학이라고 말할 수 없다는 것이다.[55] 자애慈愛와 효도와 충성과 우애라 하더라도 그것을 행하는 이유를 추구하는 의미에서 형이상학이라고 할 수 있는 것이다.

율곡 이이는 성리학의 요령은 현실적이고 구체적인 사실(경험성)에 근거하여 그 소이연所以然의 까닭을 추구함(논리성)에서 논리적인 모순이나 비약을 배제하고 그 본원성을 체계적으로 드러내는 철학 사상이라 하겠다.

앞에서 서경덕은 기에 치중하고 퇴계는 리를 중시하는 사상가였음을 논한 바 있다. 서경덕의 청허지기淸虛之氣란 일반은 체득하기 어려운 경지라고 스스로 말하였다. 이 지극한 경지는 소리도 없고 냄새도 없어서 만져지지도 않고 보이지도 않는다고 하면서, 송대宋代의 주렴계周濂溪·장횡거張橫渠 그리고 소강절邵康節도 말하지 못한 경지라고 자부하였다. 이와 반대로 퇴계의 경우에는 리의 세계야말로 알기 어려운 것이라고 하였다.[56] 그는 서경덕의 사상은 성현들의 학

---

學自趙靜菴始起."
55 『율곡전서』 권20, 「어록 상」 "不知道而暗合者 是習而不察者也 大抵知道 然後爲臣盡忠 爲子盡孝 豈能所行 皆合於道乎."
56 『퇴계전서』 권10, 「非理氣爲一物辯證」 참조.

설과 하나도 부합하는 것이 없다고 하여 비판하였다.

그러나 율곡철학에서는 실재로서의 기와 소이연자所以然者로서의 리가 성격상 전연 다른 이원적 관계에 있으면서 그 양자의 관계가 분리되지 않음에 그 특징이 있었다. 그러므로

> 리기의 묘〔理氣之妙〕는 보기도 어렵고 말하기도 어렵다. 무릇 리의 근원도 하나이며 기의 근원도 하나이다.[57]

라고 하였다. 이와 같이 율곡철학에서는 종래에 주관적 성실성에 치중하였던 리학파理學派와 객관적 실재성에 치중한 기학파가 종합 지양되고 있음을 볼 수 있다. 율곡의 학설은 리통기국설理通氣局說 또는 기발리승일도설氣發理乘一途說이라 일컫는다. 여기서 본체와 작용이 통달하고 현실과 원리가 조명하여 현실에 대한 통찰력과 미래를 투시하는 역량이 있게 되며, 이러한 의미에서 성리학과 실학이 모순되지 않는 율곡의 철학이 나오는 것이라 할 수 있다.

율곡에 의하면 진정한 학문은 내적으로 반드시 인륜에 바탕을 둔 덕성의 함양과 외적으로 물리에 밝은 경제에 밝은 부강을 겸비하여야 한다고 여겼다. 율곡은 당시의 피폐한 현실은 역사적으로 경장기更張期에 해당한다고 하여 국방력의 강화, 경제 부강, 사회 정의의 확립 등을 주장하면서 다음과 같이 말하였다. 즉, 우리가 실리實利를 주장하다 보면 의리義理에 어긋나고, 의리를 추구하면 실리를 망각하기 쉽다. 그러므로 이 모순을 원만히 타개할 수 있어야 한다는 것이다. 율곡은

---

한갓 실리만 따지는 데 급급하고 옳고 그름을 돌아보지 않는다면, 일을 처리함에 그 의로움에 어긋나게 한다. 마찬가지로 한갓 옳고 그름만을 따지고 이해利害의 소재를 밝히지 않는다면 응변應辯의 권능權能에 어긋난다.[58]

고 하였다. 권능과 의리는 상황에 따라서 창의적으로 그 마땅함〔宜〕과 알맞음〔中〕을 얻는다면 의義와 리利가 그 가운데 융화된다고 하였다.[59] 이와 같이 율곡에게서는 의리와 이해를 변증법적으로 전개함에 있어 그의 성리사상이 실학정신으로 구현되었던 것이라고 하겠다.

이상에서 본 바와 같이 퇴계·율곡을 정점頂點으로 하는 전성기의 성리학은 인간성의 문제를 매우 높은 철학적 수준에서 구명하였을 뿐만 아니라, 그것이 공소空疎한 관념에 머무르지 않고 역사적 사회적 현실과 연관을 가지고 영향을 주었으며, 후세에는 의리사상 및 실학사상으로 전개되는 하나의 계기를 만들었던 것이다.


## 5. 壬丙兩亂과 의리사상

한국은 그 지정학적 조건으로 말미암아 역사를 통하여 외민족으로부터 수많은 침입을 받아왔다. 멀리 한사군漢四郡으로부터 삼국시대에는 수隋나라·당唐나라의 침략, 그리고 고려시대에는 거란과 몽고의 침략이 있었거니와 특히 조선조 중기에 있었던 임진왜란과 병자호란

---

58 『율곡전서』 拾遺 권5, 「時務七條策」 "徒以利害爲急 而不顧是非之所在 則乖於制事之義 徒以是非爲急 而不究利害之所在 則乖於應變之權."
59 같은 책 "然而權無定規 得中爲貴 義無常制 合宜爲貴得中而合宜 則是與利 在其中矣."

의 양대외환兩大外患은 민족사적으로 가장 비참하고 치욕스러운 사건이었다.

14세기 말에 조선조가 성립하여 창업創業 수성守成의 2백여 년이 지난 후 국운은 다시 기울기 시작하였으니, 앞에서 본 바와 같이 연산군 때의 무오사화(1498)로부터 중종·명종에 이르는 동안의 갑자사화·기묘사화·을사사화 등 50년에 걸쳐 사화가 잇달아 일어나서, 사회 정의를 주장하고 올바른 비판 의식을 가졌던 수많은 선비들을 살육하고 추방하였던 것이며, 특히 을사사화(1545) 이후에는 윤원형尹元衡을 우두머리로 하는 간신들이 국권을 장악하여 나라의 정사를 어지럽히고, 가혹한 형벌과 세금으로 백성들을 괴롭히며 사리사욕을 취하기에 급급하였다.

명종 20년(1565)에 문정대비文正大妃의 죽음과 더불어 20여년 간이나 국사를 전횡하였던 윤원형이 추방되고 사망함으로써 사림士林이 다시 정계에 복귀하게 되었는데 이 때는 임진왜란이 발생하기 불과 27년 전이었다. 당시에 퇴계는 이미 65세의 고령이었으며, 율곡은 30세의 젊은 나이로 사로仕路에 들어온 지 1년 밖에 안된 시기였다. 억압되었던 사람들이 다시 힘을 펼치고, 적습된 각종의 폐단을 개혁하여 백성들의 피폐한 생활을 회복시키기 위하여서는 그에 상당한 시간과 단합된 힘이 요구되었던 것이다. 그러나 10년 뒤인 1575년에는 붕당이 생겨서 사대부가 분열하였다. 그때 퇴계는 1570년에 이미 서거하였으며, 율곡은 동서東西 붕당을 조정하기 위하여 온갖 노력을 기울였으나 근본적인 해결을 보지 못한 채 1584년에 세상을 떠났다. 조선이 이와 같이 국내적으로 진통을 겪고 있는 동안 남으로 일본은 풍신수길豊臣秀吉이 나와 일본의 여러 지방을 정복하여 1백여 간의 전국시대戰國時代로부터 전국을 통일한 뒤 조선을 비롯한 대륙 침략의 야욕을 품고 있었다.

북방의 만주족도 또한 명明나라의 지배로부터 벗어나 17세기 초에는 대국으로 성장할 수 있는 단계에 이르렀던 것이다.

일찍이 퇴계는 왜사倭使가 와서 화친和親을 요청하였을 때 인종에게 올리는 상소(「甲辰乞勿絶倭使疏」, 1544)에서 앞으로 있을지도 모를 남북의 외환外患에 우려를 표하면서 다음과 같이 기술하였다.

또한 나라에서는 이미 북쪽의 오랑캐와 틈이 생겼으니, 어찌 저들(섬 오랑캐)의 여러 괴수 중 억세고 사나운 자가 있어서 이를 갈며 보복하고 자 하여 우리 변방을 침범하지 않을 줄 알겠습니까? 만약 남북의 두 오 랑캐가 일시에 함께 일어난다면 동쪽을 지탱하면 서쪽이 흔들리고 배 를 지키면 등背이 무너질 것이오니, 나라에서는 장차 무엇을 믿고 능히 이 일을 처리할 것인지 알지 못하겠습니다.[60]

퇴계는 왜倭에 대하여 적절히 쓰다듬어 주는 것이 필요하다고 주장 하였다. 그러나 화친의 요청을 허락함은 가하지마는 방비를 조금이라 도 해이하게 해서는 안 되며, 예로써 대해 주는 것은 가하지만 칭찬하 기를 지나치게 해서는 안 되며, 양곡과 폐백으로 그들의 뜻에 맞도록 하여 실망시키지 않음은 괜찮지만 저들의 끝없는 요구를 들어주어 뇌 물이 지나치는 것은 안 된다고 하였다. 퇴계는 왜에 대하여서는 함부 로 단교斷交하기도 어려운 일이지마는 지나치게 후대함은 오히려 저 들을 방자하게 만들어 우리를 모욕하게 할 수 있는 것이므로 이를 경 계하여야 한다고 하였다. 퇴계는 조선이 왜국을 대하는 문제는 백년 사직의 근심과 억만 생령의 목숨에 관계되는 일로서 이 한 마디 말을 하지 않고 죽는다면 영원히 한이 되겠기에 질병과 괴로움을 참으면서 말씀을 아뢰는 것이라고 하였다.[61]

---

60 『퇴계전서』권6. 「甲辰乞勿絶倭使疏」 참조.

율곡은 또한 당시의 상황으로 보아 묵은 폐단을 시급히 개혁하여 바로잡지 않으면 나라가 부지할 수 없을 것이라고 하였다.

율곡은 그의 『동호문답東湖問答』에서

지금 백성의 힘은 사경死境에 든 사람이 숨이 넘어갈 것 같아서 평일에도 유지하기가 어렵습니다. 만일 외란外亂이 남북에서 일어난다면 질풍이 낙엽을 쓸어버림과 같이 될 것이니, 백성들은 그만두고서라도 종묘사직은 어떻게 할 것입니까?[62]

라 하였고, 선조에게 대하여 아뢰는 글 가운데

우리나라가 입국立國한 지 2백여 년에 달하여 중쇠기中衰期가 되었는데, 권간權姦들의 혼탁한 영향이 심하여 오늘은 마치 노인과 같이 원기가 없어져서 떨치지 못하고 있습니다. 그런데 다행히 성상聖上께서 나타나셨으니, 이때야말로 다스려지느냐 망하느냐의 기로에 서 있습니다. 만약 이때에 발분 진흥하시면 이 나라 억만 년의 무궁한 행복이 될 것이요, 그렇지 않으면 장차 멸망함에 이르러 구해 낼 도리가 없겠습니다.[63]

라 하였다. 율곡은 당시에 민중의 질고疾苦가 되었던 대표적인 것으로서 첫째 일가절린一家切隣, 둘째 진상번중進上煩重, 셋째 공물방납貢物防納, 넷째 역사불균役事不均, 다섯째 이서주구吏胥誅求의 폐단을 들고 이를 개혁할 것을 주장하였다.[64] 그는 경제 국방을 강화하는 동

---

61 같은 책 참조.
62 『율곡전서』 권15, 『동호문답』, 「論安民之術」 참조.
63 『율곡전서』 권30, 『경연일기(三)』 참조.

시에 이와 아울러서 나라에서는 옳은 것과 그른 것을 분명히 하여야 한다고 하여 사화로 희생되었던 사림들의 억울한 누명을 벗기고 그들을 포상할 뿐만 아니라 사리私利를 일삼고 사화를 일으켰던 간신들을 정죄할 것을 강력히 요구하였다. 그렇게 함으로써 만이 국시國是가 바로 서며 나라 사람들의 힘이 합쳐질 수 있다고 하였다.[65] 이와 같은 주장과 시책을 받아들여 시급히 시행할 방도를 강구하였어야 할 것이었다. 그러나 1565년 이래 1592년 임진왜란이 일어나기까지는 1세대도 못되는 짧은 기간이었다.

또한 사대부의 분열로 나라 일에 총력을 기울이지 못하였으며, 무책임한 집권층 하에서 외침外侵에 대한 방비는 전연 방치되어 있었다. 율곡의 십만 양병론養兵論도 받아들이는 이가 없었다.[66] 그러한 가운데 왜란은 결국 일어나고 말았으며, 전국토의 대부분이 유린되었다. 약탈과 살육으로 나라는 만신창이가 되었다. 그러나 재야의 유림은 방방곡곡에서 의병이 되어 싸웠으며 충무공忠武公과 같은 위인과 명장이 나와 왜적을 쳐부수었다. 명나라에서도 수많은 군대를 파견하여 7년 동안 계속된 전쟁이 끝날 때까지 참전하였다. 실로 임진왜란은 동양 여러 나라를 격동시킨 대전란大戰亂이었다.

왜적을 물리치기 위하여 전국적으로 각계 각층에서 분기奮起하였다. 명망이 있는 유림을 중심으로 양반·상민·농민을 말할 것이 없이 모여 들었으며 승려들도 승병을 조직하여 의병과 연합하였다. 충청도의 조헌趙憲, 경상도의 곽재우郭再祐, 전라도의 고경명高敬命과 김천일金千鎰, 함경도의 정문부鄭文孚 등의 의병장을 비롯하여 수많은 의병이 일어났으며, 승병으로서 서산대사西山大師 휴정休靜·사명대사

64 『율곡전서』, 『동호문답』, 「논안민지술」 참조.
65 『율곡전서』 권25, 『聖學輯要(七)』, 「立紀綱」 참조.
66 『율곡전서』 권34, 「연보」, 癸未 4월조 참조.

四溟大師 유정惟政과 그리고 조헌과 연합하여 싸운 영규靈圭 등 의병들의 활동이 매우 활발하였다. 이는 모두 우리 민족이 특유하게 전통적으로 다져온 바, 내 나라와 내 집을 지킨다고 하는 충효사상의 발로라고 할 수 있다. 뒤에 다시 논급할 것이지만 유학에서는 인仁과 의義를 근본 정신으로 하는 것이며 '인'은 친자親子 관계에서 그리고 '의'란 군신 관계에서 가장 절실하게 나타나는 것이라고 보았다. 하나는 가정을, 그리고 하나는 국가를 두고 일컫는 것이라고 할 수 있다. 내 집과 내 나라가 모욕을 받고 침해를 받으며 자주권이 짓밟힐 때 여기에서 의리정신이 강력하게 발휘되는 것이며 충절과 절의를 낳게 된다.

그러나 의병의 지도자는 한갓 전쟁 수행상의 보조자에 그치는 것은 아니었다. 이들은 곧 대학자요, 선비이며 민중과 호흡을 같이한 민족의 지도자였다. 그들은 국난을 당하여 솔선하여 전쟁에 참가하였다. 그 예로서 청주에서 왜적을 격파하고 금산錦山 전투에서 승장 영규와 더불어 전사하였던 조헌趙憲의 경우를 들 수 있다.

조헌(1544~1592)은 율곡 이이의 제자였다. 그는 정암 조광조, 퇴계 이황, 그리고 율곡 이이를 모두 흠모하여 배우고 사숙하였다. 조헌은 임진왜란이 일어나기 5년 전인 선조 20년(1587)에 왜사 귤강광橘康廣이 조선에 와서 통신사를 요청하였을 때부터 이미 일본의 침략 의도를 간파하고 이들의 간계에 속지 말아야 한다고 상소하였다. 이듬해인 선조 21년(1588)에도 왜사 현소玄蘇·종의지宗義智 등이 같은 목적으로 왔다. 그 다음해인 선조 22년(1589) 6월에도 현소 등이 또 다시와서 통신사를 요청하였다. 그해 5월에 조헌은 도끼를 들고 대궐에 나아가 만언소萬言疏를 올려 조정의 잘잘못을 논하다가 함경도 길주吉州로 유배되기도 하였다. 유배지에서도 조헌은 다시 왜사를 참斬할 것을 건의하는 상소를 올리고, 이 나라는 역사적 전통으로나 지리적 조건으로 보아 예로부터 외적의 침입을 물리쳐왔음을 강조하였다. 조

헌은 을지문덕이 수隋나라의 대군을 물리친 것이나, 고려 태조가 거
란의 통빙通聘을 물리친 것이나, 강감찬姜邯贊이 거란군을 물리친 사
실, 그리고 조선 이태조의 경우 등을 들어서 이 나라는 예부터 작은
것으로써 큰 것을 적대함으로 이름이 나 있음을 강조하였다.[67] 그는
국가의 승부란 군대의 강약만으로 되는 것이 아니라, 주장하여 강압
적인 복종이 아니라, 오직 인도와 정의에서 나오는 의기義氣(道義之
氣)가 있어야만이 위대한 힘을 발휘할 수 있는 것이라고 하였다.[68] 그
의 주장은 정신적인 자세뿐만 아니라 매우 현실적이며 합리적인 것이
었다. 조정에서는 황윤길黃允吉·김성일金誠一 등 통신사를 보냈는데
풍신수길의 회답은 명나라를 치겠으니 조선이 선구先驅가 되고 길을
빌려 달라는 것〔征明假道〕이었다. 이는 당시에 유교의 인도주의 이념
을 표방하고 명明을 종주宗主로 하여 이루어진 동양 제국諸國에 대한
중대한 도전이었으며 선전 포고나 다름이 없었다. 조헌은 또다시 도
끼를 들고 대궐에 나아가 상소하여 왜사를 참斬할 것과 명나라 조정
과 동남아 제국에 이 사실을 알리고 연합군을 형성하여 일본을 제압
할 것을 주장하였다.[69] 이것은 춘추 의리를 배경으로 하여 이루어온
국제관계로 보나 당시의 상황으로 보아 매우 진보적이고 타당성이 있
는 주장이었다. 그리고 국내적으로는 국력을 집결하여 전쟁에 대비하
고 수륙水陸 양면으로 대비하되 특히 영남 지방의 바다에 명장을 배
치해 두어야 한다고 역설하였다.[70]

    그러나 조헌의 이러한 주장은 받아들여지지 않은 채 임진왜란이 발

---

**67** 趙憲, 『抗議新編』, 「請絶倭使」 제1·제3 封事 참조.
**68** 같은 책 참조.
**69** 『항의신편』 「請斬倭使」 제1봉사 및 조헌이 擬草한 「奏變皇朝表」·「與琉球國王書」·
　　「諭日本國遺民父老等書」·「諭對馬島遺民父老等書」 등 참조.
**70** 『항의신편』, 「嶺湖備倭之策」 참조.

발하였다. 조헌은 몸소 의병을 모아 분전하였으며 승장 영규의 승군과 더불어 청주의 왜적을 물리쳤으며 다시 금산 전투에서 싸우다가 칠백 의사義士와 함께 그 부자父子가 전사하였다.

난이 일어나기 전에 선견지명을 가지고 열렬하게 그 타개책을 주장하였으며 난이 일어난 다음에는 죽음으로써 나라를 지킨 충천한 의리 정신은 오늘날에 이르기까지 그 빛을 남기는 것이며 이러한 선각자의 깨우침을 외면하였던 무리와 무능에 대하여는 진실로 마음 아프게 반성하여야 할 줄 안다.

또한 임진왜란에서 충무공 이순신의 분전을 잊을 수 없다. 세계의 해전사상海戰史上 유례를 찾아보기 어려운 그의 전략과 전술은 이미 널리 알려져 있는 바와 같다. 그러나 여기서 다시 우리가 유념할 것은 그의 모든 지략과 전공戰功 이전에 그 고매한 인격과 애족 애국하는 정신이 전제되어 있다는 점이다. 그의 생사를 넘어선 민족애와 호국 정신은 충렬정신 바로 그것이었다고 할 수 있다. 내 부모와 형제, 그리고 동포를 사랑하는 일은 결단코 타율적인 것이 아니요, 내심으로부터 솟아나는 영원한 생명력의 소산이었던 것이다. 그는 문무를 겸전하여 어느 면으로 보나 인간에 대한 깊은 이해를 가진 선비이면서 위용威勇과 지략智略을 갖춘 장군이었다. 지천명知天命의 오십을 넘긴 성숙된 인간으로서의 충무공은 남겨 두고 온 어머니에 대한 그리워하는 모습을 『난중일기亂中日記』 속에 적어 놓고 있다. 그는 막중한 임무를 수행하는 통제사統制使임에도 잠시라도 어머님을 뵙고자 하여 체찰사體察使 이원익李元翼에게 휴가를 청하는 글을 올렸다. 그 일절을 보면 다음과 같다.

자식이 아침에 나가 미처 돌아오지 않아도 어버이는 문밖에서 기다린다고 하거늘 하물며 뵙옵지 못한 지 3년이나 되어서이겠습니까? 요즈음 어떤 인편에 편지하시기를 "노병老病이 날로 심하니 여생이 얼마

남지 않은 것 같다. 죽기 전에 네 얼굴을 다시 볼 수 있다면 오죽이나
좋으랴"라고 하셨습니다. 아아! 다른 사람이 들어도 눈물을 흘리겠거늘
자식된 사람이야 어떠하겠습니까? …… 설령 무슨 일이 있다 하더라도
합하閤下의 명령을 받았다 하여 기사機事를 그르치게 할 수야 있겠습니
까?71

또한 아들 면葂이 전사하였을 때, 그의 울부짖는 모습을 다음의 일
기에서 찾아 볼 수 있다. 이것을 보면 이순신은 한 사람의 아버지요,
한 인간으로서의 모습을 볼 수 있는 것이다.

저녁 때 천안天安에서 집의 편지를 가지고 왔다. 뜯기도 전에 골육骨
肉이 떨리고 정신이 흔들린다. …… 모르는 새 담膽이 떨어지고 목놓아
서 통곡하고 또 통곡하였다. 하늘은 어찌 이다지도 불인不仁하신가! 간
담肝膽이 찢어지고 또 찢어지는구나. 내가 죽고 네가 사는 것이 마땅한
이치인데 네가 죽고 내가 살다니 이 무슨 이변이냐! 하늘과 땅이 깜깜
하고 백일白日도 빛이 변했구나. 슬프다! 내 어린 아들아! 나를 버리고
어디로 갔느냐? 네 영특함이 비범하여 하늘이 세상에 남겨 두지 않았
더냐! 내가 지은 죄가 네 몸에 미쳤더란 말이냐? 이제 내가 이 세상에
서 장차 누구를 의지하랴! 너를 좇아 함께 죽어 지하에서 같이 울고 싶
다마는 너의 형과 너의 누이와 너의 어머니가 또한 의지할 곳이 없으니
아직 참아서 목숨을 연장하겠지마는 마음은 죽었고 몸만 남아 있다. 소
리쳐 통곡할 뿐이다. 소리쳐 통곡할 뿐이다. 하룻밤을 지내기가 일년
같구나! 하룻밤을 지내기가 일년 같구나!72

---

71 『忠武公全書』 권1, 「上體察使完平李公元翼書」 참조.
72 『亂中日記』, 丁酉 10월 14일 참조.

여기서 우리는 사람으로서 마땅히 그러할 수밖에 없는 본래의 모습을 그대로 볼 수 있거니와 이것이 바로 유학에서 일컫는 부자자효父慈子孝라고 할 것이다. 지극히 그리워하고 사랑하는 존재에 대한 성실성이 표출되고 이것이 확산됨으로써 민족애로 승화되며 국가에 대한 충성심도 또한 이러한 실존적인 상황을 밑뿌리로 하였던 것이다. 무도와 포악을 미워하고 죽음을 두려워하지 않는 용기도, 적을 파멸시킬 수 있는 지혜도 모두 진실한 사랑으로 말미암아 가능하게 되는 것이라고 할 수 있다. 이러한 뜻에서 조상들이 보여준 충절정신은 오늘날에도 깊이 되새겨야 할 것이다.

1598년 7년간 계속되었던 왜란이 끝났다. 난이 끝난 후 나라의 참상은 이루 말할 수 없었다. 그러나 그 후 30년만인 인조 5년(1627)에 후금後金의 침입으로 조선은 부득이 형제의 맹약을 맺고 강화를 성립시켰다.

이것을 정묘호란이라고 한다. 그 뒤 후금은 황제의 칭호를 쓰고 국호를 청淸이라 하였으며 조선에 대하여는 신하국臣下國이 될 것을 강요하여 왔다. 조선에서는 이를 단연코 배격하였다. 이에 청나라 태종은 인조 14년(1636)에 10만 대군을 이끌고 물밀듯이 침략해 들어왔다. 황급히 남한산성南漢山城으로 피난하였던 왕과 조신들은 병력과 군량이 다하여 전멸되거나 항복할 수밖에 없는 기로에 놓이게 되었다. 이리하여 최명길崔鳴吉(1586~1647) 등은 주화主和를, 그리고 김상헌金尙憲(1570~1652) 등은 척화斥和를 주장하였으나 결국 인조는 항복을 결심하고 삼전도三田渡에서 청나라 태종에게 무릎을 꿇었다. 이로 말미암아 조선은 소현세자昭顯世子와 봉림대군鳳林大君(효종)이 인질로 잡혀 갔으며 항복을 끝까지 반대하던 홍익한洪翼漢·윤집尹集·오달제吳達濟의 삼학사三學士는 붙잡혀 가서 죽음을 당했다. 조선은 청나라에 대하여 칭신稱臣할 것과 명나라의 연호를 폐지하고 명나라와 단교할 것, 명나라를 공격하기 위하여 원병을 파견할 것 등 11개조에 걸

윤집 초상

쳐 약속하였다. 인조 17년에는 인조가 항복하였던 삼전도에 대청황제공덕비大淸皇帝功德碑가 서게 되었다. 우리 민족의 영광을 적은 광개토대왕비와 비교하여 볼 때 얼마나 굴욕적인 것이 었는가?

병자호란은 다른 전란에 비하여 기간도 짧고 피해도 적었다고 할 수 있지만 내용으로 보아서는 임진왜란보다 훨씬 치욕스러운 사건으로서 이 나라 역사를 통하여 오점이 아닐 수 없었다. 임진왜란도 그러하였지만 병자호란 당시에도 조선이 까닭없이 외국의 무력적 횡포에 의하여 유린당하는 일은 견디기 어려운 것이었다. 더구나 명나라의 경우와 생사를 함께 할 수 있으리만큼 우

호적이고 협조적이며 문화적인 유대관계에서가 아니요, 왜족倭族이나 호족胡族과 같은 야만국가에 의하여 정복당하고 지배를 받는다는 것은 참을 수 없는 일이었다. 이는 조선의 자주권을 무참하게 짓밟는 것이었다.

이미 임진왜란 이후에 선조는 '재조번방再造藩邦'이란 글씨를 친히 써서 국가를 재건하고 명나라와의 은의恩義를 되새기고자 하였다. 이는 인도와 정의를 기본 이념으로 하는 국제적인 공동체의 일원으로서의 각성이 전제된 것이었다. 뒷날 효종은 '복수설치復讐雪恥'라고 하

삼전도비

여 호란에 당한 치욕을 씻고자 하여 북벌을 계획하였다. 이러한 사실
은 우암尤庵 송시열宋時烈(1607~1689)의 「기축봉사己丑封事」에 역력
히 나타나 있거니와, 효종과 송시열의 단독 회담을 기록한 『독대설화
獨對說話』 속에서도 자세히 볼 수 있다.

병자호란 때에 남한 산성에서 주화와 척화의 갈등이 있었다고 함은
앞서 말한 바이지만 이와 같은 어려운 결단의 문제에서 그 처리 과정
을 간단히 보아 넘길 수는 없다고 할 것이다. 주화파主和派인 최명길
역시 민족과 국가를 사랑함은 마찬가지였다. 그러나 상황의 위급성에
비추어 일단 항복하여 후일을 도모하는 것은 부득이한 일이라고 보았
으며 스스로 항복문을 가지고 적진에 들어가서 화의를 교섭하였던 것
이다. 그러나 김상헌에게서 항복이란 자주권의 박탈이요, 이 나라를
문명으로부터 야만으로 전도顚倒케 함을 뜻하였다. 이러한 굴욕을 참
을 수 없는 까닭에 그로 하여금 항복 문서를 찢게 한 것이다. 만약 굴
욕된 삶을 취하기만 한다면 충렬忠烈도 의리도 필요 없을 것이다. 그
러므로 신라의 화랑 이래로 충의忠義를 일컬을 수 있었던 것이다. 그
러나 상황을 신중히 고려하여야 할 것이니 전진을 위한 일시적 후퇴
는 있을 수 있는 것이며 더구나 민중의 생명과 재산에 치명적 타격을
주는 것도 또한 문제인 것이다.

유학에서는 사람들이 정상적으로 지켜야 할 도리를 경상經常이라
하고 비상시에 처하여 응변하는 것을 권변權變이라 한다. 그러나 떳
떳한 도리는 누구나 좇을 수 있는 도리이며 권변이란 성현이라 하더
라도 어렵게 처하는 것으로 본다.[73] 어떻든 민족의 주체성을 강조한
김상헌 등의 의리학파가 전자에 속한다면, 최명길 등은 상황에 따라
서 권변을 행한 것이라고 할 수 있으며 근본에서는 상호 이해되는 점

---

73 『兩賢傳心錄』 권3, 朱子의 「甲寅行宮便殿奏箚」 참조.

이 있다. 최명길도 또한 조선의 처지를 명나라에 대하여 스스로 책임
지고 해명하였으며 그로 말미암아 청나라에 구금되는 사태를 빚었던
것이다. 청나라의 심양瀋陽에서 김상헌과 최명길은 다시 만나게 되어
다음과 같은 시로써 화답하였다고 한다.

### 〈청음 김상헌의 시〉

성공과 실패는 천운에 달린 것이나
모름지기 의義가 돌아가는 곳을 볼지로다.
비록 아침 저녁이 뒤바뀐다 하더라도
치마와 저고리는 둘러 입지 못할지로다.
권도(權)란 현자라도 잘못되기 쉬운 것이요
상도(經)는 모든 사람이 어기지 못하는 것이라.
이치에 밝은 선비에게 부쳐 말하노니
아무리 급하더라도 저울질을 삼가서 할지로다.[74]

成敗關天運　須看義與歸
雖然反夙暮　未可倒裳衣
權或賢猶誤　經應衆莫違
寄言明理士　造次愼衡機

### 〈지천 최명길의 시〉

고요한 가운데 뭇 움직임을 보니
아무런 꾸밈없이 그대로 나타남이로다.
끓는 물과 얼음은 모두 물이요

---

[74] 『청음집』 권12, 「次講經權有感韻」

갖옷〔裘〕과 갈포〔葛〕는 모두 옷일세.

일은 혹 때에 따라 다르더라도,

마음이야 도에서 어긋나겠는가.

그대 능히 이 이치를 깨닫겠거니

말하거나 아니하거나 각기 천기天機가 있는 것을.[75]

靜處觀群動　眞成爛漫歸

湯氷俱是水　裘褐莫非衣

事或隨時別　心寧與道違

君能悟斯道　語默各天機

여기서 김상헌과 최명길의 관점이 통하는 바 있음을 보게 된다.

그러나 청나라의 감시와 압력이 가해지는 가운데서도 조선은 내용으로는 의연히 명나라와의 관계를 가졌던 것이며 청나라에 대한 적대의식은 존왕양이尊王攘夷의 춘추정신으로 더욱 불타올랐다. 효종의 즉위 이후로는 은밀하게 북벌 계획을 구상하고 진행시켰던 것이며 나아가서 청음 김상헌을 비롯하여 의리정신에 투철하고 도학자이며 성리학자인 송시열을 중용하게 되었던 것이다.

우암 송시열은 우리나라 도학파 내지 의리학파에 대하여는 특별히 포장褒獎하고 그 정신을 선양하는 데 적극적으로 활동한 바 있다. 그는 포은 정몽주를 비롯하여 정암 조광조, 퇴계 이황, 율곡 이이를 숭배하였을 뿐만 아니라 가까이는 중봉 조헌, 청음 김상헌을 지극히 흠모하고 드높였다. 그는 또한 충무공 이순신의 비문도 지었으며 「삼학사전三學士傳」을 지었다. 그는 대의명분의 춘추정신을 내세우고 숭명배청崇明排淸 정신을 고취하였다. 이는 나라의 주권을 되찾고 인도를

송시열 초상

높이고, 패도를 배격하여 '관冠과 신발[履]'이 뒤바뀌지 않도록 하고
자 함이었다. 이것이 외민족의 압제하에서도 민족의 자주성을 상실하
지 않은 까닭이라고 할 수 있다.

송시열의 춘추정신은 단순히 명나라에 대한 맹목적인 사대주의가
아니었다. 더구나 기울어져 가는 명나라보다는 오히려 현실적으로는
청나라가 대국이라 할 것이다. 그럼에도 명나라의 연호를 사용하는
등의 숭명의식崇明意識은 단순히 무력의 강약 때문이 아니라 이것은
배청의식의 표현이었다.

원래 춘추정신은 공자 이래로 중국이나 한국 그리고 일본 등 각 민
족의 발전사에서 그 시대마다 중요한 역할을 하였다. 그러나 이들 각
국에서 춘추학의 발전 양상은 일치하지 않았다. 중국에서는 한국이나
일본에 비하여 막강한 국가이므로 인근 민족에게 대하여 대체로 그
정치 세력의 영향하에 두고자 하므로 대일통大一統 사상을 특히 강조
하였다.

그러나 한국이나 일본에서는 도리어 약세에 있는 민족이므로 외세
의 침략에 대하여 항거정신으로 나타났다. 춘추란 진정한 의미에서
인도정신을 발휘하는 것이므로 관용과 개방의 방향으로 나아갈 수 있
는 동시에 불의와 부정에 대하여 반발할 수 있는 힘을 가지고 있으므
로 외세의 침략에 대한 저항 정신으로 나타나기도 하였다. 이것은 이
율배반적인 것이 아니라 춘추정신의 양면성 즉, 인仁과 의義의 정신
이라고 할 수 있다. 그러나 대일통 사상은 타락하면 탄압으로 바뀔 수
있고, 항거정신은 지나치면 배타 국수주의의 방향으로 오도誤導될 수
있다. 중국의 중화사상中華思想이라든가 화이사상華夷思想은 잘못하
면 인근 타민족을 낮추어 보는 경향을 갖게 된다. 이것은 춘추정신에
비추어 볼 때 그 근본 취지에 어긋난다고 아니 할 수 없다.

인의仁義의 관점에서 볼 때에는 큰 나라와 작은 나라 사이에 침략
과 지배와 피지배가 있을 수 없는 것이다. 상호 협조와 상호 증구拯救

가 있을 뿐이다. 맹자가 말한 "대大는 소小를 섬길 수 있고 소는 대를 섬긴다"[76]고 하는 것이 그 뜻이다. 이것은 인도와 정의로써 하지 않고 권력과 폭력으로 누를 때에는 사소事小도 사대事大도 뜻이 없게 된다. 여기서 사대라는 말의 진정한 뜻을 찾을 수 있다. 존주尊周나 모화慕華라고 하는 것은 그 내용에서 존왕천패尊王賤覇를 의미하는 것이라 하겠다. 유학에서 왕王이라 함은 이덕복인以德服人이요, 패覇라는 것은 이력가인以力假人으로 규정된다.[77] 정의와 인도에 입각하는가 또는 폭력과 세력에 의지하는가를 준엄하게 구별함을 뜻하는 것이다. 이것은 약소국의 자율성과 자주성을 보장하는 원리와 강대국이 권력을 남용하고 약육강식하지 않는 기강과 준칙을 보이는 것이라고 하겠다.

우리나라, 특히 삼국시대에는 춘추학을 최고의 경經으로 삼아 충의정신忠義精神을 고취하였음을 알 수 있으며 이러한 정신은 조선시대에 이르기까지 항상 중대한 의의를 가져 왔다. 정암 조광조의 도학, 퇴계 이황의 존리尊理, 율곡 이이의 정의정신 등 진리에 뿌리 박고 생사를 초월한 선비의 정신과 조헌이나 이충무공의 충렬정신, 병자호란 때의 삼학사三學士, 그리고 김상헌 등의 의리정신, 효종과 송시열의 북벌사상, 그리고 특히 구한말과 같은 국난이 있을 때마다 전국에서 일어난 의병들은 춘추정신에 근거한 것이며 민족을 수호하고 보존하여 온 원동력이라고 할 것이다.

우리는 뒷날 정조(재위 1776~1800)가 실학을 장려하고 천주교에 대하여서도 관용을 베풀면서도 일찍이 주자와 송시열의 글을 모아『양

---

[76]『맹자』,「梁惠王 下」"惟仁者 爲能以大事小 惟智者以小事大 以大事小者 樂天者也 以小事大者 畏天者也."

[77]『맹자』,「公孫丑 上」"孟子曰 以力服人者覇 覇必有大國 以德服人者王 王不待大 以力服人者 非心服也 亦不贍也 以德服人者 中心悅而誠服也."

현전심록兩賢傳心錄』을 편찬하고 충무공의 신도비를 지었으며 효종대
왕의 사적을 기렸던 사실과, 또한 화서華西 이항로李恒老(1792~1868)
가 정암 조광조 이래의 도학 및 의리정신을 그대로 계승하였음과[78]
그의 제자인 중암重庵 김평묵金平默이 장문의『우암선생사실기尤庵先
生事實記』를 지었던 사실, 그리고 화서의 문하에서 면암勉庵 최익현崔
益鉉, 의암毅菴 류인석柳麟錫과 같은 의사가 배출되는 등 그 연원이
장원하게 흘러왔음을 볼 때, 민족사를 통하여 대중 속에 깔려온 의리
정신의 맥락을 재인식하게 되는 것이다.

---

**78** 화서 이항로는 평소에 정암 조광조의 絕命詩인 '愛君如愛父 憂國若憂家 白日臨下
土 昭昭照丹衷'이란 글을 본받아「愛君如父 憂國如家」란 8자를 내세워 이것이 선
비들의 힘쓸 바 標的이라 하였다. 이로써 조선조 말기의 의리사상이 멀리 조광조
이래의 도학사상에 연유함을 알 수 있다.

# 제2장 조선 후기의 유학

## 1. 조선 후기 유학의 개관

조선왕조가 개국한 이후 전반기를 통하여 사회 제도가 정비되어감에 병행하여 유교는 그 지도적인 이념으로서 심화되어 갔다. 사실 성리학과 예학의 융성은 한국사상사의 정화精華를 이루었다고 말할 수 있다. 그러나 조선 중기에 임진왜란에서 병자호란 사이에 거듭된 변방 민족의 침입과 이에 따른 국토의 황폐화는 사회 제도와 질서의 전반에 걸친 변형과 붕괴 현상을 찾아볼 수 있다. 이러한 기존 사회 체제의 변형은 그 근거를 이루는 시대 이념으로서의 유학사상에도 새로운 문제를 던져 주었다. 오히려 조선 전기의 통치이념으로 절대적인 권위를 확립했던 주자학의 체계는 비록 정통적 지위를 잃지는 않았으나 지도이념으로서의 기능에는 상당한 퇴조를 보이고 있다. 반면에 후기 사회에 새로이 발생한 상황과 국면을 진지하게 고려하고 그 해결책을 제시하려는 체계적인 노력이 주자학의 체계와는 상당히 다른 양상을 띠면서 전개되기 시작하였다. 여기 후기의 사상사에서 유학의 계열이 더욱 다양화하고 복잡하게 얽히는 특징을 주의하여야 할 것이다.

외적의 거듭된 침입으로 국토가 유린되었을 때 가장 큰 사회 문제는 경작지 축소로 생산이 감소되어 대중의 생활이나 국가의 재정이

극도로 궁핍하게 되었다는 점이다. 대동법大同法·균역법均役法·환곡법還穀法 등을 시행함으로써 도탄에 빠진 대중의 생활을 안정시키고 국가 재정의 보충을 도모하였다. 그러나 조선 전기에 사화士禍를 겪으면서 확립한 사림정치士林政治의 기반도 외란을 전후하여 혼란한 시기에 정권 투쟁을 일삼았던 당파주의자와 조선 말기에 세도를 장악했던 척족戚族에 의하여 붕괴되고, 민심과 의리를 외면한 채 권세와 사욕을 추구하는 풍조가 만연하여 정치 기강은 뿌리채 흔들렸던 것이다. 백성과 나라를 구제할 방책을 찾아도 이미 기강이 무너지고 물욕에 눈이 어두워진 퇴폐한 풍토에서는 청백리淸白吏를 찾을 수 없고 탐관오리만 즐비하였다. 삼정三政(田政·軍政·還穀)이 한 번 문란해지자 백성은 굶주리고 나라는 빈약해져서 세력가만 살찌는 타락상을 드러내게 되었다.

사회 질서는, 혼란이든 안정이든 그 필연적인 원인을 가까운 데서 또는 먼 데서 찾을 수 있다. 지도자의 능력과 지도층의 자세가 가까운 원인이 된다면, 인간 내면의 성품과 기질은 그 먼 원인이 될 수 있다. 근본은 결국 인간 속에 자리잡고 있는 것이며 지도자의 자세와 지혜는 대중의 생활을 안정시키고 풍속을 교화하는 관건이 되는 것이다. 성리학이 추구하는 방법은 결코 비약을 추구하는 것이 아니라 근본을 밝혀서 말단을 다스리려는 본질주의적 관점이다. 조선 후기에서도 성리학파의 계승과 발전이 없었던 것은 아니다. 오히려 현실의 역사적 상황이 복잡하고 어지러운 만큼 이를 해명하는 성리학파의 이론적 태도도 직선적으로 강경함을 볼 수 있다. 전기 이래 '사단칠정론'의 인성人性에 대한 분석과 변론은 한 걸음 더 나아가 성품이 구체적으로 인간과 동물이 서로 같은가 다른가를 물었던 것은 호락론湖洛論의 '인물성동이人物性同異'의 문제에 관한 논쟁에서 잘 보이고 있지만, 그만큼 구체성의 요구가 강하였다고 하겠다. 리기론理氣論은 성리학의 기본 문제이거니와 조선 전기에서 리·기의 조화를 추구하는 관점이 우세했다면 그 후기에 와서는 훨씬 더 강하게 한쪽을 강조하는 경향이 나타난다. 이현일李玄逸·이상정李象靖·이항로李恒老·기정진奇正鎭·이진상李震相 등의 주리론主理論과 임성주任聖周·임헌회任憲晦 등의 주기론主氣論이 양극적으로 발전하였다. 주리론은 이항로 이하의 한말 의리학파를 통하여 볼 수 있는 것처럼 주자학의 의리학적 근거를 추구하는 것이었고, 주기론은 관념론에 대한 현상론으로의 관심이요, 구체성의 철학적 탐구를 지향하는 것이라 할 수 있다.

이러한 성리학의 전개는 곧 조선 유학의 정통이 조선 말까지 연면히 계속되고 있음을 보여준다. 또한 이 성리학이 조선시대의 의식 구조를 형성하고 있었으므로 새로운 사상의 수용이나 독창은 그 범위 안에서 가능한 것이라 볼 수 있다. 따라서 양명학의 전승이나 실학의 발전도 성리학이라는 바탕 위에서 성립하였다는 사실을 부인하고서는 조선시대의 사상사 내지 유학사상을 이해할 수 없을 것이다.

조선 사상사에서 전기와 후기를 나누는 분수령인 임진왜란·병자호란은 한반도가 외국과 접촉을 가지게 되는 계기를 제공하였다. 이 시기를 전후하여 조선 사회에 수입되기 시작한 문물은 주로 중국으로부터의 양명학과 서양 문물 및 청조 학풍淸朝學風이었다. 비록 조선 후기에도 정통의 주류에 들지는 못하였지만 양명학이 공인되지 못한 채 소수의 지식인들에 의하여 연구되었던 것은 간접적인 영향을 미칠 수 있는 것이었다. 또한 서세동점西勢東漸의 조류를 타고 서양의 과학 기술과 천주교 신앙이 중국을 거쳐 한반도에 침투되었던 것은 조선사상사에 가장 큰 충격이었다고 할 수 있다. 주자학의 전통은, 일차적으로 서양 문물에 대한 배척의 태도를 밝혔고 이에 따라 사상의 갈등이 심각하게 일어났다. 서양사상의 표면을 이루는 서양적인 제도와 예법 풍속이 동양의 전통적 제도와 도덕 규범에 직접적인 상반성을 드러내고 있는 만큼, 전통사상의 배척적 태도는 자기 방어의 본능이면서 자기 확신에 근거를 두고 있는 것이다. 여기에 자주의식이 각성되고 조선 말기에 이르러 서양의 무력 위협이 가중되자 민족 자존을 위한 구체적인 민족의식으로까지 심화되는 계기가 마련되었다.

· 한편 국내외 사회적인 현실문제에 대한 관심과 청조의 실증적인 학풍에 자극을 받아 재야의 사림士林 가운데 새로운 학풍을 일으켜 체계화를 위한 노력이 일어났다. 이것을 곧 '실학'이라 일컫고 있는데, 이 실학은 현실적이고 구체적인 문제에 관심을 집중하여 학문적으로 상당한 업적을 성취하였다. 그러나 이들 실학자들은 정치적 근거를 확보하지도 못하였고, 혹은 관료라 하더라도 정책 결정의 위치에까지 진출하지 못하였기 때문에, 그 학설이 사회 개혁에 직접적으로 큰 영향을 끼치지는 못하고 말았다. 양명학이나 독자적인 경전주해가 비판을 받으면서도 일부 소론少論의 가문에 계승되었고, 서학이 기호지방 남인을 중심으로 배척과 탄압을 받으면서도 세력을 확장해 갔던 것은 비록 표면적으로 주자학의 정통성에 도전하지는 못하였다 하더라도 주자학의 절대적 권위가 지식인의 의식 내면에서 동요되기 시작하였다고 볼 수 있다. 여기에 실학이 경제·제도·기술·생산 등 현실의 문제에 대한 새로운 지식을 개발하고, 나아가 주자학의 체계에 대해 비판적이고 개혁적인 정신을 발휘하였음을 볼 수 있다. 이러한 정신적 상황에서 전기에 군림하였던 주자학은 낡은 의식을 대표하고 권위만 고집하는 듯한 인상을 주지만, 양명학·서학·실학 등 새로운 사상이 다양화하고 복합화하는 풍토가 형성되었다. 이 여러 가지 사상의 흐름이 한 시대에 출현하였을 때 상호간의 갈등·대립·비판이 없을 수 없으며 또한 서로 영향을 주고 수용·조화하는 측면도 간과할 수 없는 것이다.

조선 후기 사회의 경제적 곤란은 사회 제도와 정치 기강의 퇴폐로 말미암아 근본적인 해결은 어려웠으나 역대의 군왕 가운데 그 해결책을 위해 진력하였던 영조·정조 때에는 상당한 안정과 문화적인 중흥

박세당 초상

을 일으켰다. 탕평책의 시행으로 노론의 일당 전횡에서 탈피하고 소론과 남인도 등용해 보려고 노력하였다. 특히 정조의 문화정책은 규장각奎章閣의 확장으로 많은 도서가 수집·연구·출간되어 학풍이 크게 발전하여 전기의 세종 이후 융성한 문화적 전성기를 이루었다.

정조는 서양 문물의 수용에 다소 온화한 태도를 보였으나 순조 이후 벽이단론闢異端論의 화살이 서학에 집중됨으로써 서학의 세력은 결정적으로 분쇄되었고, 정통 이념도 그만큼 경색해지고 폐쇄화되어 포용성을 잃게 되었다. 더구나 고종 초부터 서양의 무력적 침입이 닥쳐왔을 때 이에 대한 반응은 주전론主戰論으로 굳어졌고, 그 이론적 배경은 서양이 짐승이나 오랑캐의 지역이요, 중국의 문화에 배반된다는 것이다. 이러한 태도는 침략자에 대한 국가 방어의 자주의식으로서 중요한 정신적 전통을 이루어 왔지만 동시에 세계사의 조류나 서양의 현실에 대하여 아무 것도 모르는 상태였고, 또 알려고 하지도 않는 폐쇄성에 빠지고 말았다. 마침내 일본의 무력적 위협 앞에서 개항을 강요당한 후 새로운 사조에 눈을 뜨자, 국가의 자주성을 지키는 것은 서양의 기술과 무기를 도입하고 국내의 제도를 개혁하여 부국 강병을 이루어야만 가능하다는 점을 자각, 개화사상으로 연결되었다.

한말의 상황은 의리파가 일본을 비롯한 서양 세력에 대한 저항과 배척을 지속하고 개화파가 이들 외세에 힘을 빌어 자기 세력을 확보하고 개혁정치를 펴보려고 하여, 두 관점이 상반되고 대립하였던 것은 사실이다. 그러나 두 관점의 근본은 민족의식과 자주의식에 있었고 다만 방법을 전통사상에서 찾느냐 서양식 근대화에서 찾느냐에 따라 달라지는 것이었다. 조선조가 멸망하고 다시 해방된 오늘에 와서는 이 두 관점도 새로이 통일된 이념으로 만날 수 있는 것이다.

## 2. 陽明學의 전래와 그 이해

명나라 후기의 사상가 양명陽明 왕수인王守仁(1427~1528)은 송대 상산象山 육구연陸九淵의 심학心學을 계승하고 이를 새로이 주창함으로써, 주자학의 세계에 대립하는 학풍으로서의 세력 기반을 확보하였다. 명대의 중국 대륙에서는 주자학과 양명학이 상당한 갈등을 겪으면서 세력의 균형을 이루었고 육상산과 왕양명의 학풍이 공인되어 이들을 모두 문묘文廟에 종사從祀하기에 이르렀다.

왕양명의 학설이 우리나라에 처음 전래된 것은 조선 중종·명종 때로 보인다. 중종 때의 학자 십청헌十淸軒 김세필金世弼(1473~1533)의 문집을 보면, 당시 우리나라 유학자들이 양명학에 대해 전혀 모르던 때에 김세필은 이미 양명학을 선종禪宗의 심학이라 하여 반주자학임을 주장한 바 있다. 김세필은 왕수인보다 1년 후배이다. 그는 북경을 두 번이나 왕래하였다. 한 번은 질정관質正官으로, 또 한 번은 성절사로 다녀온 바 있으며, 이때 송·원·명 제유들의 경서 주석서를 많이 구입하여 제가의 집설集說을 새롭게 연구하였다고 한다.[1]

이후 류성룡柳成龍(1542~1607)은 그가 소년 시절 의주부윤義州府尹인 부친을 모시고 있을 때, 곧 명종 13년(1558) 사은사謝恩使 일행이 돌아오는 길에 검색을 피하기 위해 강변에 버린 행랑 속에서 『양명집陽明集』을 구하였다. 이것이 『양명집』이 조선에 최초로 전래한 것이라고 한다.[2] 그러나 주자학의 체계에는 송대에 주자朱子와 육상산이 벌인 논쟁을 통하여 심학에 대한 비판적 관점이 확립되어 있었으므로 이를 체득하였던 조선의 주자학파는 양명학을 그대로 받아들

---

1 류승국, 『십청헌문집 해제』, 1981; 『한국사상과 현대』 所收.
2 『西厓集』 권18, 「書陽明集後」 "余年十七 趨庭義州 適謝恩使沈通源 自燕京回 臺劾不檢罷 棄重于鴨綠江邊而去 行橐中有此集 時陽明之文 未及東來."

일 수 없었다. 퇴계 이황은 양명학이 전래하기 시작한 초기에 이미 이
에 대한 이론적인 비판을 가하여『전습록논변傳習錄論辯』을 저술하여
양명학을 배척하였다.[3] 또한 퇴계의 문인門人을 비롯한 당시의 학자
로 양명의 학설을 들은 사람은 누구나 배척하지 않는 사람이 드물 정
도였다. 조선시대에 양명학이 전래되고 또 이해하는 과정에서도, 처음
부터 이처럼 주자학의 정통적 관점에 의한 비판과 배척이라는 제약을
받고 있었다.

이러한 시기에 양명학에 깊은 이해와 호의를 가진 인물이 사상계의
한 모퉁이에서 나오기 시작하였다. 화담 서경덕의 문인이며 퇴계 이
황과 친밀한 교유를 가졌던 남언경南彦經(1528~1594)은 그의 문인인
이요李瑤와 더불어 양명학에 상당한 이해를 일찍부터 가졌다. 남언경
과 이요를 조선 최초의 양명학자로 보는 것은 단순한 이해의 정도를
넘어서 양명학에 관한 진지한 신념을 가졌다는 데 기인한다.[4] 특히 이
요는 선조 27년(1594)에 선조 임금과의 청대請對에서 왕양명의 학설
을 설득력 있게 소개하였고 선조도 이에 상당한 호의를 가졌던 것으
로 보인다. 선조는 이요를 만난 후 류성룡과 토론하면서 류성룡이 양
명학을 비판하는 데 대하여 반대의 뜻을 보이면서, 끝내는 "이 학문을
하는 것은 학문을 전혀 하지 않는 것보다 낫다"고 하여 양명학을 두
둔하는 태도를 보인 바 있다.[5]

이요가 양명학의 학설을 공식적으로 표명하여 조선조 양명학의 효

---

**3** 다카하시 도오루는 퇴계가 66세 때(1566)「心經後論」을 저술하기 앞서「전습록논변」
을 지은 것으로 추정하고 있다. 高橋亨,「조선의 양명학파」,『조선학보』제4집, 135
쪽 참조.

**4** 이능화,「朝鮮儒界之陽明學派」,『靑丘學叢』제25호, 1936, 116쪽 참조.

**5** 『선조실록』권 53, 27년 갑오 7월 계사조에 선조는 "陽明才高 我國才質卑下之人
不可學也 其所謂常常顧心之說是也"라 하고, 류성룡은 "其心則無準則之心"이라 하
고, 또 "主理故以爲事物有當然之理 主心故以爲光明 而終有猖狂自恣之弊"라 하여
반박하였다. 그러나 선조는 "爲其學亦愈於專不學者矣"라고 결론지었다.

시를 이루었으나 학파를 형성하여 학풍을 일으키는 데까지는 나가지 못하였다. 이러한 학풍은 최명길崔鳴吉(1586~1647)에서 비로소 찾아 볼 수 있다. 최명길은 병자호란 때 주화론主和論을 주장하여 청나라와 강화를 하는 데 중추적 역할을 하였던 정치가이다. 그는 척화의리론斥和義理論을 주장하는 주자학자들의 틈바구니에서 이념적 대의大義에 앞서 현실의 타개를 위한 정책을 추구하였다. 이러한 정치적 태도는 그가 의리를 고정된 명분 속에서 찾는 것보다 상황과 주체가 합치하는 곳에서 찾는 자각적인 태도를 가졌던 데에서 나온 것이라 하겠다.

그는 심양瀋陽에 인질로 억류되어 있는 아들 최후량崔後亮에게 보낸 편지에서

　　마음은 본래 살아 있는 것이니 오랫동안 집착하여 있으면 마음 속에 병이 일어날까 근심된다.[6]

는 왕양명의 말을 이끌어 위로하고 있다. 최명길 부자의 양명학풍은 이후 가학家學을 이루었으나 손자 최석정崔錫鼎에 이르러서는 학계·정계의 비판을 의식하여 양명학에 대한 공식적인 반박 태도를 보임으로써 학통으로 계승되지는 못하였다.

최명길과 동시대의 인물인 장유張維(1587~1638)도 양명학에 심취하여 독자적으로 연구하였고, 양명의 시문을 자주 인용하였다. 양명학이 선학禪學의 성격을 띠었다는 비판에 대하여

　　양명의 양지良知에 관한 가르침은 실지에서 노력하는 것이 오로지

---

6 『遲川集』권17, 「寄後亮書」 "陽明書云 心本爲活物 久久守着 亦恐於心地上發病 此必見得親切自家體驗分明 故其言如此 以陽明之高明 猶有是憂 況汝方處逆境 心事何能和泰如平人耶."

성찰하고 확충하는 데 있으며, 언제나 고요함을 좋아하고 움직임을 싫
어하는 것을 배우는 자가 경계해야 할 것으로 삼았다.[7]

하여, 고요함만 주장하는 선학과는 다르다는 것을 강력히 변호하였다.
장유는 나아가 당시의 학풍이 주자학 일변도에 기울어져 학문의 자유
와 기개가 없음을 비판하는 발언도 꺼리지 않았다.

대개 중국은 인재와 그 지취志趣가 자못 녹녹碌碌하지 아니하여 때
때로 뜻있는 선비가 있어 실심實心으로 학문을 지향한다. 따라서 그 좋
아하는 바를 따라 공부한 것이 서로 같지 않고 때때로 실득實得함이 있
다. 우리 나라는 그렇지 아니하여 악착하고 구속을 받아 지기志氣라곤
도무지 없다. 오직 정주程朱의 학문을 세상에서 귀중하게 여기는 사실
만을 듣고, 입으로 말하고 겉으로 높일 뿐이니, 다른 학문이 없을 뿐 아
니라 정학正學에도 언제 무슨 얻음이 있은 적이 있었는가.[8]

최명길과 장유도 학파를 확립하지 못하고 그쳤으나 그 뒤로 하곡霞
谷 정제두鄭齊斗(1649~1736)에 이르러 조선의 양명학은 학문의 체계
와 학파의 형성을 보게 되었다. 정제두는 소론에 속하는 학자로 일생
동안 양명학 연구에 심혈을 기울였다. 비록 공개적으로 문호를 열어
학파를 형성하지는 못하였으나 그의 학풍을 흠모하여 문하에 들어오
거나 이 학풍을 계승하는 인물들이 출현하여 실질적으로 조선 후기의
양명학파를 형성하였다고 볼 수 있다.[9] 이광신李匡臣(1700~1744)·이

7 『谿谷漫筆』권1, 제32칙 "若陽明良知之訓 其用功實地 專在於省察擴充 每以喜靜厭
動 爲學者之戒."
8 『계곡만필』권1, 제24칙 "蓋中國人材志趣 頗不碌碌 時有有志之士 以實心向學 故隨
其所好而所學不同 然往往各有實得 我國則不然 齷齪拘束 都無志氣 但聞程朱之學世
所貴重 口道而貌尊之而已 不唯無所謂雜學者 亦何嘗有得於正學也."

이광사 초상

광사李匡師(1705~1777)·이광려李匡呂·이태형李泰亨·김택수金澤秀·
심육沈銷 등이 정제두의 문하에서 나왔고, 이광사의 아들 이영익李令翊
(1738~1780)과 그 종질從姪 이충익李忠翊(1744~1816), 이광려의 문인
정동유鄭東愈(1744~1816) 및 정제두의 외증손 신작申綽(1760~1828),

---

**9** 정인보는 조선조의 양명학파를 ① 뚜렷한 증거가 있는 인물로 최명길·장유·정제
두·이광신·김택수 등을 들고, ②표면으로는 비난하면서 실제로는 양명학을 주장하
던 인물로 이광사·이영익·이충익을 들고, 양명학에는 언급이 없으나 그 정신이 양
명학적인 인물로 홍대용을 들었다. (정인보,『담원 정인보 전집』제2권, 연세대학교
출판부, 1983, 211쪽) 그러나 ①, ②항의 홍대용에서도 왕양명을 인정하는 표현을
볼 수 있다.『乾淨衕筆談』참조.

정인보

이충익의 현손 이건창李建昌(1852~1898)에게로 학풍이 전승되었다.[10]
또한 근세에 정만조鄭萬朝(1858~1936)·박은식朴殷植(1859~1926)이
나 이건방李建芳(1861~1939)도 양명학을 닦았고, 이건방은 정만조의
당질 정인보鄭寅普(1893~1950)에게로 학통을 전하였으며, 이와 동시대
에 송진우宋鎭禹(1890~1945)도 양명학의 발전을 위하여 힘썼던 것이
니, 이처럼 그 학통이 연면하게 이어졌다.[11]

조선 후기의 양명학파를 설정하는 것은 오늘날의 관점에서, 사상사
를 재구성하는 과정에서 성립하는 것이다. 당시 양명학이 이단으로 규
정되고 배척되었던 주자학의 시대이었으므로 이들 양명학파는 극소수
를 제외하고는 자신이 양명학을 지지한다는 사실을 시인하지 않았을

---

10 다카하시, 위의 책, 153~156쪽 및 정인보,『담원 정인보 전집』제2권, 227~237쪽
참조.
11 정인보,『담원 정인보 전집』제2권, 242쪽 참조.

뿐만 아니라 표면적으로는 양명학을 비판하는 주장도 하였으며 자신이나 자신의 조상이 양명학을 좋아하였던 사실조차 감추거나 변명하였다. 이들 양명학파는 대체로 정제두 이후에 소론의 가계를 중심으로 가학家學으로 계승되었고 공식적으로는 주자학을 자처함으로써 겉으로는 주자학파이나 속으로는 양명학파(陽朱陰王)로서 존속해 왔던 것이다.[12] 조선 후기 사상사에서 양명학은 독자적인 활동 영역을 확보하지 못하였음은 사실이나 주자학파의 비판을 통하여 이에 대응하는 유학사상의 한 흐름을 지켰던 데서 커다란 의미를 찾을 수 있다.

조선의 양명학파는 이미 말한 바와 같이 주자학의 철저한 비판과 배척의 풍토 위에서 출발하였다. 양명학이 명대에 성립되었을 때에도 중국에서는 일찍부터 주자학과 충돌을 일으켰다. 이에 앞서 양명학의 선구를 이루는 육상산의 학설은 주자와 육상산이 논쟁을 벌이는 동안 그 성격을 뚜렷이 하게 되었고, 송대 이후 주자학이 정통으로 확립된 사상적 풍토에서 양명은 주자학을 비판하는 관점을 명백히 하였다.

양명학의 핵심적인 개념을 주자학과 대비하여 보면, 첫째, 주자학이 성즉리설性卽理說을 주장하는 데 대하여 양명학은 심즉리설心卽理說을 내세웠다. 주자학에서는 사람과 사물에 보편적으로 부여된 성품을 이치로 규정함으로써 이치의 객관성을 확립하였다. 그러나 왕양명은 육상산 이래의 심학心學의 관점에서 마음과 이치가 하나라고 보아 철저히 선천적 양지良知의 관점에 섰다. 둘째, 대학의 격물치지格物致知에 대하여 주자는 사물의 이치를 궁구하여 나의 지知를 완성하게 되는 것으로 주객主客을 조명하는 인식론을 제시하였다. 그러나 왕양명은 치양지설致良知說을 내세워 자신의 마음 속에 선천적으로 부여

---

**12** 다카하시, 위의 책, 154~155쪽. 소론에 속한 정제두의 延日鄭氏나 이건창의 全州 李氏의 가문에서 양명학이 가학으로 전해지고 있음과 이들이 陽朱陰王의 가학을 지켜 왔음을 정만조의 증언을 들어 입증하고 있다.

되어 있는 양지를 이루는 데에는 외부적 사물의 간섭이나 은폐를 제거하여야 하며, 이러한 양지를 이룸으로써 사물은 바르게 드러나는 것이라 하였다. '양지를 이룬다〔致良知〕' 함은 사사물물事事物物을 떠나서 하는 말이 아니다. 셋째, 『대학』의 친민親民에 대하여 주자는 정자程子를 계승하여 '친親' 자를 '신新' 자로 고쳐서 해석함으로써 지도자와 백성의 관계를 지식과 규범을 통한 관계로 보았으나, 왕양명은 '친'자를 고칠 수 없다고 주장하여 지도자와 대중의 관계를 친애의 정감적인 관점에서 해명하고 있다. 넷째, 앎〔知〕과 행동〔行〕의 관계에 대하여 주자학에서는 이 두 가지를 상호적 관계로 보거나 혹은 앎을 통하여 행동으로 나아가는 것으로 보아 주지적主知的인 성격을 가졌으나, 양명학에서는 앎과 행동은 하나의 두 가지 면으로 보아 지행합일설知行合一說을 주장하였다. 객관적인 올바른 지식이 행동을 바르게 한다는 주자학의 관점에 잘못이 있다기보다는 앎과 행동을 분리시킴으로써 공허한 지식에 빠지거나 맹목적 행동을 낳아 참된 앎과 행동의 조화를 상실하는 측면에 대한 비판적 태도이다.[13]

조선 사회에 양명학이 처음 전래하자 퇴계 이황은 정통 주자학의 관점에서 양명학의 대표적 저술인 『전습록傳習錄』의 각 조목을 비판하여 「전습록논변」을 지었다.[14] 그는 이 글에서 첫째, 친민설親民說을 비판하여 명명덕明明德이 배움〔學〕으로 말미암아 자기의 덕을 밝히는 것이요, 신민新民도 자기의 배움을 미루어 백성의 덕을 새롭게 하는 것이라고 주장하였다. 둘째, 심즉리설에서 충성과 효도의 객관적 규범을 거부하고 마음으로부터의 실천 윤리가 발생한다는 주장에 대하여 궁리窮理 공부와 실천 효과를 혼동하고 있다고 비판하였다. 셋째, 이러한 객관적 규범과 형식의 배제는 마음만을 내세우는 불교의 관점에

---

**13** 류승국 외, 『조선의 유학자 8인』, 신구문화사, 1974, 169~175쪽 참조.
**14** 『퇴계문집』 권41, 「전습록논변」 참조.

빠졌다고 비판하였다. 넷째, 지행합일설을 비판하여 마음의 발동이 형기形氣에 있는 것은 지행합일이 가능하지만 의리義理에 있는 것은 아는 것이 그대로 행동화되는 것이 아니라는 점을 구분하여 양명학이 감성의 세계에만 빠져 있음을 비판하였다. 퇴계 당시에는 국내에 양명학자가 없었으므로 양명학에 대한 일반적 비판이었으나, 그 후의 주자학파가 당시의 국내 양명학파의 인물들을 비판할 때에도 그 이론적 기반은 퇴계를 넘어서는 것이 없었다.

조선 최초의 양명학자로 이요가 나타났을 때에는 퇴계의 비판 이론 위에서 류성룡·류공신柳拱辰·정엽鄭曄의 즉각적인 반박을 받았다.[15] 임진왜란 중에 명나라의 원병援兵으로 왔던 경략經略 송응창宋應唱이 조선의 황신黃愼·이정구李廷龜 등에게 양명학을 역설하였고, 원황袁黃은 성혼成渾 등에게 양명학의 공인을 요청하며, 만세덕萬世德은 육상산陸象山과 왕양명을 문묘文廟에 종사하도록 조선 조정에 요구하였으나 조선 학자들은 이들의 위압에 대해서도 주자학의 정통을 지키는 신념을 굽히지 않고 임기응변으로 그 요구를 회피해 나갔다.[16]

장유의 양명학적 태도에 대하여도 윤근수尹根壽의 준열한 질책이 있었고,[17] 최명길의 손자 최석정은 양명학 비판론을 전개하고 조부의 양명학풍을 은폐시키고자 하였다. 이러한 비판적 분위기 속에서 정제두가 양명학에 몰두하여 체계화를 도모하였을 때, 비록 그가 사회적으로 공개한 것은 아니었으나, 가까운 사이에서는 충고와 비판의 화살이 집중하였다. 윤증尹拯·박세채朴世采·최석정·민이승閔以升 등 정제두의 선배와 친우들이 서한을 통하여 그와 더불어 양명학에 대한 시비

---

15 『선조실록』 권53, 27년 갑오 7월 癸巳·戊戌條 참조. 『서애집』 권15, 「王陽明以良知爲學」·「知行合一說」 참조.
16 이능화, 위의 책, 112~116쪽 참조.
17 尹根壽, 『月汀集』 권5, 「答張翰林維書」 참조.

를 논변하는 토론을 벌였던 것은 주자학과 양명학의 상관 관계를 연구하는 귀중한 자료라 하겠다. 정제두는 박세채에게 보낸 편지에서

제가 왕씨의 설에 애착을 가지는 것이 만약 남보다 특이한 것을 구하려는 사사로운 마음에서 나온 것이라면 결연히 끊어버리기도 어려운 바 아닙니다. 그러나 우리가 학문하는 것은 무엇을 위한 것입니까? 성인聖人의 뜻을 찾아서 실지로 얻음이 있고자 할 뿐입니다.[18]

라고 하여, 그의 학문적 신념이 전통의 권위에 의존하지 않는 독자적인 근거를 갖고 있음을 명확히 하였다. 그는 또한 동년배인 민이승과 서한으로 본격적인 토론을 통해 양명학의 모든 것을 전반적으로 검토하였다. 이러한 토론에서 정제두의 논리가 비록 합리적이라고 하더라도 주자학풍의 대세 앞에서는 단순한 이단 학술로 평가받는 것을 깨뜨리지 못하였다.

그는 『사서설四書說』·『학변學辯』·『존언存言』·『심경집의心經集義』·『경학집록經學集錄』 등의 저술을 통하여 양명학을 탐구하였다. 비록 정제두가 양명학파의 세력을 세상에 수립하지는 못하였으나 그의 역할은 컸다. 정제두의 제자가 스승을 천년의 적막한 어둠 속에 하나의 우뚝한 횃불에 견주었던 것도 의미 있는 말이다.[19]

정제두의 『하곡집』은 1930년대에 와서야 필사본이 공개되기에 이르렀다. 실로 한국 양명학의 절정을 보인 것이라 할 수 있다. 그에 실린 학설은 중국과 일본의 양명학자들의 것에 비하여 손색이 없다. 도

---

**18** 『하곡집』권1, 「答朴南溪 丁卯」 "蓋齊斗所以眷眷王氏之說 倘出於求異而濟私 則決去斷置 非所難焉 但未敢知吾人爲學 將以何爲耶 思欲求聖人之意 而實得之而已."

**19** 정제두의 문인 金澤秀는 제문에서 "적막할사 千載 동안에 아주 반딧불 번득임도 없었도다. 선생이 特立하여 一炬를 외오서 밝히되 八十八載에 自照自寶이시더니라"라고 하였다. 정인보, 『담원 정인보 전집』제2권, 231쪽 참조.

리어 창의적인 측면이 많다.

정제두가 토대를 세운 조선 양명학은 이후 천주교가 전래될 무렵에 전통사상과 서학사상을 매개시키는 교량적 역할을 하였다. 영·정조 때 성호 이익, 순암 안정복, 다산 정약용 등은 양명학과 서학을 동시에 이해한 학자들이다. 양명학에서 주장하는 지행합일설은 실천의 학으로서 실학사상과 연계되었으며, 한 걸음 더 나아가서 개화사상과도 연결되었다. 개화기 학자들은 대체로 주자학보다 양명학에 더 관심을 가졌다. 이것은 한말의 의리학파가 대체로 정통 주자학을 신봉했던 것과 대조를 이룬다.

조선의 양명학파는 중국의 경우와 달리 사회적 공인을 받지 못함으로써 극소수의 학문적 신념을 가진 인물들에 의해 가학으로 전하는 데 그쳤던 것은 사실이다. 그러나 조선조 유학사에서 양명학파의 세력이 작았다 하여 그 영향력을 가볍게 볼 수는 없다. 주자학이 완전히 지배적이던 사회에서 벽이단론闢異端論의 비판을 무릅쓰고 양명학을 탐구하였던 것은 주자학파가 정통사상의 순수성을 추구하는 의지와 마찬가지로 학문에 대한 자율성을 추구하는 의지를 발휘한 것이라 할 수 있다. 정통사상의 권위로부터 이탈하려는 학문의 자유와 자율성을 추구하는 분위기는 조선 근세사상의 한 흐름을 형성하게 되는 실학파와 서학파西學派에게 상당한 영향력을 미쳤다. 서학의 신앙적인 측면은 주자학의 엄격한 객관적 규범보다도 양명학의 주관적 정감적인 경향에 쉽게 매개되고 수용될 수 있었다. 여기에 서학파의 권철신權哲身(1736~1801)이 양명학에 접근하였던 이유가 있으며,[20] 정약용이 경전을 주석하면서 양명학의 관점과 서학적 성격을 동시에 수용하고 있는 것을 보게 된다.[21] 또한 주자학의 권위를 벗어나려는 실학파에 움직임

---

**20** 이능화, 『조선 기독교 급 외교사』 상권, 140~141쪽 참조.
**21** 정약용은 양명학을 비판하는 주장도 하지만 『大學公議』에서는 양명학의 관점을 긍

에 양명학의 관점과 정신이 상당한 영향을 주었음은 이익이나 홍대용
洪大容(1731~1783)의 경우에서도 찾아볼 수 있다.[22]


## 3. 실학사상의 대두와 사회적 영향

임진왜란 이후 조선 사회는 경제적인 질서가 붕괴됨으로써 사회 체
제 전반이 침체를 벗어나지 못하고 허덕였다. 여기에다 병자호란을 당
하고 나서는 조선 전기를 통하여 정착되었던 국제 정치의 질서마저 전
통적 이념과 상반되는 새로운 세력 관계로 강요당하였다. 이러한 시기
에 국내적으로는 경제 질서의 재건을 위하여 대동법·균역법 등 새로
운 시책이 추구되었으나 한 번 혼란에 빠진 사태는 부패와 안일의 폐
단으로 악순환을 거듭할 뿐 쉽게 회복되지 못하였다. 또한 정치적으로
파벌의 대립이 고질화되어 권력 투쟁의 갈등으로 사림士林 계층의 상
당한 영역이 권력에서 소외당하고 몰락하며, 소수의 권력 전횡이 정치
풍토의 전통을 형성하였다. 이러한 정치 권력의 투쟁 과정에서는 권력
의 획득이 가치.기준이 되어 학문과 사회 구조가 모두 수단으로 응용
되고 변질되어 갔다. 성리학이 인간의 본성을 추구하고 여기에 근거하
여 행동 규범으로서 예학이 융성하였으나 성리설이나 예학이 정치적
대립에 이용되기 시작하자, 맹목적으로 자파의 성리설을 고수하는 경
향에 따라 학문이 타락하였고, 예론의 성행은 사회의 분열을 더욱 촉
진하기 시작하였다. 청나라에 대한 항쟁은 의리정신과 자주의식의 발

---

정적으로 받아들이고 있다.
**22** 이익은 대학의 혈구지도絜矩之道를 해석하면서 '구矩'를 객관적 규범으로 전제하
는 주자의 관점과 달리 혈구絜矩의 주관적 판단을 전제하는 관점을 취하고 있다. 정인
보, 『담원국학산고』, 183~186쪽.

로였으나 청조 문물에 대한 경멸 내지 무관심은 현실적 감각의 둔화를 드러내는 것이기도 하였다. 특히 역사적 조류로서 16~17세기의 근세적 움직임을 외면하였을 때 전통적인 명분론이 실리實利와 동떨어지기 쉬웠고, 신분제도의 엄격화나 사상적 권위주의는 사회의 유기적인 생동과 발전을 촉진하는 사상의 자유로운 풍토를 억압하게 되었다.

그러나 조선 후기의 사상계에 새로운 움직임이 그 내면에서 자연 발생적으로 나타나기 시작하였던 사실을 주의하지 않을 수 없다. 무엇보다 정치 권력에서 소외된 지식인들은 사회 현실의 저변에 놓여 있는 문제들에 관심을 갖기 시작하였다. 이들은 주자학의 정신적 배경 아래 현실의 구체적인 모순과 문제점을 해결하기 위한 정치 제도와 사회 구조의 개혁을 과감하게 주장하기 시작하였다. 특히 농업국가의 경제 질서를 회복하기 위한 토지제도와 조세제도의 개혁안은 세력가의 토지 겸병과 부패 관료의 부정을 막기 위하여 『주례』의 제도와 민본사상을 재강조하였다. 이러한 개혁론은 집권 세력이 사욕私欲에 사로잡혀 외면한 것을 재야在野 지식인이 제기하였던 것이니, 개혁 사상의 주류인 기호의 남인을 중심으로 계승되었다.

또한 민족의 자주의식에서 배태된 반청反淸 의식을 넘어서 청조의 문물에 나타난 사회 제도와 생산 기술에 호의적인 관심을 보였던 인물들이 나타나기 시작하였다. 이들은 능동적으로 북경사행北京使行에 참여하여 청조와의 교역과 문화 교류를 활발히 하는 데 커다란 역할을 하였다. 여기에서 청조의 문물로서 실증적인 고증학풍과 서양의 과학 지식 및 종교사상까지 적극적으로 받아들이게 되었고, 이를 통하여 주자학을 유일의 사회 이념으로 삼았던 조선 사회는 사상의 다변화가 일어나게 되었다. 새로운 풍조는 조선 후기 사회의 사회적 부조리와 정신적 응고 현상에 대한 전반적인 비판을 제기하면서 그 대응책으로 현실의 제반 문제에 대한 개혁론을 제시하고 전통적인 권위에서 벗어나 자유로운 학풍이 발생하게 되었다. 이러한 학풍의 이론적 배경은 비록

체계적이거나 통일적인 것은 아니지만, 그 관심의 일반적 특징이 도덕
적·관념적이기보다는 현실적·구체적인 점에서, 1960년대 이후로 이
들의 학문경향을 '실학'이라는 이름으로 지칭하게 되었다.

실학이라는 개념은 유학의 전통 속에서 고전적인 것이라 할 수 있
다. 『서경』「대우모大禹謨」편에 나라를 다스리는 과제로 제시된 세
가지 일[三事]인 정덕正德·이용利用·후생厚生은 이미 유학의 범위
속에 철학적·윤리적 영역과 경제적·사회적 영역이 동시에 포섭되고
있음을 보여 준다. 이러한 관점은 공자에서 식량[足食]·군사[足兵]·
신뢰[民信之]로 제시되거나,[23] 맹자의 이른바 "살아 있는 사람을 잘
봉양하고 죽은 사람을 장사지내는 데 유감이 없는 것이 왕도의 시작
이다"[24]라는 주장에서도 잘 계승되고 있다. 특히 송대 성리학의 발전
은 당시의 사상계를 풍미하던 노장老莊과 불교사상의 초월적 이념에
대한 비판에 깊은 관련이 있다. 노장과 불교에서는 허虛·무無·공空·
적寂 등의 부정적 관념을 추구하여 구체적인 현실 세계를 거부하고
초월하지만, 성리학에서는 천天·도道 등의 궁극 개념을 인간과 사물
의 현실적인 세계에서 그 내면적 본질인 성性을 통하여 파악하는 성
리론이나 행동의 규범인 의義를 통하여 그 정당성을 추구하는 의리론
을 제시함으로써, 현실 세계와 이념의 분열이나 이념의 일방적인 초
월을 받아들이지 않고 있다. 이러한 성리학의 기본 관점은 곧 실학으
로서 강조되었던 것이다.

조선 후기에 와서는 주자학의 융성기를 지나 학파의 분화 과정에서
성리학의 학설이 다양화하고 이론이 정밀화하는 발전이 계속되었다. 그
러나 다른 한편으로는 학파의 분열과 대립이 객관적 합리성을 잃자 파
벌적 논쟁에 빠지며 사변적 관념적 체계에 사로잡혀, 현실 사회의 문제

---

23 『논어』, 「顏淵」 "子貢問政 子曰 足食 足兵 民信之矣."
24 『맹자』, 「梁惠王 上」 "養生喪死無憾, 王道之始也."

와 유리되어 폐쇄적이고 권위주의적인 공론空論을 일삼는 폐단을 낳았던 것이 사실이다. 여기에 그 당시의 사회문제에 대한 관심은 주자학의 본래 정신을 회복하기 위한 노력의 과정에서 당시의 학풍이 소홀히 하였던 사회의 현실적 문제에 대한 해결책을 추구함으로써 정덕正德의 문제보다 이용利用·후생厚生의 문제를 개발하는 데 주력하게 되었다. 약산藥山 오광운吳光運(1689~1745)은 『반계수록磻溪隨錄』의 서문에서

　　도덕은 하늘에 근원을 두고 정제政制는 땅에 근본을 두는 것이니, 하늘을 본받되 땅을 모르거나, 땅을 본받되 하늘을 모르는 것이 옳은 것이겠는가?

라고 반문하면서 유학의 정신은 도道와 기器가 분리될 수 없는 것이라고 강조하였다. 그는 정주程朱가 도를 밝히는 데 급급하였기에 기를 소홀히 하였던 사실을 시인하였다.[25] 유형원이 『반계수록』에서 전제田制를 근본으로 한 정치·제도의 규모를 제시하면서, 유형원이 리기理氣·인심도심人心道心·사단칠정설 등에 대해 순수하고 정밀하게 탐구한 것을 통해 도와 기가 서로 떠나지 않음을 더욱 믿을 수 있게 되었다고 지적한다.[26] 여기서 조선 후기 실학의 출발점이 주자학을 비판하거나 거부하는 데 있는 것이 아니라 철학적으로 성리학의 체계

---

**25** 『반계수록』卷首,「반계수록서」 "道德原乎天 政制本乎地 師天而不知地 師地而不知天 可乎. …… 秦漢以來 千數百年之間 大抵天地幾乎息 而地制之壞爲尤甚 夫以程朱之大賢 慨然有意於三代之治 而其所論著 詳於道而闕於器何也 盖其時視孟子之時 又益降矣 道之喪也日遠 故諸君子之心 汲汲皇皇於斯道 而於器則未遑焉 盖其意以爲道明則器自復爾."

**26** 위와 같음 "磻溪柳先生陰居著書 以寓夫拯救惻怛之志 名曰隨錄 其書以田制爲本 不畫井形而得井田之實然後養士·選賢·任官·制軍·禮敎·政法規橅節目 不泥不礙 沛然皆合於天理 愚一覽其書 而已窺先生之天德 已而得先生所著理氣人心道心四端七情說 讀之其純粹精深 非近世諸儒所可及 於是益信道器之不相離也."

를 계승하면서도 주자학의 한계를 인식하고 이를 극복하려는 데 있었음을 볼 수 있다.

  공자사상의 위대성은 시중지도時中之道에서 찾을 수 있고, 시중지도는 덕德과 재財를 겸비하고 이론과 현실이 일치하며 내외본말이 합치하는 데 있다. 이런 의미에서 공소한 이론만이 아닌 내외겸비한 것을 실학이라고 해야 한다. 실학의 '실'을 경제적인 것, 물질적인 것으로만 보아서는 그 또한 타락한 것이라고 하지 않을 수 없다. 실학 뿐만 아니라 성리학도 공리공론이 아닌 이론과 현실이 합치하는 데서 그 의미를 갖는다. 성리학의 본령에 충실한 성리학자는 현실에 어둡지 않다. 그 때 그 때 경우에 따라 역사적 현실을 정당하게 합리적으로 처리할 수 있는 능력이 있다. 여기서 성리학과 실학은 상통하는 것이라 하겠다. 우리나라 성리학의 거봉인 퇴계나 율곡은 공리공론을 말하지 않았다. 진실한 인간성을 발휘하고 인사人事에서 존양성찰存養省察을 깊게 하며 사회적 현실에서 시폐時弊를 광구匡救하고자 일생토록 노력하였다. 예를 들면 율곡의 동서붕당에 대한 조정이나 시무時務에 관한 상소, 향약의 실천이나 십만양병설 등은 모두가 실학이 아님이 없다. 성호 이익은 실학의 기원을 율곡에게 두었다. 이렇게 본다면 진정眞正한 실학과 심오한 성리학이 분열할 이유가 없다고 하겠다.[27]

  성호 이익은 "의문이 적으면 진전도 적고, 의문이 크면 진전도 크다"는 주자의 말을 인용하고

  의문을 갖고 의문의 없는 경지에까지 이르게 하는 데 학문하는 자의 단계와 방법이 있는 것이다. 세속의 학문하는 사람 가운데 의심을 두지 않는 자가 많은 것은 실로 웃음거리다.[28]

---

27 류승국, 「한국유학과 실학사상」, 『한국사상과 현대』, 139쪽.
28 『성호문집』 권24, 「答安百順」 "朱子謂少疑則少進 大疑則大進 多著疑不妨 若內疑

고 하여, 당시의 학풍이 권위화하고 폐쇄적인 것을 날카롭게 비판하였다 따라서 이익은 자신이 주자학파의 관점에 서 있고 퇴계를 존숭하여 문인들과 더불어 『이자수어李子粹語』를 편찬하기까지 하였으나 주자에 대한 반대가 봉쇄되어 있던 후기 주자학파의 학풍을 비판할 수 있는 객관적이고 자유로운 정신을 가졌던 것이다.[29] 또한 그는 경전의 연구도 치용致用하는데 있다는 것을 밝혀 경전의 이념과 현실이 분리될 수 없음을 강조하며 당시의 학풍에 양자가 나뉘어지고 있음을 비판하였다. 이 점에서 그의 관점이 갖는 실학적 성격을 보여 주고 있다.[30]

홍대용은 사신의 일행으로 북경北京에 가서 엄성嚴誠·반정균潘庭筠·육비陸飛 등 청나라 지식인들과 교유하면서 청조의 학술을 받아들였다. 그는 당시의 주자학 학풍에 상당히 과감한 비판을 제기하였다.[31] 그의 『의산문답毉山問答』을 보면, 조선의 학풍을 상징하는 허자虛子가 중국의 학자와 토론을 하고 헛되이 돌아오는 길에 중국과 조선의 중간인 의무려산毉巫閭山에서 실옹實翁을 만나 토론하면서 자신의 형식주의와 관념의 허구성을 깨뜨리게 되는 과정을 서술하여 실학이 갖는 합리성과 사유의 자율성을 밝히고 있다. 허자가

주공周公과 공자의 업業을 높이고 정자程子와 주자의 말을 익혀서

而外順 所存可知也 有疑而至於無疑 固君子之階級次第 俗學大抵不致疑者多 是實可㗪."
29 『성호사설』 권21, 「經史門」,〈儒門禁網〉"…… 但曰一字致疑則妄也 考校參互則罪也 朱子之文尙如此 況古經乎 東人之學 難免魯莽矣 …… 儒門禁網 後來轉急矣."
30 『성호사설』 권20,.「경사문」,〈誦詩〉"窮經將以致用也 說經而不措於天下萬事 是從能讀耳 …在今日經術事務 判爲二道 易地則霧然 何哉."
31 『담헌서』 외집 권3, 「항전척독」,〈乾淨術後語〉"동방의 유학자들이 주자를 숭봉하는 것은 실로 중국 사람들이 따라올 바가 아니다. 그러나 다만 존숭하여 받드는 것이 귀한줄만 알고 그 經義의 의심되고 논란되는 점에 대해서는 그저 부화뇌동하여 한결같이 엄호하기만 하고 사람의 입을 막으려고만 하니 이는 鄕原의 마음으로 주자를 바라보는 것이다."

정학正學을 붙들고 사설邪說을 물리치며, 인仁으로 세상을 구제하고 명
철明哲함으로써 몸을 보전하는 이러한 자가 유문儒門에서 말하는 현자
賢者이다.

고 하자 실옹은 웃으며

나는 네가 도술道術에 미혹되었음을 정말 알겠다. 슬프다. 도술이 없
어진 지도 오래이다. 공자가 죽으니 제자諸子들이 공자의 뜻을 어지럽
혔고, 주자가 죽으니 제유諸儒가 주자의 뜻을 어지럽혔다. 그 업적은 높
이면서 그 진리는 잊었고, 그 말을 익히면서 그 본의는 잃었구나. 정학
을 붙든다 하지만 실은 자랑하려는 마음에서 말미암고, 사설을 물리친
다 하지만 실은 이기려는 마음에서 말미암았으며 세상을 구제한다는
그 인仁이란 실은 권력을 유지하려는 마음에서 말미암았고, 몸을 보전
한다는 그 명철함이란 실은 이익을 보려는 마음에서 말미암았다. 이 네
가지 마음이 서로 다르니, 참뜻은 날로 없어지고 온 천하는 물흐르는
듯이 날로 허망에로 치닫는도다.[32]

라고 통박하였다. 또한 홍대용은 수학·천문학 등의 자연 과학에 힘을
기울이며 실심實心으로 실학함을 강조하면서도, 의리義理·경제經濟·
사장詞章이라는 학문의 세 영역 가운데 어느 하나도 빠뜨릴 수 없으
며, 또한 의리학이 학문의 근본이라고 밝혀 유학의 본말을 명확히 인
식하고 있음을 보여주었다.[33]

---

**32** 『담헌서』 내집 권 3. 補遺, 「毉山問答」 "虛子曰 崇周孔之業 習程朱之言 扶正學斥邪
說 仁以救世 哲以保身 此儒門所謂賢者也 實翁昂然而笑曰 吾固知爾有道術之惑 嗚
呼哀哉 道術之亡久矣 孔子之喪諸子亂之 朱門之末諸儒汨之 崇其業而忘其眞 習其
言而失其意 正學之扶 實由矜心 邪說之斥實由勝心 救世之仁 實由權心 保身之哲 實
由利心 四心相仍 眞意日亡 天下滔滔日趨於虛."

김정희 초상

김정희金正喜(1786~1856)는 학문에서 가장 중요한 것으로 공소空疎
한 방법이나 선입견을 배격하여 '실사구시實事求是'를 강조하고,[34] 노

---

**33** 같은 책, 외집 권 7, 燕記,「吳彭問答」 "學有三等 有義理之學 有經濟之學 有詞章之
學, …… 學分三等 世儒之陋見 舍義理則經濟淪於功利 而詞章泆於浮藻 何足以言學
且無經濟則義理無所措 無詞章則義理無所見 要之 三者舍一 不足以言學 而義理非
其本乎."

장老莊이나 선불禪佛이 실사구시에 배치되지만 송유宋儒의 도학이 이를 회복하였다고 본다. 그는 유학을 저택에 비유하였을 때, 주인은 그 당실堂室에 거처하지만 대문과 정원을 거쳐야 당실에 오를 수 있다는 구체적 단계를 지적하여, 한대의 훈고학은 대문과 정원에 견주고 송대의 성리학을 당실에 견주어, 대문과 정원을 거쳐야만 당실에 오르는 것처럼, 훈고학을 거쳐서 성리학에 들어가야 한다는 방법적 단계를 제시하였다. 따라서 학문하는 방법은 한학과 송학을 대립시키거나 학파의 대립을 비교하는 것에 목표가 있는 것이 아니라, 평심정기平心靜氣와 박학독행博學篤行의 태도로 실사구시를 실천함이 옳다는 것이다.[35]

위에서 살펴본 조선 후기의 실학파 인물들에게서 나타난 학문의 성격을 종합한다면 다음의 몇가지로 요약할 수 있겠다. 첫째, 실용적 관심이다. 정덕론正德論을 거부한 것이 아니라 주자학파에서 등한시되었던 이용·후생론에의 집중적 관심은 현실 생활에 직결되는 것이었다.[36] 이러한 면에서 실학이 근대적 문화 조류의 성격과 일치하고 있는 것이다. 둘째, 비판적 정신이다. 권위화된 이념에 구속되는 것을 벗어나 자율적인 관점에서 자유로운 탐구의 의지를 존중하고, 따라서 합리성을 넘어 폐쇄적 권위나 관습화된 사회의 모순을 날카롭게 비판함으로써 실학적인 영역을 개척하였다. 셋째, 실증적 방법이다. 성리학의 형이상학적 체계에서 전개된 사변철학적 경향을 떠나서, 객관적인 현실의 문제는 경험적이고 실증적인 증명을 요구하였다. 청조 고증학풍의 영향은 경전의 연구를 비롯한 역사·지리·제도에 관한 연구

---

**34** 『완당집』 권1, 「實事求是說」 "漢書 河間獻王傳云 實事求是 此語乃學門最要之道 若不實以事 而但以空疎之術爲便 不求其是 而但以先入之言爲主 其于聖賢之道 未有不背而馳者也."

**35** 『완당집』 권1, 「실사구시설」 "爲學之道 不必分漢宋之界 不必較鄭王程朱之短長 不必爭朱陸薛王之門戶 但平心靜氣 博學篤行 專主實事求是一語行之可矣."

**36** 『연암집』 권11, 「熱河日記」, 〈渡江錄〉 "利用然後 可以厚生 厚生然後 正其德矣."

의 실증적 태도에 나타났다. 넷째, 개방된 태도이다. 실학파의 인물들
은 그 시대의 모든 학술을 자유롭고 개방적인 자세로 이해하고 수용
하였다. 양명학·고증학·서학을 비롯한 불교·노장에 이르기까지 폭
넓은 관심을 보임으로써 주자학 일변도의 정통주의를 횡적으로 확대
시켰다. 다섯째, 주체적 관점이다. 실학의 발생은 조선 사회의 현실
문제가 긴박하게 부딪쳐 왔던 상황이었고, 따라서 자기 발견의 자각
적이고 자주적인 관점 위에 서게 되었다. 조선의 현실에 입각한 제도
의 문제에 대한 관심은 조선의 역사·지리·언어·사회·경제에 관한
관심을 고조시켰으며, 여기에 민족의식이 구체화될 수 있는 기초가
마련되었던 것이다.

　실학파의 발생과 전개 과정에서, 실학사상은 이미 주자학파에서 확
립되었으나 실질적으로 조선 후기 실학파의 독립적인 영역을 개척한
인물을 반계 유형원으로 꼽고 있다.[37] 유형원 이후 그를 사숙한 이익을
통하여 성호학파星湖學派라는 한 학파가 형성되는 과정에 실학파의 뚜
렷한 경향이 토지제도와 관료제도의 개혁을 통하여 사회와 경제 질서
의 회복을 추구하는 후생론厚生論이 제기되었다. 유형원이『주례』의
이상적 질서를 재현하는 사회사상을 전개한 것이라든지, 이익이『곽우
록藿憂錄』에서 제시한 사회 제도의 개혁 문제는 농업 사회에서 토지
겸병으로 일어나는 현실적 폐단을 토지제도의 개혁을 출발점으로 하
여 제도적으로 막아 농민 대중의 생활 안정과 이를 통한 국가 경제 질
서의 확립을 추구한 것이다. 또한 청조 문물의 수용을 추구하는 북학론

[37] 정인보는 "조선 근고의 학술사를 綜系하여 보면, 반계가 一祖요, 성호가 二祖요,
다산이 三祖라"(『담원 정인보 전집』, 제2권, 연세대학교 출판부, 1983, 63쪽)하고,
천관우는 "반계가 한번 나옴으로써 실학은 學으로서의 존재가 확인되었고, 성호가
나옴으로써 실학은 학파로서의 존재가 확인되었고, 다산이 나옴으로써 실학은 시대
사조로서 대표적인 하나의 경향으로 존재가 확인되었다"(「실학의 선구─유형원」,
『조선실학의 개척자 10인』, 신구문화사, 1974. 15쪽)고 하였다.

박지원 초상

자北學論者의 홍대용·박지원·이덕무李德懋·유득공柳得恭·박제가朴
齊家 등은 당시 조선 사회에 산업 기술을 도입하고 상업과 무역 활동
을 촉진시킬 것을 주장하는 이용론利用論을 제시하였다. 이들의 청조
기행문인 『연행록燕行錄』에서는 청조의 융성한 문물을 소개하고 그 수
입 방법을 적극적으로 모색했다.[38]

---

**38** 북학파의 청조 견문록으로 대표적인 것은 다음과 같다.
　　홍대용 : 『燕記』(담헌서 외집 권7~10)
　　박지원 : 『열하일기』(『연암집』 권11~17)
　　박제가 : 『북학의』

18세기를 전후하여 청조의 고증학과 서양 문물이 활발하게 전래되고 따라서 학술이 다양화함으로써 이론적 체계화보다 잡다한 지식을 전달하는 방법으로서 백과사전적인 저술이 나타나게 되었다. 이수광의 『지봉유설芝峯類說』을 비롯하여 이익의 『성호사설星湖僿說』·안정복의 『잡동산이雜同散異』에서 이규경李圭景(1788~1856)의 『오주연문장전산고五洲衍文長箋散稿』에 이르기까지 지식의 대상 범위를 극대화하였고, 여기에 국학國學의 분야에서 전문적 저술이 쏟아져 나왔다. 안정복의 『동사강목東史綱目』·이긍익李肯翊의 『연려실기술燃藜室記述』·유득공의 『발해고渤海考』 등 한국 역사를 비롯하여, 이중환李重煥의 『택리지擇里志』·신경준申景濬의 『강계고疆界考』·정약용의 『강역고疆域考』·정상기鄭尙驥의 『동국지도東國地圖』·김정호金正浩의 『대동여지도大東輿地圖』 등 지리 서적, 신경준의 『훈민정음운해訓民正音韻解』·유희柳僖의 『언문지諺文志』 등의 국어에 관한 저술, 홍대용의 『주해수용籌解需用』·최한기崔漢綺의 『명남루총서明南樓叢書』 등 자연과학 저술로 나타났다. 실학파의 학술적 업적은 학문의 다변화·실용화·객관화·근대화를 지향하는 일대 진전을 이루었다.

실학파의 정신과 학풍은 19세기 후반에 이르러 서양의 무력적 침략과 더불어 닥쳐온 서양의 근대 문명과 접촉하였을 때보다 능동적으로 근대 지향의 조류에 적응하려는 움직임인 개화사상으로 연결되어, 전통사회와 근대사회를 연결하는 교량의 역할을 담당하였던 것으로 평가될 수 있다.


## 4. 西學의 전래와 그 영향

조선 전기의 문화가 융성하던 시대인 15~16세기의 서양은 중세의 봉건적 체제에서 탈피하여 절대 군주국을 세우고 있었다. 또한 이 시

대의 서양에서는 항해술이 발달하고 상업 자본이 육성되어, 신대륙과
동방 항로의 발견을 통하여 무역과 식민지 개척이 활발히 진행되었다.
16세기 초부터 포르투갈 상인이 중국과 일본에 상륙하여 교역을 시작
하면서 서세동점西勢東漸의 역사적 물결은 중국 문화권의 동북 아시
아에까지 밀어닥치게 되었다. 한편 종교개혁이 일어난 뒤 천주교 교
단은 새로이 개척된 세계에 대한 전교를 통하여 교세의 확대를 도모
하고 있었다. 1540년에 창립된 예수회Jesuit Order는 특히 극동 지방의
전교를 담당하고 나옴으로써 유교 문화권과 서양 근대문화가 본격적
으로 접촉할 수 있는 계기를 제공하였다.

예수회의 마테오 릿치Matteo Ricci(1552~1610)가 1582년 광동廣東
에 도착한 후 한문으로 교리서와 세계 지리, 서양 과학 등에 관한 저
술을 발간하였다. 이를 기점으로 상당수의 천주교 선교사들이 명말청
초明末淸初에 걸쳐 서양의 사상과 학술을 중국에 소개하고, 중국사상
을 서양에 소개하는 활동을 통하여 근대 사상사의 벽두에 중요한 역
할을 수행하였다. 이들이 소개한 서양 문물은 천주교 교리를 비롯하
여 수학·천문학·지리·의학·측량술 및 기계·건축·병기에 관한 기
술에 이르기까지 르네상스Renaissance 시대의 서양 학술 전반에 걸친
것이었다. 이러한 서양 문물이 청조淸朝에 의하여 상당히 긍정적으로
수용됨으로써 북경北京의 사행使行을 통하여 조선의 지식인에게 점차
전파되어 갔다.

임진왜란을 전후하여 사신으로 명나라를 왕래하였던 이수광李睟光
(1563~1628)과 유몽인柳夢寅(1559~1623)은 마테오 릿치의 천주교 교
리서인 『천주실의天主實義』[39]를 조선에 소개하였다.[40] 또한 선조 36

---

**39** 1595년 南昌에서 초판이 간행되고, 1601, 1603년에 북경에서 수정 재판되었다.
   1604년에는 일본어로 번역되고 그 후 한글 번역도 나왔다.
**40** 이수광, 『芝峯類說』 권2, 외국, 〈구라파국〉조. 유몽인, 『於于野談』 참조.

년(1603)에 북경에 갔던 사신 이광정李光庭은 서양의 세계 지도를 전해 왔다. 이런 사실에서 서양에 관한 지식이 상당히 신속하게 조선에 전해졌음을 알 수 있으며 이 지도에 대한 이수광의 평가에서도 당시의 지식인에 비친 서양 학술에 대한 긍정적인 관심을 엿볼 수 있다.[41] 뒤따라 인조 9년(1631)에 정두원鄭斗源은 북경에 가서 서양인 육약한陸若漢(Johannes Rodrigues)을 만났고 그에게서 천리경千里鏡·자명종自鳴鐘·화포火砲 등과 『치력연기治曆緣起』·『직방외기職方外記』 등 천문·지리·역법·기계에 관한 서적을 얻어 가지고 돌아왔다. 또 호란 후 청나라에 인질로 갔던 소현세자昭顯世子가 북경에 머물고 있을 때 서양인 탕약망湯若望(Johannes Adam Shall)과 교유하고, 1644년 귀국하면서 천문학 등에 관한 서적을 받아 가지고 왔다.[42] 이러한 서양 학술의 전래 속에서 조선의 지식층은 특히 서양 역법에 관심을 기울여 김육金堉 등의 주장으로 인조 때부터 역관曆官을 청조에 파견하여 탕약망의 역학 서적을 구하고 이를 연구하여, 효종 4년(1653)에는 시헌력時憲曆을 시행하기에 이르렀다.[43]

이러한 서양의 과학 기술에 관한 지식이 수입됨과 동시에 천주교 교리에 대한 이해와 신앙이 서양 문물에 접촉이 많은 인물들 속에서 싹트기 시작하였다. 일찍이 허균許筠(1569~1618)은 1610년 명나라에 사신으로 가서 천주교의 기도문인 십이게十二偈를 얻어 왔다고 한다.[44]

41 『지봉유설』 권2, 외국, 〈萬曆癸卯〉조 "見其圖甚精巧 於西域特詳 以至中國地方 暨我東八道 日本六十州 地理 遠近大小 纖悉無遺."
42 박종홍, 「서구 사상의 도입 비판과 섭취」, 『아세아연구』, 통권 제20호, 1969. 18쪽. 이 논문에서는 정두원과 소현세자의 귀국시에 서양 학술서적과 더불어 천주교 교리서도 가지고 왔을 가능성을 추측하고 있다.
43 이능화, 『조선 기독교 급 외교사』 상권, 5쪽.
44 『연암집』 권2, 「答巡使書」 "偈 12장이 있으니, 허균이 중국에 사신을 갔다가 이 게를 가져온 것이다. 그러므로 邪學이 우리나라에 들어온 것은 대개 허균으로부터 시작된 것이다."

이를 근거로 학계 일부에서는 그를 우리나라 최초의 천주교도로 보기
도 한다. 그러나 유교 사회의 지식인은 쉽게 천주교로 개종하지는 않았
다. 허균 이후 천주교에 관한 지식은『천주실의』를 비롯한 관련 서적의
간단한 소개에 그쳤고 1644년 소현세자가 탕약망과 천주교 교리에 관
한 토론을 벌였으나 그 결과는 나타난 것이 없다.[45] 그 뒤 이이명李頤
命은 1720년 소림蘇霖(Joseph Saurez)·대진현戴進賢(Ignatius K gler)과
토론하였는데, 유교와 일치되는 부분에서만 천주교 교리를 승인할 뿐
이었다.[46] 이러한 가운데 조선조 사회에 대중 속에서 천주교 신도들이
출현한 사건을 찾아볼 수 있다. 숙종 12년(1686)과 영조 34년(1758)에
황해도 등지에서 천주교도들이 발생하여 제사를 폐지하는 행동으로까
지 나타났다.[47] 그러나 이들의 신앙활동은 조직과 교리에 대한 확고한
신념이 없던 초기의 대중 행위인 까닭에 쉽게 소멸되고 말았다.

정조 때에 이르러 천주교 신앙의 전파는 전혀 새로운 양상으로 나
타나게 되었다. 기호남인畿湖南人 계통의 일부 지식인들은 서학의 연
구에 정열을 기울이는 과정에 자연 과학에 관한 관심으로부터 점차
그 정신적 배경이 되는 천주교 신앙에 접근하게 되었고, 이에 따라 교
리의 연구와 신앙 활동을 조직화하게 되었다. 정조 초부터 이벽李蘗
(1754~1786)·권철신權哲身·권일신權日身·이가환李家煥·이승훈李承
薰·정약전丁若銓·정약종丁若鍾·정약용 등은 교리 연구를 위한 집회
를 갖기 시작하였고 이승훈이 정조 7년(1783) 북경에서 최초로 세례

---

**45** 이능화,『조선 기독교 급 외교사』상권, 51쪽.

**46** 李頤命,『疎齋集』권19.「與西洋人蘇霖戴進賢書」"대개 上帝를 마주 대하고 성품
의 원초를 회복하려 힘쓰는 것은 유교의 가르침과 비슷하여 크게 다른 것이 없으니,
노자의 淸淨이나 불교의 寂滅과 같은 차원에서 논할 바가 아니다. …… 그러나 천
주의 강생은 석가의 탄생과 비슷하고 지옥의 교설은 도리어 因果應報說을 취하니
어찌된 것인가. 생각건대, 이로써 천하를 바꾸기는 어려울 것이다."

**47** 이능화,『조선 기독교 급 외교사』상권, 52쪽.

를 받고 이듬해 돌아오자 이들은 천주교 북경 교회와 연결을 갖는 교회조직을 스스로 세우고 본격적인 천주교 의례儀禮를 실천하기 시작하였다.[48]

그러나 정조 9년(1785, 을사)에 형조에서의 천주교 집회가 적발되어 사회 문제가 되었고, 1787년 정약용 등 성균관 유생의 천주교 집회가 동료 유생들에 의하여 배척되고, 정조 15년(1791, 신해) 전라도 진산군珍山郡에 살던 선비 윤지충尹持忠・권상연權尙然이 제사를 폐하고 신주神主를 불사른 사건으로 말미암아 천주교 문제가 사회적・정치적・사상적 문제로 확대되기에 이르렀다.

이때 재상인 채제공蔡濟恭은 남인으로서 이들 천주교도와 가까운 관계로 문제를 확대하지 않으려 하였고 정조도 관대한 태도를 지켰으나 공식적으로 천주교는 사교邪敎요 이단으로 규정되고 엄격한 금교령禁敎令이 내려졌다. 이에 따라 천주교도의 신앙활동은 비록 지하로 내려갔으나 교세는 도리어 견고해지고 지식인으로부터 대중에게까지 확대되어 갔다. 정약종은 한글로 『주교요지主敎要旨』를 저술하여 전교의 교리서로 전파시켰고, 『천주실의』 등 한문 교리서가 한글로 번역되어 대중들에게 전파되었으며, 정하상丁夏祥은 『상재상서上宰相書』라는 글에서 천주교 호교론護敎論을 유교 사회에 제시하는 등 교리 이해의 심화가 진행되었다.

정하상은 「상재상서」에서, 천지 위에 주재가 있다는 것에 대하여 3가지 증거가 있다고 하면서, 그 첫째는 만물이요, 둘째는 양지良知요, 셋째는 성경聖經이라 하였다. 비유하자면 만물은 건축물의 자재와 같아서, 자재가 있다고 집이 되는 것이 아니라, 집이 되는 것은 대목이 있어서 만드는 것과 같이, 만물이 만물로서 제구실을 하게 되는 것은

---

48 류홍렬, 『한국천주교회사』, 1962, 78~91쪽.

정하상의 상재상서

주재자이며, 주재가 있음은 이 만물을 보고 안다고 하였다. 또 “양지
양능良知良能은 선천적으로 받은 바 가르치지 않아도 알고 배우지 않
아도 능하게 되는 대주재가 심두心頭에 있는 것이니 양지를 가지고
상주上主가 있음을 알게 된다”49고 하였다. 양명학에서 중시하는 양
지양능을 가지고 천주교의 교리를 설명하고 있는 것이 이채롭다.

또한 정조 18년(1794) 중국인 신부 주문모周文謨가 입국하여 전교
를 시작하고, 순조 1년(1801, 신유) 이래 사옥邪獄이 일어나 천주교도

---

**49** 정하상,「上宰相書」“何謂良知. 若夫白晝晦暝, 雷電相薄, 雖孩提, 便知奮畏, 瞠目累
足, 置身無地, 此可知賞罰善惡之大主宰印在心頭矣. 閭巷愚夫愚婦, 若遇蒼黃窘急之
勢, 悲痛冤恨之時, 必呼天主而告之. 此其本然之心, 秉彝之性, 有不得掩者. 故不敎
而知, 不學而能. 但不知何以事之而畏之則均然. 此以良知而有上帝也”(아세아문화
사 영인본, 6~7쪽)

가 무수히 처형당하는 수난을 당하면서도, 1831년 조선 교구가 설정되고 뒤이어 중국 신부인 유방제劉方濟를 비롯하여 모방(Pierre Philifert Maubant)·샤스탕(Jacques-Honore Chestan) 신부와 범세형范世亨(Laurent-Marie Joseph Imbert) 주교가 입국하는 등 조선 교회의 기반이 확충되어 갔다. 그러나 정부의 금교정책禁敎政策이 엄중하고 조선 사회의 지식인이나 일반 대중이 능동적으로 배척하는 태도를 견지함으로써 천주교도의 교세는 점차 지리멸렬한 상태에 빠졌으며 더구나 지식층의 이탈로 후기에 내려갈수록 교세는 침체되고 말았다.

정조 이후 천주교 신앙이 표면화되고 또 사회적인 문제로 커다란 물의를 일으켰던 사건을 전후하여 유교의 반응 양상은 조선 유학사의 중요한 측면을 보여준다. 이미 서양 문물과 함께 『천주실의』를 비롯한 천주교 교리서가 전래되기 시작하면서 이에 대한 유학자의 견해는 극히 예민하게 나타났다. 이수광은 지도나 증기선·화포 등 서양 기계·기술에 대해서는 그 우수성을 인정하면서도 『천주실의』에 대해서는 아무런 평가 없이 그 내용을 소개하는 데 그쳤다. 또한 이익은 서양의 천문학 등 과학 기술에 깊이 경탄하였고 탕약망의 시헌력이 정밀함에 감탄하여, 성인이 다시 나타나더라도 반드시 이를 따를 것이라고까지 하였다.[50] 그러나 그는 서양인의 과학 기술의 우수성을 인정하면서도, 천주교 교리에 관하여서는 유교의 신념에서 천당지옥설天堂地獄說과 천주天主의 강생降生에 대한 신앙을 환상적인 것으로 비판하고 있다.[51] 이익은 서양 문화를 과학 기술과 천주교 신앙으로 명확히 구분하여 인식하고 평가하였으며 그의 문하에서도 비판적인

---

[50] 『성호사설』 권2, 「天地門」, 〈曆象〉 "今行時憲曆 卽西洋人湯若望所造 於是乎曆道之極矣 日月交蝕 未有差謬 聖人復生 必從之矣."

[51] 『성호문집』 권55, 「跋天主實義」 "대개 중국은 실제의 자취를 말하므로 자취가 없어지면 어리석은 자도 믿지 않으나 서양은 환상의 자취를 말하므로 자취가 어지러우면 미혹된 자가 더욱 미혹된다."

관점에서 서학에 관한 진지한 연구 태도가 성행하였다.

이때 이익의 문인 가운데 주자학의 벽이단론闢異端論의 관점을 지켜 철저히 천주교 교리를 비판하는 계열과 서양과학에 대한 연구에 열중하는 계열로 나뉘어져 학풍의 구별이 일기 시작하였다. 신후담愼後聃·안정복을 비롯하여 천주교에 대한 비판적 관점을 지녔던 이들은 서양 과학에 관해서도 경계하는 태도를 보였다. 반면 권철신·이가환·이기양李基讓·이벽·이승훈·정약용 등은 서양의 과학 지식에 심취하여 점차 그 문화적 배경인 천주교 신앙에 대한 긍정적 이해와 연구로 나아가고, 마침내 신앙 운동의 주축을 이루는 데까지 이르게 되었다. 따라서 천주교 교리에 관한 논쟁은 일차적으로 이익의 문하인 성호학파 안에서 일어났던 것이다.

성호학파의 반서학적反西學的 인물인 신후담은 23세 때(1724)에 서학 배척의 신념으로 『서학변西學辨』이라는 체계적인 비판서를 저술하였다. 그는 여기서 당시에 전파되었던 한문 교리서인 『천주실의』·『영언려작靈言蠡勺』[52]·『직방외기職方外記』[53]를 조목에 따라 정밀한 비판을 가하였다. 신후담은 이 비판에서 천주교 교리의 기본 문제로서 ① 천주의 문제, ② 영혼의 문제, ③ 천당·지옥의 문제를 중점적인 비판 대상으로 삼았다. 그는 천주가 천지를 창조하고 주재하며 만물을 양육한다는 교리에 대하여 천주가 유교의 상제上帝에 가까우며 천지를 주재하고 만물을 양육하는 것은 인정될 수 있지만, 창조한다는 것은 근거가 없다고 부정하였다. 태극太極에서 음과 양의 양의兩儀가 나와 천지가 이루어지는 성리학의 생성론生成論에 따르면, 상제는 곧 형이상形而上의 도道인 태극과 형이하의 기器인 음양이 어울려 전개된 이후에 그 속에서 주재하는 것이므로 천지의 창조가 천주라는 개

---

52 畢方濟(Francesco Sambiaso)의 저술.
53 艾儒略(Julius Aleni)의 저술.

별적 존재의 의지에 따라 일정한 시간에 이루어질 수는 없는 것이라 주장하였다.[54]

또한 『영언려작』에서 서술된 스콜라Scola 철학의 영혼론에서는 영혼이 자립적인 존재요, 육신과 분리될 수 있으며 소멸하지 않는 것이라 하였다. 이에 대하여 성리학의 귀신·혼백의 개념에 따라 혼이란 형체에 의거하여 존재하고 형체와 함께 소멸하는 것임을 재확인하고, 인간의 혼이 신령스러운 것은 단지 인간이 부여받은 기질이 가장 우수한 것임에 지나지 않음을 확인하였다.[55] 이러한 비판은 천주교 교리의 체계에 대하여 성리학의 논리로 분석하고 반박한 것으로서 동서 사상의 접촉점에서 일어난 날카로운 철학적 논쟁의 양상을 드러내고 있다. 나아가 죽음 이후에 선악善惡에 대한 화복禍福이 따르고 천당과 지옥의 사후 세계가 주어진다는 신앙에 대하여 이를 불교의 변형 내지 아류亞流로 배척하였다. 이미 주자학의 불교에 대한 벽이단론에서 천당지옥설이 비판되었으며 신후담 역시 이를 따라 합리성을 초월한 인격신人格神에 대한 신앙을 거부하고, 이치에 순응할 때 복이 오고, 이치를 거스를 때 화를 입는다는 합리적인 윤리 규범을 제시하였다.[56]

안정복은 1758년 이익에게 올린 편지에서 귀신론을 제기하여 유교·불교·천주교의 귀신·영혼에 관한 개념을 비교하고[57] 성리학의

---

54 『闢衛編』 권1, 「愼遯窩西學辨」 "천지는 태극의 眞에 근원하고 양의의 實에서 이루어지는 것일 따름이다. 이른바 상제는 천지가 형성된 다음에 그 사이에서 주재하는 것이요, 道와 器를 합하여 이름한 것이다. 마치 사람이 태어난 후에 곧 마음이 신체를 주재하는 것이요, 이 마음이 신체를 만들 수는 없는 것과 같으니 상제가 천지를 주재할지라도 어찌 천지를 창조하는 이치가 있겠는가."

55 위와 같음 "魂者 乃依於形而爲有 形旣亡則消散而歸於無者也 …… 此魂也 但萬物之中 人稟天地之秀氣 故其魂比物爲靈矣."

56 위와 같음 "順理者 自當獲福 逆理者 自當遇禍 豈謂上帝 一一下降於人也."

57 『順菴集』 권2, 「上星湖先生書 別紙」 "유교에서는 기운이 모이면 생겨나고 흩어지면 죽어서 無로 돌아간다 하고, 천주교에서는 기운이 모여 사람이 되고 그 다음

관점에서 불교와 천주교의 영혼 불멸설을 거부하였다. 정조 8년(1784)에 권철신에게 주는 편지에서 천당·지옥·마귀·재소齋素, 군신·부자·부부의 인륜을 무시하는 점, 십계十戒 또는 칠계七戒·사행四行, 또는 사대四大 등을 예로 들면서, 천주교와 불교가 공통됨을 논하고 불교와 동일하게 배척하였다.[58] 또한 1785년『천학고天學考』와『천학문답天學問答』을 저술하여 천주교에 대한 배척 태도를 밝힘으로써 유교의 벽이단론을 계승하였다. 이밖에 천주교 교리에 대한 비판 이론은 박지원이나 홍양호洪良浩의 경우에 중국 학자와의 토론에서도 나타나고 있으며,[59] 이헌경李獻慶의『천학문답』이나 이규경의『척사교변증설斥邪教辨證說』, 홍정하洪正夏의『증의요지證疑要旨』등의 저술에서도 찾아볼 수 있다. 이러한 이론적 비판과 배척의 태도는 주로 천주교 신앙운동이 사회 문제화하기 이전에 활발히 전개되었다. 이 비판 이론은 천주교 교리의 본질을 정확히 파악하였다거나 이를 통하여 유학의 새로운 논리를 개발하였다고는 볼 수 없다. 그러나 기독교 신앙이라는 이질문화 체계가 유교적 전통 질서에 위협적인 것임을 예리하게 파악하였고, 이 비판을 통하여 유교사회가 갖는 유교사상에 대한 신념과 자기방어 의식의 깊이를 심화시키고 발휘하였다는 점에서 이 천주교 비판론이 유학사상사에 중요한 의미를 갖는 것이다.

정조 11년(1787)의 반촌泮村(성균관 근처의 마을)에서 이승훈·정약용 등이 천주교 교리 연구를 위한 집회를 열었던 것을 홍낙안洪樂安·이기경李基慶 등이 규탄하였던 사건을 계기로 공개되었고, 정조 15년(1791)에 윤지충·권상연의 제사 폐지 사건으로 천주교 신앙 문제가

---

따로 일종의 영혼이 있어서 소멸하지 않고 영원히 존재한다 하며, 불교에서는 사람이 죽어 귀신이 되고 귀신이 다시 사람이 되어 끝없이 윤회한다고 한다."
**58** 『순암집』권6. 「答權旣明」
**59** 『연암집』권14. 『열하일기』, 「鵠汀筆談」 참조.

정치적 문제로 확대되어 정부는 공식적인 금교령을 내리고 홍문관弘
文館에 소장하고 있던 서양 관계 서적을 소각하며(1791), 가정에서 서
학 서적의 소장을 금지하는(1791) 등 금교정책을 강화하였다. 이때 관
료 지식인들 사이에 사교를 배척하는 상소나 특정 인물을 사교도로
탄핵하는 상소가 계속됨으로써 정치 세력의 변동을 일으키는 데까지
나아갔다. 급기야 순조 1년(1801) 신해사옥辛亥邪獄을 계기로 정조 때
활동하던 남인시파南人時派의 인물들은 사학邪學의 죄목으로 제거되
었다. 정부의 강경한 천주교 억제는 전통 사회 질서의 안정이라는 구
실을 갖고 있었지만, 역률逆律로 다스리는 형벌에 의한 탄압 일변도
의 정책은 천주교 교리에 대한 이론적 비판조차 시들게 하였고, 서학
의 과학 기술의 영역에 대한 객관적 연구도 외면하는 폐쇄적 분위기
를 초래하고 말았다.

또한 정부의 억압 정책에 대해 지하로 숨어 들었다. 천주교도는 정
부에 대한 저항의식을 고취하였다. 황사영黃嗣永은 청조淸朝 황제의
힘을 빌어 신앙 활동의 승인을 받거나, 서양 군함과 무력을 끌어들여
정부를 굴복시켜 줄 것을 청원하는 백서帛書를 중국 천주교회에 보내
려다가 발각되는 사건을 일으켰다.[60] 이러한 반국가적인 행동은 정부
가 천주교도에 대한 억압적인 태도를 더욱 강화하게 만들었고, 주문
모를 비롯한 외국 신부의 출현은 문제를 국제적인 관계로 확대시켰다.
황사영의 백서 사건 이후 청조에 토사주문討邪奏文을 올리지 않을 수
없었으며, 국가적 위기의식이 일어나게 되어 순조 1년(1801)에는 「토
역반교문討逆頒敎文」을 국민에게 반포하고, 헌종 5년(1839)에는 「척사
윤음斥邪綸音」을 내려 국민에서 호소, 국론의 안정을 도모하기에 이
르렀다.

---

60 『闢衛編』 권5. 「黃嗣永帛書」 참조.

이러한 천주교 신앙의 문제는 19세기 초엽부터 조선 정부가 직면한 국내외적으로 가장 어려운 문제로 부각되었다. 이리하여 오가작통법 五家作統法을 시행하는 등 정부의 정치 권력을 총동원한 억제 정책과 유학자들의 배척 태도 및 이에 따른 일반 대중의 적대감 내지 무관심 으로 천주교도의 세력을 억압하는 데 일차적인 성공을 거두었다고 볼 수 있다. 그러나 천주교 신앙에 대한 정치적 억압이 곧 유교사상의 견 고화나 대중적 확립을 의미하는 것은 아니었다. 유학자들의 이론적인 연구와 비판이 심화되어야 한다는 요구가 절실하였다.

여기서 19세기 중엽에 화서華西 이항로李恒老(1792~1868)가 15개 조목으로 천주교와 유교의 교리를 비교하여 천주교를 비판하는『벽사 록변闢邪錄辨(1863)』을 저술하기까지, 유교 이념을 옹호하고 천주교를 이단으로 배척하는 척사위정론斥邪衛正論은 사상적·종교적 양상으로 지속되었다. 1840년대부터 서양 군함이 한반도의 해안에 출몰하고 1860년대에는 무력적 침략이 일어나면서 19세기 후반에 대두된 군사 적 위협에 대한 '척양론斥洋論'은 사상적인 척사론과 정치사에서는 연결되지만, 사상사에서는 구분되어 이해되어야 할 것이다.

18세기 후반에 격렬한 사회 문제를 일으켰던 천주교 신앙은, 유교 의 이론 체계 속에 큰 비중을 갖지 못하였던 절대자에 대한 의존 감 정이나 죽음 이후의 세계에 대한 문제를 교리의 표면에 갖추고 있으 므로 불교와 동일시되는 비판을 당하면서도 대중 속에 쉽게 침투할 수 있는 잠재력을 지녔다. 또한 천주교 교리의 배경을 이룬 서양의 과 학 기술은 처음부터 지식인의 적극적인 관심을 불러 일으킬 수 있었 다. 이러한 대중적 요인이나 전문적 요인과 병행하여 조선 후기에 정 치적으로 침체된 사회 풍토를 벗어나기 위하여 그 해결책을 보다 넓 은 영역에서 찾으려는 사회 내면적 요구가 주자학의 정통성을 넘어서 실학적 학풍으로 나타났다.

이때 서학은 실학파에게 상당한 영향을 미쳐 서양의 과학 기술에 관한 지식은 이용후생론 속에 능동적으로 수용되었고, 성호학파의 일부에게는 과학 기술뿐만 아니라, 천주교 교리도 긍정적으로 이해되었다. 특히 정약용의 경학사상에서는 천주교 교리의 정신이 유교경전 해석의 새로운 개발을 추구하는 데 받아들여지고 있다. 또한 서양 문화의 사회적 측면인 남녀관 내지 계급관은 천주교도의 신앙운동 속에 수용되어 전통사회의 기본질서에 새로운 변동 요인을 일으켰던 것도 가볍게 볼 수 없다.

정약용 초상

따라서 서학은 조선 사회에서 표면적인 배척과 비판을 받으면서도 심층적으로 조선 사회의 전통 질서를 동요시켰고, 근대로 넘어가는 중간 과정에서 유학사상에 시금석試金石으로서의 구실을 하였다고 평가할 수 있다.


## 5. 조선 말기의 정세와 자주정신

서세동점西勢東漸의 근대적인 역사적 상황은 서양 과학과 기독교 신앙이라는 문화적·종교적 양상에서, 서양의 근대 자본주의의 성장에 따른 제국주의적 식민지 확대를 위한 군사적·정치적 양상으로 변모하기 시작하였다. 19세기 후반에 이르러 한반도에 서양의 무력 침략이 초래한 사상적 반응 양상과 그 결과를 이해하기 위해서는 조선 말기의 국내 정치적 상황을 검토해 볼 필요가 있다.

영조·정조 대의 문화적 중흥을 고비로 순조가 어린 나이에 즉위하자 정치적 권력은 김조순金祖淳 일족의 안동김씨에게로 돌아갔고, 헌종 대에는 풍양조씨豊壤趙氏를 거쳐, 철종 때에는 다시 안동김씨에게로 옮겨 가는 세도정치가 지속되었다. 그 결과 정치 권력은 국가의 공적 기능을 다하지 못하고 문벌에 의해 거의 사유물화되면서 국왕의 권위나 사림士林의 비판적 견제력, 그리고 관료의 기강이 크게 흔들리면서 사회적인 동요가 일어나기 시작하였다. 경제적인 혼란과 관료의 부패로 백성의 생활이 도탄에 빠지자 순조 11년(1811) 홍경래洪景來의 반란이 있었거니와, 민심의 동요는 부패 관료에 대한 항거로서, 철종 13년(1862) 진주민란晉州民亂을 비롯하여 전국 각지에서 민란이 계속적으로 일어났다. 유교를 통치이념으로 추구해 왔던 조선 정부가 이미 유교정신을 망각하고 부패한 권세가에 좌우되어 민중을 위한 정치이념을 실현하지 못하고 있을 때, 기독교 신앙이나 동학東學의 전파에 상당수의 대중들이 귀의하자 사회적인 분열과 불안정은 더욱 가속되었다. 19세기 후반은 이미 조선조 사회가 정치적으로 붕괴하는 과정에 있었으며 오히려 그것을 지탱할 수 있는 힘을 세력가들에 대해 비판적인 관점에 있는 사림 계층과 농민 대중의 전통 질서에 대한 집착에서 찾음으로써 더욱 폐쇄화·보수화되어 갔다. 이때 서학의 문화적 전래에 뒤따라 서양의 군사력이 한반도 해안에 밀어닥치자 국가적 위기의식은 절박하게 감지되었다.

고종의 즉위(1863)와 함께 흥선대원군興宣大院君(1820~1898)이 집권하면서 척족세력을 물리치고 왕권을 강화하며, 국내적 제도의 개혁을 추구하고자 하였다. 병인양요(1866)와 신미양요(1871)가 거듭 일어나자 국가의 존망을 걸고 서양의 침략을 격퇴하였으나 서양에 대한 적대감의 고조와 더불어 배타적인 폐쇄정책은 격변하는 역사의 조류를 외면하는 결과를 낳았다. 급류를 피하여 강 밖으로 물러나 한 때의 난파는 면하였다고는 하나 더욱 세차게 밀어닥치는 물결 앞에서 자기를 가늠하고 지킬 수 있는 능력을 상실하고 표류하는 형세가 되었고, 마침내 조선조의 멸망과 일본 제국주의에 의한 식민지화라는 침몰을 당하게 되었다. 이러한 시대사의 난국에 처하여 민족의 존속을 위한 마지막 안간힘을 발휘하였던 정신적 기반으로서, 유교적 의리정신을 발휘하였던 조선 말기의 의리학자의 정신과 역할과 그 의의를 주시하고 깊이 이해할 필요가 있다.

삼국시대 이래 충忠·효孝의 규범으로 한국사상의 전통을 이루어 왔던 유교는, 특히 주자학 즉, 도학의 발전과 더불어 '충'의 사회적 실현을 통하여 역사의 부정적·불법적 국면에서 이를 비판·거부하고, 정의를 주장·추구하는 의리정신으로서 강력히 대두되고 연면히 계승되어 왔다. 사실상 이론적이고 철학적인 영역인 성리학의 발달도 실천적이고 윤리적인 의리정신의 근거를 밝히는 것으로 연결되었으며, 형식과 절차를 중시하는 예학도 의리정신에 입각한 규범의 객관화를 추구한 것이었다. 따라서 정몽주의 충절이나 사육신의 절의, 조헌趙憲과 척화斥和 삼학사三學士의 항의抗義로 이어오는 의리정신은 조선 유학사의 정화精華로서 인정될 것이다.

조선 말기에 이르러, 전통 사회가 서양 문물과 접촉하는 과정에서 새로운 문물의 이질감에 대해 강렬하게 거부 반응을 보였다. 서양의 질서가 전통 사회의 질서와 상위相違할 뿐 아니라, 서양 세력이 가진 파괴적이고 위협적인 힘을 극도로 경계하였다. 서양의 문물이 의리가 아니라 이익을 추구하는 반의리적인 것이요, 따라서 정도正道를 배반하는 사도邪道의 파괴적 세력으로 인식되었던 것이다. 서양의 과학기술이 제공하는 물질적 효능이나 편리도 그것이 윤리와 독립되어 객관적 사실이나 공리로서 체계화될 수 있는 것이라면, 이러한 공리적 가치는 의리에 비하여 열등한 것이요, 따라서 의리의 지배를 받아야만 한다는 것이다. 더구나 서양적 질서가 군신·부자·부부 등의 인간 관계에서 유교적인 전통 질서와 다른 형식을 제시하고, 나아가 이를 거부하는 태도를 보이게 되자, 이러한 서양문화는 동양의 전통 질서를 파괴하는 멸륜난상滅倫亂常의 사악邪惡으로 받아들여지지 않을 수 없었다.

이처럼 의리정신에 입각하여 이질적인 서양 문화에 대해 비판하고 배척하는 것은 전통 문화의 자기 보존 의지 내지 주체적 자주의식으로 표현되었다. 또한 서양 세력의 침투 형태도 초기의 문화적 충격에서 뒤따라 무력적 위협으로 변모하여 갔고 이에 대한 의리정신의 저항 형태도 세 가지 단계로 변모하였음을 볼 수 있다.

제1기는 정조 때의 척사론斥邪論으로부터 고종 초기의 척양론斥洋論에 이르기까지이다. 이 시기에는 전통 질서를 옹호하기 위하여 서양 문물을 배척하는 데 정부와 유림儒林의 견해가 일치하였다. 천주교도에 대한 억압적 정책이나 병인·신미양요 당시 군사적 방어에서 상당한 성공을 거둘 수 있었던 힘은 정부와 유림 및 대중에 이르기까지 전통적인 의리정신과 가치관으로 일체화되었던 데서 나왔던 것이다. 물론 외세에 대한 이러한 폐쇄적인 배척 태도를 쇄국적이고 보수적인 반동적 정책이었다고 평가할 수도 있다. 그러나 전통과 정통을 지키려는 신념과 의지는, 물질적 세력으로 하나의 통일된 전통 문화를 파괴하려는 침략성에 대하여 항거함으로써, 전통 사회를 유지하는 기반을 이루었다고 하겠다. 다음으로는 천주교의 교리를 금수禽獸의 도로 규정짓고 윤리적으로 비판을 가하였으며, 또 "서양 오랑캐가 침범하니 싸우지 않는다면 화평하는 것이요, 화평하기를 주장하는 것은 나라를 파는 것이다(洋夷侵犯 非戰則和 主和賣國)"고 하여 국론을 하나로 귀결시켰던 태도의 정신적 근거에는 유교적 의리사상이 자리잡고 있음을 볼 수 있다. 또한 여기에서 의리정신은 민족의 자주정신과 자존의식으로 구현되고 있음을 보게 된다.

제2기는 문호개방과 경장정책更張政策이 정부에 의하여 시행되었던 시기이다. 이 시기에는 정부의 현실 정책에 대하여 유림이 의리정신으로 반박함으로써 수호개화修好開化와 척외수구斥外守舊로 국론이 분열되어 갈등을 일으키는 양상을 보여 주었다. 대원군의 실각失脚과 운양호雲揚號 사건을 계기로 서양식의 근대적 무력을 갖춘 일본의 위협 앞에서 통상을 강요당한 나머지 불평등한 병자수호조약(1876)을 체결하였고, 이에 따라 외국에 대하여 문호를 열어 개항開港을 하게 되었던 것이다. 뒤따라 구미歐美 각국과 수교를 맺음으로써 정부는 서양을 승인하고 그 문물의 수입을 허용하였으니, 결국 제1기의 거부·배척 태도는 도입·수용의 자세로 급선회를 하게 되었다.

그러나 이 때에는 일본·청淸 및 러시아를 비롯한 구미 각국이 군사적·경제적으로 침투하여 조선왕조의 자주성에 심각한 위협을 가해 왔다. 이러한 상황에 직면하여 정부는 서양의 현실적인 힘 앞에 자기 방어의 방법은 서양 문물의 도입임을 인정하였고 또한 조선 후기에 성장하여 왔던 실학사상은 개화정신으로 연결됨으로써 정부의 지원을

받는 개화론이 등장하게 되었다. 그러나 개화운동이 자주적인 의지에
서 출발하였다 하더라도 외국 세력의 전방위적인 침투를 감당할 수
없어 마침내 특정한 외국 세력과 연결되었고 본래의 자주의식에 근본
적인 동요를 일으켰다. 이러한 혼란기에 전통 질서의 붕괴를 막고 자
주성을 지키기 위한 의지를 순수하게 유지하였던 주체는 의리정신을
굳게 지키는 유림이었다. 청나라 세력이 한반도에서 일본과 충돌하였
을 때 친청親淸 수구파와 친일親日 개화파로 국론이 분열·대립하였
고, 이미 의리정신에 입각한 유림은 정치적 주도권으로부터 거의 밀
려났으나, 척왜론斥倭論의 주장은 일본의 제국주의적 침략성을 간파
하고 이를 규탄하는 대중의 의사를 대변하는 것이고, 민족 자주를 수
호하려는 것으로서 그 기능을 담당했다고 하겠다.

　제3기는 일본 제국주의가 침략 정책을 표면화하여 을사늑약乙巳勒
約(1905)으로 조선을 보호국으로 삼고, 한일합방(1910)으로 조선왕조
를 식민지화한 시기였다. 이 때의 개화와 수구의 대립은 자주를 위한
방법으로서의 명분을 모두 잃어버리고, 친일파의 실리주의와 항일파
抗日派의 독립운동으로 대립되었다. 국가의 멸망 과정에서 집권층은
개화나 자주에 대한 신념과는 관련이 없이 권력만을 추구하는 인물로
구성되었고, 개화 독립파나 수구 의리파는 의리정신을 넘어 민족 정
신으로 발전되어 민족의 독립을 위한 항일 운동에 공동의 전선을 형
성하게 되었다. 물론 의리학파의 유학자는 개화 독립파가 될 수 없고
주로 항일 수구파에 속한 것은 사실이지만, 이들이 추구하던 이념은
단순한 보수주의 내지 폐쇄주의가 아니라 자주성과 전통성에 있었음
은 이들의 민족의식을 통하여 구체화되었던 것이다. 특히 일본이 우
리나라를 병탄한 이후 항일 의병운동이나 독립운동을 통하여, 의리학
파의 척양론 속에 묻혀 있던 폐쇄적 요소는 의리정신의 본질을 해치
지 않고 떨어져 나가게 되었던 점에서 의리학파의 본질적 이념과 근
거를 다시금 확인할 수 있다.

　조선 유학의 주자학적 전통은 특히 의리정신을 통하여 사림士林의
가치관과 정치의 기강 내지 사회 윤리의 근거를 이루었다. 의리정신
은 집권 관료층의 실리주의를 비판하는 가치 기준으로서 생동하는 윤
리 규범을 이루어 왔다. 유학자들 속에도 의리를 저버리고 권력에 결
탁하거나 사욕에 사로잡혀 횡포와 부패를 일삼았던 속유俗儒들이 없
었던 것은 아니다. 그러나 이러한 세속주의를 경멸하며 권력이나 이
욕의 위협이나 유혹을 거부하고, 나아가 정책 결정을 통해 역사의 방
향을 바로잡거나 대중 교화를 통해 사회의 풍속을 순환하는 데 있어,
모든 정신적 근거를 의리사상 위에서 수립한 의리학파의 주장과 신념
은 민족정신의 핵심을 이루었다고 할 수 있다. 나아가 조선 말기에 외
국 세력의 무력적 위협과 침략으로 국가 존립의 위기를 맞은 절박한
상황에서 어떠한 타협이나 굴욕을 거부하고 항쟁하던 의리학파의 행
동은 곧 민족의식으로 연결되는 것이다. 근대적 정신으로서의 능동적
역할도 충분히 평가되어야 할 것이다.
　조선 말기에 의리정신을 구현하였던 인물들을 보면, 제1기에는 거
의 모든 유학자들이 척사위정을 주장하고 벽이단론闢異端論을 통하여
의리정신을 고취하였다고 할 수 있다. 그러나 그 가운데서 특히 조선
조 유학의 정통을 이루는 의리학파의 중심 인물 이항로·기정진奇正
鎭(1798~1879) 등을 통하여 척양斥洋·척왜斥倭의 척사론적 의리정신
을 엿볼 수 있다. 이항로는 『벽사록변闢邪錄辨』을 통하여 천주교 신
앙을 비판하였으며 저들의 전교 활동이 침략 정책에 선행하는 것으로
지적하였다.[61] 또한 그는 병인년(고종 3년: 1866)에 올린 상소에서 서

---

61 『日省錄』, 고종 3년 10월 3일, 「護軍李恒老疏陳時務」 "서양인들이 우리나라에 들
　어와 邪學을 전파하는 이유는 다른 곳에 있는 것이 아니라 자기 동정자들을 구하고,
　그들과 表裏相應하여 우리나라의 허실을 정탐한 뒤 군대를 이끌고 들어와 아름다
　운 우리의 풍속을 진흙탕 속에 쓸어 넣고 우리의 재물을 약탈해서 자기의 한량 없는
　탐욕을 채우려는 데 있습니다."

양의 적과 화평을 논하는 자는 적의 편이라 규정하는 주전론主戰論을
내세웠으며, 서양의 무력적 위협에는 싸움으로 지키는 길만이 나라를
지키는 방법이라 주장하여, 정부가 피란을 하여 민심을 동요시키지
말 것을 요구하였다. 기정진도 척사소斥邪疏를 올려 수호 통상을 반
대하고 서양 물건을 찾아내어 거리에서 불태우도록 요구하며, 서양과
의 단절을 주장하였다.[62] 이러한 의리학파의 시대 상황의 시국관이나
배타적인 자주론은 제2기에 들어 이항로의 제자인 김평묵金平默·류
중교柳重敎·최익현崔益鉉 등에 의하여 전승되고 확대되었다. 이항로
의 척사론은 전통 윤리의 의리만 알고 역사의 대세를 파악하지 못하
였던 보수주의자의 폐쇄적 주장으로 단정될 수도 있다. 그러나 그의
의리정신은 객관성을 잃지 않았으니, 서양 세력에 숨어 있는 제국주
의적인 침략적 본성을 날카롭게 파악하였으며, 무모한 자기 개방이
곧 자체 붕괴의 위험을 초래한다는 사실을 명백히 인식하고 있었던
것이다. 이러한 사실은 그 이후에 전개되었던 일련의 역사적 변천 과
정에서 구체적으로 입증되었음을 간과할 수 없다.

　이항로의 제자들인 제2기의 인물들도 초기에는 척양·척왜의 폐쇄
적인 방어 정책을 요구하는 상소를 올렸으나 개항 이후 외국 세력의
군사적·경제적 침략 앞에서 개화에 반대하는 수구보다 국가의 자주
를 주장하는 데로 나아가게 되었다. 최익현은 도끼를 들고 대궐 앞에
나가 올렸던 「척화의소斥和議疏」(1876)에서, 첫째, 우리가 세력이 약
한 상태에서는 일본과 화의하더라도 저들의 신의를 보장할 수 없으며,
저들의 욕구가 한정 없이 계속될 것이므로 개화가 고식적인 계책에

---

62 『일성록』, 고종 3년 8월 16일 「副護軍奇正鎭疏斥邪」 "만약 교통의 길이 한번 열리
　면 2~3년 이내에 전하의 백성은 서양화되지 않는 자가 거의 없을 것입니다. ……
　상인들이 감추고 있는 서양 물건을 찾아내서 거리에서 불태우고, 그 후로 무역하는
　자에 대하여서는 외적과 교통했다는 형률을 시행케 하소서."

최익현 초상

지나지 않는다는 점, 둘째, 교역을 하면 상대편의 공업 생산품과 우리
의 농산물과의 교류를 하게 될 것이고, 이러한 교역은 우리의 경제적
파탄을 일으키게 될 것이라는 점, 셋째, 일본이 겉으로는 왜倭이지만
실제는 양적洋賊이니, 이들과 교류하면 천주교가 들어와 백성들이 사
학邪學에 빠져 인륜이 무너지게 되리라는 점, 넷째, 왜인들이 상륙하
면 우리의 재물과 부녀를 짓밟겠지만 화평을 잃을까 두려워 막지 못
하게 되리라는 점, 다섯째, 병자호란 때의 굴욕적 화평은 그래도 청나
라가 중국의 법도를 따랐기에 우리가 나라를 보존할 수 있었으나 일
본은 재화만 알고 의리를 모르는 금수禽獸이므로 경우가 전혀 다르다

는 점 등, 다섯 가지를 반대 이유로 제시하였다.[63] 그가 제시한 척왜
론은 결코 자존의식에 도취된 배타적 태도가 아니라 일본의 제국주의
적 침략성을 꿰뚫어 보는 선각적인 안목 속에서 정치적·경제적·문화
적으로 자기를 방어하려는 철저한 민족 자주의식의 논리를 보여주는
것이다.[64] 의리학파가 개화론을 반대하는 경우도 있으나 개화의 자강
운동을 반대하는 것이 아니라 개화파가 외국 세력과 결탁하는 것을
반대한 것이다. 이것은 이만손李晩孫(1811~1891) 등의 「영남만인소嶺
南萬人疏」에서도 잘 나타나 있다.[65]

> 미국이란 우리가 본래 모르던 나라입니다. 갑자기 황준헌黃遵憲의
> 종용을 받고 우리 스스로 끌어들여서 그들이 풍랑을 몰고 험한 바닷길
> 을 건너와 우리 신하를 괴롭히고, 우리 재산을 쉴새없이 빼앗아가거나,
> 또 만일 저들이 우리의 헛점을 엿보고, 우리의 빈약함을 업신여겨서 들
> 어주기 어려운 청을 강요하고, 감당하지 못할 책임을 지운다면, 전하께
> 서는 장차 이렇게 대응하시겠나이까.

> 러시아는 본래 우리와는 혐의가 없는 나라입니다. 공연히 남의 이간
> 을 듣고 우리의 위신을 손상시키거나 원교遠交를 핑계로 근린近隣을 배
> 척하면, 행동과 조치가 전도되고 허虛와 정靜이 앞뒤가 뒤바뀌게 될 것
> 입니다. 만일 이것을 구실삼아 분쟁을 일으킨다면, 전하께서는 장차 어
> 떻게 구제하시겠나이까.

국가의 독립을 상실한 제3기에 이르러서는 제2기에서 보였던, 상소

---

63 『면암집』 권3, 「持斧伏闕斥和議疏」
64 旗田巍, 「근대에 있어서의 한국인의 일본관」, 『思想』, 1967년 10월호 참조.
65 『일성록』, 고종 18년 2월 26일조.

를 통한 국론의 환기와 경고적인 방법을 넘어서 의병의 무력 항쟁을 지도하는 데로 발전되었다. 전국에 일어났던 항일 의병은 임진왜란이나 병자호란 등의 국가 위기에 발양되었던 바로 민족 전통의 의리정신이 한말의 국가 멸망 앞에 다시 한 번 유림을 중심으로 민중 속으로부터 일어났던 것이다.

# 제3장 현대의 유학

## 1. 항일투쟁과 유교정신

역사적으로 일본은 우리 민족에게 끊임없이 침략과 배신을 일삼았으므로 일본에 대한 우리 민족의 불신감과 복수심은 뿌리 깊었다. 신라의 박제상朴堤上은 왜왕倭王의 고문을 받으면서도 "내 차라리 계림의 개나 돼지가 될지언정 왜국의 신하가 되지 않겠다"고 하여 기개와 충절을 보여 주었고, 문무왕은 세상을 떠난 뒤에도 왜적의 침략을 염려하여 호국대룡護國大龍이 되기를 서원誓願, 동해 가운데 안장되었다.

고려 말부터 왜구의 노략질로 인한 피해가 극심하였으며, 조선조에 들어서는 임진·정유의 왜란으로 한민족을 적개심에 불타게 하였다. 왜적과 싸워 장렬히 산화했던 수많은 장병들과 의병들이 보여준 충렬정신은 민족정신의 고귀한 귀감으로 교훈을 주고 있다.

서구의 식민정책이 동북 아세아로 침투할 때 일본은 한 걸음 앞서 문호를 열고 명치유신明治維新을 단행, 근대화 대열에 앞장섰다. 이어 일본은 대륙 진출정책으로 한반도를 겨냥하였고, 병자수호조약(1876), 을사늑약(1905)을 거쳐 한일합병(1910)에 이르기까지 조선에 대해 기만적이고 위협적인 침략 수단을 아낌없이 사용하였다. 그 당시 한국 지식인의 상당수가 서구문물을 적극적으로 수입하여 국력을 기를 것을 주장하는 개화운동의 선두에 서서 제도개혁, 신문발간, 대중계몽,

학술연구 등 다방면으로 활약하였다. 그러나 이러한 개화운동은 급변하는 내외정세에 휘말려 주체의식을 잃고 청·일의 외세를 끌어들여 도리어 정치적인 불안을 자초한 측면을 보이기도 하였다. 이러한 시기에 전국 유림은 주화매국主和賣國을 또다시 부르짖고 척왜斥倭를 외쳤다. 최익현의 「지부복궐상소持斧伏闕上疏」나 이만손李晩孫 등의 「영남만인소嶺南萬人疏」 사건을 비롯하여, 일본군에 무력으로 항전하여 유림과 평민, 구한국 군대가 일어났던 것이다.

이러한 진충보국盡忠報國하는 의거는 설치보복雪恥報復하는 춘추정신에 뿌리를 둔 것으로 유교사상에 입각한 것이다. 경술년(1910) 일

류인석 초상

김창숙

제의 병탄併呑으로 망국민亡國民이 되었을 때 우리의 민족정기는 이를 사실로 받아들이지 않았으며, 의병운동 또는 독립운동으로 강력하게 저항하였다. 이후 해외에 대한민국 임시정부를 세워 국권회복을 위한 활동을 지속적으로 펼쳤고, 무수한 애국지가가 매국흉적과 일제 침략자에게 생명을 걸고 항거하였으며, 3·1운동을 비롯한 독립의거에서 이신순도以身殉道하는 충절을 발휘하였다.

일본의 식민지 통치 후에 만주로 망명하여 독립 운동을 주도한 류인석柳麟錫(1842~1915) 등이나, 국제사회에 대의大義를 들어 일본의 침략을 규탄하고 독립을 호소하였던 '유림단 파리장서사건儒林團巴里長書事件'의 곽종석郭鍾錫(1846~1919)·김창숙金昌淑(1879~1962) 등 유학자들은 국가의 존망을 넘어서 민족과 더불어 살았던 의리정신의 계승자였다고 말할 수 있다. 류인석은 남의 나라를 침략하여 빼앗고 또 나라를 빼앗기는 역사의 현상을 분석하면서

무릇 남의 나라를 빼앗는 데에는 먼저 인심人心을 빼앗을 것이요, 인심을 빼앗으면 토지를 빼앗는 것은 어렵지 않다.[1]

라고 하였다. 이 말을 통하여 국토보다 민족의 자주 정신이 국가의 근원적인 기반이 되고 있음을 알 수 있다. 또 류인석은 외국이 자기 나라

---

1 『毅庵集』, 권51, 「宇宙問答」 "夫奪人之國 先奪人心 奪人心 土之不難奪也."

를 강탈하는 것을 망각하고 외국의 강한 것을 흠모하여 기뻐하는 것은
마음을 먼저 저들에게 빼앗기는 것임을 지적하였다.[2] 여기서 유인석은
개화론자의 외국 추종 경향 속에 들어 있는 침략 세력에 대해 무방비
한 자세를 예리하게 비판하는 것이다. 또한 그는 나라가 멸망한 원인이
수구파의 보수성에 있는 것이 아니라 개화파들이 자주성을 잃고 외국
세력에 영합한 데 있음을 강조하여, 유교이념의 의리정신이 보수성에
서가 아니라 자주성을 추구하는 신념이었음을 명백히 제시하고 있다.

   비록 구법舊法이 나라를 망쳤다고 하지만 나라가 망한 것은 개화가
행해진 뒤의 일이다. 개화를 한다고 하면서 그 행동은 국모를 시역하고
〔弑國母〕, 임금을 폐하고〔廢君父〕, 윤리와 기강을 어긋나게 하며〔乖倫常
敗法綱〕, 나라를 팔아 마침내 나라를 망쳤다. 구법을 행하여 나라가 망
했다고 가정하더라도 어찌 개화로 나라가 망한 것보다 심했겠는가.[3]

   이러한 의리사상은 민족정신의 주축이요 핵심으로서, 우리 민족과
더불어 불멸하게 살아 있는 생명 바로 그 자체를 이루었다고 할 수
있을 것이다.


## 2. 광복 이후의 유교

   일제의 식민정책은 무단으로 또는 표면적 문화정책으로 민족의식
과 전통문화를 말살하려는 것이었다. 한국민은 잔학한 탄압에 저항하

---

2 『의암집』, 권51, 「우주문답」 "若中國忘外國之 以强奪我也 見外國之爲强 而慕而悅之
   也 則心先奪於彼矣."
3 『의암집』, 권51, 「우주문답」

면서도 교육 및 사회제도의 급격한 변화로 전통과 실제 생활양식 사이에서 단절감을 느끼게 되었으며, 이러한 변화는 해방과 더불어 한층 심각하게 나타나게 되었다. 민족의 독립과 자주의식이 강조되면서도 다른 한편으로 남한에는 미국의 문물이 범람해오며 자유 민주주의를 이념으로 하는 정부가 수립되었고, 북한에는 사회주의 공산정권이 세력을 장악하게 되었다. 이때에 한국 민족은 정신적으로 이원 구조 속에서 방황하게 되었으니, 종적으로는 전통과 근대화 사이의 갈등이요, 횡적으로는 민주진영과 공산진영간의 대립이 그것이다. 이러한 격동기에 전통사상을 대표하는 유교는 자체의 근대화를 성취함으로써 민족정신의 주축이 되느냐 아니면 구시대의 유물로 사멸하고 마느냐 하는 중대한 전환점에 놓이게 되었으며, 나라가 분단되고 이념이 대립하여 동족이 상잔을 겪는 현실에 어떠한 이념과 방향을 제시할 것이냐 하는 과제를 안고 있었다.

서양문물의 영향은 정치세력과 군사력으로 뿐만 아니라 사회 제도로부터 일상의 생활양식에 이르기까지 침투하였고 교육내용에는 전통사상으로서 유교정신을 반영하려는 요구보다 구제도의 폐습으로 배제하려는 경향이 강하였다. 따라서 민족정신의 계승은 국사교육의 중시나 한글 전용운동 등으로 표현되기도 하여 전통적 가치관에 대한 관심이 소홀하였던 것이다. 그런데다가 광복 이후의 사회적 갈등과 혼란이 가라앉기도 전에 6·25 한국전쟁의 참극을 겪고 나자 사회의 전반적 가치관은 개인주의적이고 물질주의적인 데로 빠져들어 사리사욕과 사치가 성행하고 부정과 부패가 만연하게 되었다.

그러나 서양의 과학문명과 자본주의의 여러 제도를 졸속으로 받아들인 폐해를 실감하고 도덕의 타락과 민족적 주체의식의 마비를 각성하게 되면서부터 점차 주체성의 문제와 전통정신의 의의를 재인식하게 되었고 여기에서 근대화의 진정한 의미에 대한 반성이 일어나게 되었다.

이러한 역사적 사회적 상황 속에서 유교는 구시대의 관습이라 배척받게 되는 그 형식화된 구각을 벗어버리기 위하여 내면적 반성에 고심하였다. 이 고심의 결실은 과거의 유교사상이 정치에 치중하였던 데로부터 탈피하여 도의道義를 천명闡明하고 윤리강상倫理綱常을 부식扶植하는 등 도덕적 가치관를 추구하는 것으로 나타났고 나아가 유교사상의 본래적 성격을 철학적으로 논구하여 전통사상으로서 각 시대에서 갖는 의의를 역사적으로 분석하는 학문적 노력을 기울이기 시작하였다.

근세 한국의 유교사상을 일별한다면, 한말에 이르기까지 정치·문화·사회·교육의 핵심적인 근본이념을 이루어왔던 유교가 일제에 의해 그 기반이 붕괴되고 황도유학皇道儒學과 같은 어용학설이 잔존할 뿐이었다. 제사나 생활 의례와 같은 형식적인 것은 민심의 동요를 막기 위하여 존속되었다. 해방 이후 초기에 성균관은 일제가 억제하던 유교의 사상적 교육을 재건하기 위해 성균관대학을 설립하고 이를 육성, 발전시키는 데 진력하였다.

특히 사상사적으로는 통치의 원리로서보다 윤리와 철학사상 내지 역사학 및 사회학적 방면에서 연구에 전념하여 유교사상이 갖는 본래적 정신을 파악하고 각 시대마다 현실을 타개하며 사회질서를 성취하는 데 작용하였던 역할과 기능을 인식하는 데 힘썼다. 이와 더불어 근대화와 전통문화, 민족과 주체성의 문제가 제기될 때마다 유교사상이 갖고 있는 막중한 비중을 실감하게 되었던 것이다.

앞으로 한국사회의 이념적 총화를 이루기 위해서는 유교적 전통정신의 구조를 주체적으로 인식하여야 할 것이며, 이때에는 형식적 의례도 그 속에 담긴 진정한 유교정신의 빛으로 새롭게 조명되고 재평가되어 그 기능적 활력을 되찾아야 할 것이다.

## 3. 유교의 교화 활동과 과제

유교의 가장 큰 역할과 임무는 개인의 내면적 인격완성을 추구하는 것인 동시에 사회적 교화를 통한 질서와 예속의 확립이라고 할 수 있다. 해방 이후 서양의 문물제도를 그릇되게 받아들여 전 사회가 사치와 향락, 방종에 젖었을 때 근원적인 견제세력은 유교정신에 입각하여 도덕적 타락을 비판한 보수적 노년층이었다. 이들의 영향력이 작용하는 가정교육이 사회도덕의 타락을 막는 데 적지 않게 기여하였음은 과소평가할 수 없다. 특히 1970년대까지 한국 국민의 다수를 차지했던 농촌 사회는 유교적 전통인 제사와 예절을 보존해 내려오는 데 큰 구실을 했으며 오늘날까지도 미풍양속으로서 그 유지와 계승의 필요성이 강조되고 있다.

사회교화는 가족 단위별로만 이루어질 수 없으며 조직적 집단 활동이 요구된다. 전통사회에서 여론 형성과 교화활동을 주도해 왔던 사림士林은 일제의 억압책으로 제약을 받았으나 해방과 더불어 유림의 조직화와 단체 활동이 시작되었다. 1945년 10월 전국 유림대표 2천 5백여 명이 유도회儒道會 창립대회를 열고 성균관 내에 유도회 총본부를 설치하였고 초대 위원장으로 김창숙을 추대하였다. 유도회는 서울의 총본부와 도 및 시군에 향교를 중심으로 한 지방 지부를 결성하였다. 이 유도회는 유교정신을 이념으로 삼고 도의의 천명과 윤리의 부식扶植을 실천하며, 수제치평修齊治平의 대도를 선양하며 사회질서를 순화하는 것을 목적으로 하고 있다.

이러한 취지 아래 추진한 사업으로서 유교정신에 입각한 교육이 가장 큰 비중을 갖는 것이었으며 성균관대학을 설립하여 근대적으로 운영하는데 전력을 기울였다. 그러나 유도회가 범사회적인 교화 활동을 안착시키기도 전에 6·25 한국전쟁을 겪었다. 이후 장기간에 걸친 유림의 분규로 정상적인 활동이 지속되지 못했으며, 5·16 군사정변으

로 유도회가 강제 해산당하는 비운을 겼었다. 1970년 전국 유림대표
자대회에서 중앙의 총본부와 지방의 263개 지부를 포함한 유도회를
재건하고 점차로 기반을 다시 다져 오늘에 이르고 있다.


## 4. 성균관과 향교의 조직 및 활동

해방과 더불어 재단법인 성균관이 등록되어 중앙의 성균관과 지방
의 향교를 중심으로 의전과 교화활동을 하고 성균관대학교를 설립하
여 교육 사업을 통한 유교정신의 선양에 힘을 기울여 왔다. 1963년부
터 학교법인 성균관대학이 성균관에서 분리되어 나간 뒤에 성균관은
춘추로 석전제를 올리는 일, 즉 문묘향사와 기타 사회교화 활동에 사
업을 집중하였다.

문묘향사文廟享祀는 유교 제의祭儀의 중심을 이룬다. 성균관 안의
대성전大成殿에는 공자를 비롯한 중국·한국의 유현들을 봉안하고, 춘
추로 중월仲月(음력 2월, 8월) 상정일上丁日에 석전대제釋奠大祭(중요무
형문화재 제85호)를 봉행하고 있으며, 매월 삭망朔望에도 분향례焚香禮
를 올리고 있다. 이밖에도 부정기적인 봉심례奉審禮·고유제告由祭 등
이 있다.

광복 이후 민족 주체의식이 강조되는 사회적 움직임에 걸맞게, 1949
년 6월 전국유림대회의 결의로 오성위五聖位(孔子·顔子·曾子·子思·
孟子)와 송조이현宋朝二賢(程明道, 朱子)의 칠위七位만 남기고 그밖에
130위에 달하는 중국유현의 위패를 매안埋安하였으며 동국십팔현東國
十八賢을 대성전으로 승봉종향陞奉從享하였다. 또 춘추로 거행하던 석
전도 공부자의 탄강일誕降日(음력 8월 27일)에 년 1회만 올리기로 하였
다. 그 후 1952년에 공문십철孔門十哲과 송조사현宋朝四賢을 복위하
고 석전도 춘추 2회로 환원하여 봉행하였다. 조선시대에는 국가의 지

성균관 대성전

도이념이 유교이었고 성현을 지극히 존봉하는 풍토였으므로 임금이 몸소 석전의 초헌관으로 나오기도 하였다. 건국 이후에도 대통령을 대신하여 문화공보부장관이 초헌관이 되어 왔었다.

성균관의 직제를 보면 조선시대에는 대사성大司成(정3품 당상)을 비롯하여 사성·좨주祭酒 등 여러 관원이 배치되어 있었고, 경학원經學院으로 강등된 일제시기에는 대제학·부제학·사성·강사·직원直員 등이 있었다. 광복 후 명칭이 성균관으로 환원되었으며 재단이사회가 구성되었다. 성균관에는 관장·부관장·사의司儀·전학典學·전의典儀의 직을 두고 유교문화 연구위원회, 전례 연구위원회, 교화 연구위원회의 3개 분과위원회를 두고 여러 가지 활동을 추진하여 왔다. 중점 활동으로는 유교 조직의 활성화, 유교의 현대화 작업, 전통 예법의 실용화, 상설 예절학교의 설립 등이 있다.

성균관 산하의 지방조직으로 남한에 232개의 향교가 있다. 각 시도별로 15개의 향교재단이 설립되어 있고 각 시군의 향교에는 책임

자로 전교典校가 사무를 통괄하며 각 읍리 별로 3인 이내의 장의掌儀
가 선출되어 향교사무와 활동을 분장하고 있다. 향교 내에는 의전·
교화·총무·재정·선전 등의 부서를 두고 활동한다. 각 지방의 향교
에서는 현실적 사정이 어려움에도 향교 내에 명륜학원明倫學院을 두
고 경서교육도 하며, 도의선양운동을 벌여 사회교화 활동에 힘써 왔
다. 향교 이외의 협력 단체로 전국의 서원書院과 각 문중의 종회宗會
가 있다.

교세를 보면 대개 1960년대 이래로 '1천만 유림'으로 추산하여 왔
다. 그러나 1995년 인구주택 총조사 결과에 따르면 신자수(유림수)가
21만 명으로 집계되었다. 이것은 막연한 추산이 아닌, 직접 조사를
통한 집계라는 데서 유림들의 충격이 적지 않았다. 게다가 21만 유림
의 절반 이상이 50대 이상이라는 점에서 세대 교체와 함께 차세대를
준비해야 하는 문제가 시급한 현안으로 대두되었다. 이점은 유교의
현대화 문제와도 맞물려 있는 것으로서, 앞으로 그 추이가 주목된다
고 하겠다.


## 5. 성균관대학교의 전통과 사명

일제는 유교세력이 사회적으로 큰 압력단체가 될 수 있음을 인식하
여 교육기구로서의 성균관과 향교의 기능을 정지시켰고 유림의 활동
을 억압하여 그들의 조직과 행동을 무력화하는 데 총력을 기울였다.
일제 초기에 성균관을 경학원이라 개칭하고 명륜전문학교를 부설하였
다가 일제말기에는 명륜전문학교도 폐쇄하여 명륜연성소明倫鍊成所로
개편하였다가 해방을 맞게 되었다. 당시 유도회총본부 위원장 김창숙
은 재단법인 명륜연성소와 학린사學隣舍 재단을 통합하여 재단법인
성균관대학을 조직하고 1946년 9월 정규 단과대학의 인가를 받아 철

정과哲政科·경사과經史科 및 전문부를 두어 개교하였다.

성균관대학의 연원은 고구려 소수림왕 2년(372)에 세워진 태학을 이어 고려 성종대의 국자감과 충렬왕대의 성균관 및 조선조의 성균관으로 계승되어 온 것이다. 유학사상을 건학이념으로 하는 최고학부의 전통을 1,600년 동안 이어 내려온 것이다. 역대로 명칭은 바뀌었지만 우리 민족의 국립대학으로서 그 규모와 정신이 일관되어 왔다. 중국이나 서구에도 전통이 오래된 대학이 있었지만 중간에 단절되지 않고 1천 수백년 동안 연면히 이어져 내려온 것은 성균관대학교에 비교할 수 없다.

1947년 문학부와 정경학부의 8개학과로 확장되면서 유학연구의 주축이 되는 학과로서 동양철학과가 설치되었으며 1953년에는 종합대학으로 발전하였다. 1963년부터 사립학교법에 의하여 재단법인 성균관과 학교법인 성균관대학교가 분리되었으나 성균관대학은 유교정신을 교육이념으로 삼고 있는 데는 변함이 없다.

성균관대학은 1,600년의 전통을 이어 오면서 '인재가 성취되지 못한 것을 이루게 하고 풍속이 고르지 못한 것을 고르게 한다(成人材之未就 均風俗之不齊)'는 교시校是를 표방하여 왔다. 아울러 건학이념인 유교정신을 실현시키기 위하여 전교생들에게 유학과 관련한 과목을 교양필수로 수강하도록 하여 왔다.

유학연구의 중심인 동양철학과는 1967년 12월에 유학대학으로 승격되어 유학과가 신설되었다. 유학전공의 인재를 양성하기 위한 장학기관으로 고려조의 양현고養賢庫가 조선조에 계승되었고, 1960년 성균관대학에 부설된 양현재養賢齋에서는 전재典齋와 재감齋監이 재생齋生을 총괄하여 수학을 지도하던 전통을 이어오고 있다. 양현재의 재생은 유학과 학생으로 선발되어 장학금을 제공받고 특강이 부과되어 면학을 위한 제반조건이 확보된다.

또한 대학원의 동양철학과는 유학의 학문적 연구의 선봉에 서서 업적을 쌓아 왔으며 상당수의 외국인과 국내 교수도 여기서 유학을 연구하고 있다. 이러한 현상은 서구인들이 한국 내지 동양문화의 본질을 이해하려는 노력을 보여주는 하나의 좋은 사례라 할 것이다.

# 한국 유학사상의 특성과 미래적 전망

## I.

한국 유학사상은 한국 민족이 역사적으로 섭취해 온 중국유학과의 관계에서 논술될 수밖에 없다. 한국사상사를 통관通觀할 때 외래사상의 충격이 많았으니, 중국사상을 대표하는 유교와 도교, 그리고 인도에서 발생한 불교, 한국 근세사에서 서학을 비롯한 종교·철학사상 등이 다양하게 전래하여 대립·갈등하는 가운데 한국적인 사상으로 수용, 발전되었다.

불교나 서학의 경우는 기존의 문화 체제와 대결하여 상당한 희생을 겪었으나, 유교는 심각한 대결이나 희생이 없이 수용 섭취되었다. 그렇지만 불교를 비롯한 서학의 전래나 서양 근대사상의 도입에서는 그 것과 상충·대립하는 특징은 유교적 전통이었다.

흔히 말하듯이 유교는 종교적 교리가 아니라 건전한 생활 규범이요, 윤리사상이기 때문에 그것이 전래할 때에 심각한 대립이 없었다고 해석할지도 모른다. 그러나 유교가 한국적 전통을 이룬 이후 외래 종교가 전래할 때에 그것이 유교와 대결하게 되는 것은 무슨 까닭인가?

　　동방에서 한국과 중국은 지역적으로 인접하여 고대로부터 상호간에 부족의 왕래와 문화의 교류가 빈번하였다. 유학은 공자를 중심으로 하는 교학사상이다. 그러나 한중 문화 관계는 공자 이전 은·주 시대 이래로 교섭되어 왔다. 유학사상의 수용은 사상 뿐 아니라, 중국의 사회 제도 및 문화 체제를 함께 수입한 점에서 여타의 외래사상의 전래와는 그 양상이 다르다. 이같이 유학사상은 일찍부터 한국적 전통의 주류를 이루어 체질화하였다. 한자의 사용은 그 기원을 알 수 없을 만큼 고대로 소급된다. 한국의 역사와 문화를 기록한 최초의 문헌 자체가 한문으로 되어 있다. 이 한자의 전래는 표의문자로서 문자적 역할과 동시에 사상을 전달·습득케 한 것이다. 저 광개토대왕비(414)라든지, 진흥왕순수비(568)에 이미 유교적 용어와 이념이 표명되어 있으며, 그것은 이후 한국적 전통을 이루었다.

　　그러나, 중국의 공맹을 중심한 유학사상은 인문적·합리적 성격을 가진 것으로서, 재래의 신비적·신앙적 요소를 견제한다. 따라서 한국 전통사상의 관점에서 볼 때 한국 상대上代 이래로 전승되는 토속적 신비사상을 배제하려는 유학사상에 대해 반발하는 것을 볼 수 있다. 이규보의 「동명왕편東明王篇」을 지어 김부식이 『삼국사기』에서 신비한 요소를 배제한 데 대해 비판한 것이라든지, 일연의 『삼국유사』 기이편紀異篇 서문에서 유교가 합리적 사유방법에만 치중한 것을 비판한 것 등은 그 예라 하겠다.

　　세상에서 동명왕東明王의 신통하고 이상한 일을 많이 말한다. 비록 어리석은 남녀들까지도 흔히 그 일을 말한다. 내가 일찍이 그 얘기를 듣고 웃으며 말하기를 "선사先師 중니仲尼께서는 괴력난신怪力亂神을 말씀하지 않았다. 동명왕의 일은 실로 황당하고 기괴하여 우리들이 얘기할 것이 못된다"고 하였다. 뒤에 『위서魏書』와 『통전通典』을 읽어 보니 역시 그 일을 실었으나 간략하고 자세하지 못하였으니, 국내의 것은

312

자세히 하고 외국의 것은 소략히 하려는 뜻인지도 모른다. 지난 계축년 (1193, 명종 23) 4월에 『구삼국사舊三國史』를 얻어 「동명왕본기東明王本 紀」를 보니 그 신이神異한 사적이 세상에서 얘기하는 것보다 더했다. 그러나 처음에는 믿지 못하고 귀鬼나 환幻으로만 생각하였는데, 세 번 반복하여 읽어서 점점 그 근원에 들어가니, 환幻이 아니고 성聖이며, 귀 鬼가 아니고 신神이었다. 하물며 국사國史는 사실 그대로 쓴 글이니 어 찌 허탄한 것을 전하였으랴.[1]

대체로 옛날 성인이 예악禮樂으로써 나라를 일으키고, 인의仁義로써 가르침을 베푸는 데 있어 괴이함과 용력勇力과 패란悖亂과 귀신은 말하 지 않는 일이었다. 그러나 제왕帝王이 장차 일어날 때는 부명符命과 도 록圖錄을 받게 되므로, 반드시 남보다 다른 점이 있었다. 그래야만 능히 큰 변화를 타서 제왕의 지위를 얻고 큰일을 이룰 수 있는 것이다.[2]

공맹을 중심한 중국 유학사상은 인간이 지성과 양심에 따라 행동할 것을 가르치는 인도적·합리적 사상이므로 주술이나 미신으로 인습화 된 재래사상을 부정하는 것이 그 특징이라 할 수 있다. 유학은 한국에 전래한 이래 토속적 민속신앙을 예속화하여 인륜적 도덕의식을 함양 케 하였다. 예를 들면 고구려 동천왕 때까지도 순장하는 습속이 있었 으며, 신라도 지증왕 때까지 왕이 죽으면 남녀 5인씩 순장하였으나, 유교사상이 정착함에 따라 순장이 예법이 아니라 하여 금지하게 되었 다. 이는 유교에서 사람이 사망했을 때 용俑(사람 모습의 허수아비)도 쓰지 않는다는, 즉 죽은 자로 인해서 산 사람을 상하게 하지 않는다는 인도정신의 영향이라 하겠다.

1 『동국이상국전집』 권3, 「東明王篇 幷序」
2 『삼국유사』 권1, 「紀異篇敍」

## II.

한국유학사상은 중국의 유학에 비하여 한국적 정신 풍토와 사회적 여건, 민족사의 발전과정이 다르므로 그 발전 양상도 다르게 나타났다. 그 사상적 동이同異를 말하면 중국의 유학은 합리적·윤리적 경향이 강하게 드러나지만 한국의 유학사상은 한민족의 전통적 기질인 고신도적古神道的 신비성이 체질적으로 가미되어 있음을 알 수 있다. 단순한 논리적 합리성으로서의 법리를 넘어서 영감적 신묘神妙의 경지에 미도昧到하려 한다. 최치원이 「난랑비서」에서 말한 '현묘지도玄妙之道'와 원효의 『십문화쟁론十門和諍論』에 보이는 '공空'과 '유有'의 모순을 원융하는 철학이라든지, 퇴계 이황의 '리지묘理之妙'나 율곡 이이의 '리기지묘理氣之妙', 화담 서경덕이 "변화를 밖으로 돌리고 묘妙를 말한다면 역易을 아는 사람이 아니다"[3]고 한 말에서의 어묘語妙나, 훈민정음의 원리가 '비지영이역색非智營而力索'이라 하여 인간의 합리적 지성으로만 조직된 것이 아니고 자연의 묘리를 이룬 것이라고 한 것[4]이라든지, 이순신의 『난중일기』에 보이는 적정을 살피는 예감의 신비성 등은 한국인의 기질과 한국사상의 특성을 알게 한다.

중국의 유학은 대륙적 기질을 지닌 우주론적, 원심적 방향으로 발전한 데 비하여, 한국유학은 반도적 소규모성에 따라 구심적 내향적인 인간학적 방향으로 집약되었다. 중국 성리학이 주로 리기론을 주제로 하였다면, 한국 성리학은 사단칠정론이 그 주제를 이룬다고 하겠다.

중국은 다른 민족을 지배하는 처지에 있음에 비하여 한국이나 일본은 정치적으로 지배를 받는 경우가 대부분이었다. 그러므로 중국은

---

3 『花潭集』 권2, 「理氣說」 "外化而語妙 非知易者也."
4 『訓民正音解例』 「制字解」 및 정인지 서문.

사소事小의 태도를 취하여 인인·군자仁人君子의 덕을 중시하였다면, 한국은 강한 상대와 대결하기 위하여 의리사상이 그 중핵을 이루었다. 의사·열사·선비 등의 용어가 한국인에게 바람직한 인간상으로 부각되었던 것은 그 때문이다. 따라서 이지적으로 날카롭고 의지적으로는 매운 기질을 가졌다. 그러나 일본의 무사도와 같이 무단적 의협적 용감성만을 숭상하여 승부만 따지는 것이 아니라, 이론적 시비와 의리를 명백히 하는 문사적 기질을 겸한 것이다. 한국 근세사에서 외세의 침략에 대항하여 자주적 저항으로 춘추의리학의 발전과 의병정신의 고취 및 활동은 이를 증명한다. 또한 자주와 자존·자강책으로 사상의 논리적 추구와 우월한 외래 선진문화의 수용에 대한 민감성은 때로는 모화사상 내지 사대적 경향으로 드러나기도 했다. 이는 역사적 사실이었을 뿐 아니라, 현대에서도 이 같은 경향은 면할 수 없다.

## Ⅲ.

한국유학사상은 한국 역사와 사회변동에 따라 변천하게 되었으며, 그 시대의 과제를 극복하고 타개하기 위하여 심각한 대결을 통하여 기능적 역할을 해 온 것이라 하겠다.

한국유학사상의 변천과정을 민족사에 조명하여 그 시대적 특성을 살펴보면, ①삼국시대의 유학은 전국시대의 사상으로, 부족의 존망이 전쟁의 승패와 직결되어 있으므로 전체의 단합과 희생을 요구하는 방향으로 집약되었다. 곧 개체보다도 전체를 우선시한 철학으로 특징지을 수 있다. 화랑의 세속오계世俗五戒에서 사군이충事君以忠, 사친이효事親以孝, 교우이신交友以信, 임전무퇴臨戰無退, 살생유택殺生有擇이라 하여 충을 효보다 강조한 것은 이를 증명한다. 임신서기석壬申誓記石에서 '충도집지忠道執持'라 하여 효도가 아닌 '충도'라는 용어를

임신서기석

사용한 것도 그 특징이라 하겠다. ②고려시대의 유학은 도교의 색채가 짙은 자연주의적 요소가 지배적이었다. 유학사상도 전체와 유리된 개체, 개인의 유유자적悠悠自適을 숭상하는 경향으로 나타났다. 이는 위·진 시대의 현학 풍의 영향도 받은 것이라 하겠다. ③여말선초에 전래한 주자학적 송학사상은 개체와 전체를 균형 있게 조화하는 형이상학적 보편성의 추구로 드러났다. 이것이 한국 15, 16세기 절정기 성리학의 내용이며, 이를 대표하는 것이 퇴율철학이라 하겠다. 사단칠정의 심성론은 윤리적·심리적 영역을 넘어서 형이상학적 존재론의 영역으로 승화되었다. 그러나, ④임병양란 이후 허탈한 국력을 회복하기 위하여 실학이 대두하게 되었고 유학의 이념은 실사구시의 학풍을 조성하게 되었다. 관념적 이상으로부터 구체적 현실로 문제의식의 전환을 보았으니, 재래의 성리학이 천인관계를 문제삼았다고 한다면, 조선조 후반기의 성리학은 '인人'과 '물物'의 관계로 인물성동이론이 주제를 이루어 그 방향 감각이 현실로 지향하였던 것을 알 수 있다. 따라서 추상적 보편성으로부터 구체적 현실성으로 나아갔던 것이다. ⑤그 후 개화기의 사상은 구체적 개인이 문제였다. 그러나, 개인과 개인 사이에서 보편적 전체성을 찾으려 하였고, 사인私人을 문제로 삼아 이를 공익의식으로 지양하려 하였으며 경제적 물질을 기반으로 한 도덕이 문제되었던 것이다. 이것이 근대적 개인의 권리와 자유와 독립을 지향하는 사상적 추이과정이며, 근대에서의 유학사상의 변천도 실학과 개화사상을 통하여 근대정신으로 전개된다고 하겠다.

그러나 그 시대마다의 변혁과정에서 전통과 외래사상이 대립하게 되었으며, 그 응용해석에서도 문제의 대결이 있었다. 예를 들면 여말선초의 역사적 전환기에 처하여 성리학은 혁신파(정도전 등)의 천명론天命論과 수구파(정몽주 등)의 강상론綱常論으로 대결하였다. 이에 대한 평가는 일률적으로 말하기 어렵다. 병자호란 당시 척화파인 김상헌 등과 주화파인 최명길 등의 대립의 평가 문제, 18세기 실학자들이 성리학의 공소함을 비판한 바, 홍대용의 『의산문답』에서 허자虛子(성리학자, 의리학자)와 실옹實翁(실학자)의 비유는 과연 정당한 비판인가. 그리고 서세의 동점에 수반하여 온 서학과 한국의 기존 문화와 충격적 대결은 카톨릭적 보편성과 한국 정신 풍토의 특수성과의 부딪힘이라 하겠다. 전통적 관점에서는 척사위정이라 하고 서학의 관점에서는 수난과 박해라 한다. 이 척사와 박해의 양립하는 논평은 과연 민족사의 관점에서 어떻게 평가될 것인가. 한국 최근세사에서, 갑오 동학농민운동은 민요民擾인가 혁명인가. 또한 19세기 후반에서 열강의 침입에 저항하기 위하여 개화·보수라는 양파의 대립 등은 민족사적 관점에서 재평가하여야 할 것이다. 보수파는 주자학적 의리사상, 의병정신, 독립투쟁, 순국절사殉國節死로 드러나 자주정신을 발휘했고, 개화파는 서구근대정신(자유주의와 과학사상)을 수입하여 당시의 반봉건, 반식민의 운동으로 전개하여 민족자강을 도모했다.

그러나 보수의 철학도 개화의 이론도 유학의 본령을 일탈한 것은 아니었다. 개화파라 할지라도 군주제를 민권사상, 민본사상으로 전향시킨 것이며, 인권의 독립과 과학 기술, 국방의 문제까지도 '천지리天之理와 인지의人之義'에 부합케 하는 것이라고 하여, 유학의 평등한 인성론과 실사구시의 실용성, 그리고 격물치지의 본의를 과학 사상으로 연결시켜 해석했다.[5]

근대 유학사상은 격변하는 사회 변동과 더불어 그 취향을 달리하여 왔으니 일본 치하에서 조국 광복운동을 전개하던 박은식의 『유교구신론』은 유학사상의 전환을 상징하는 것이라 하겠다. 그 내용에는 재래 유학이 시정하여야 할 3대 문제를 표시하였다. 첫째는 "유교파의 정신이 오로지 제왕의 편에 있으며 인민사회에 보급할 정신이 부족한 것이

---

5 朴泳孝, 「開化에 대한 上疏」(1888), 『近代韓國名論說集』, 《신동아 별책부록》, 1966 참조.

요", 둘째는 "열국을 철환轍環하여 천하를 개혁할 것을 생각치 않고, 내가 동몽童蒙을 구求하는 가르침이 아니라, 동몽이 나를 구하라는 주의요", 셋째는 "한국유학은 간이직절簡易直截한 양명학을 버리고 지리한만支離汗漫한 주자학만을 숭상한 것이라"고 하였다.[6] 첫째 문제는 제왕정치로부터 민본정치로 가는 것이 공맹의 원뜻이라는 것이며, 둘째 문제는 권위주의 교육이 아니라 대중의 관점에서 봉사적으로 교육하는 것이니, 공자나 맹자가 천하를 걱정하여 국방國邦을 유세遊說해 다닌 것과 같이 사회의식을 가져야 한다는 것이다. 셋째 문제는 주입식 교육이 아니라 인간의 자발적 양지良知에 근거하며, 예법과 지식을 배워 축적함이 아니라 사리판단에서 능동적 지혜를 연마하는 자발성을 촉구해야 한다는 것이다. 이는 민주주의와 과학주의 시대에 부응하는 유학사상으로 재정립하고자 한 것임을 알 수 있다.

## IV.

중국의 근대화 과정에서 강유위나 양계초 등이 서구문명의 수용자세를 '중체서용中體西用'이라는 형型으로 시도하였으나, 격변하는 사회 변동은 이를 용납하지 않았다. 그 후 신문화운동기에서 중국의 지식인들은 서구사상의 관점에서 제도의 개혁과 전근대적 이념을 완전 부정, 탈피하려 하였고, 사회 전반적으로 서화운동西化運動을 전개하였다. 그러나 이 역시 중국적 전통을 부정하는 태도에 대해서는 격심한 논쟁이 맞서게 되었다. 마찬가지로 한국의 개화파 중의 온건파에서 '동도서기'의 방식으로 표시하였지만, 그 도의 내용이 현대 서구

---

6 『박은식전서』 하권, 44쪽, 「儒教求新論」

시민사회와 시민의식을 포용할 수 있는 내용을 갖지 못하였다. 또한 중국의 5·4 운동과 같은 신문화운동을 적극적으로 개진하기에는 역부족하였다. 더구나 동서사상을 그 자체에서 깊이 음미하고 새로운 타개와 창조의 모색을 도모할 겨를이 없었다.

현대 한국 사회는 서구의 과학 기술이 이끌어 가는 산업 사회를 지향하고 있다. 이에 따른 의식 구조의 전환과 사회 제도의 합리적 개혁이 바람직한 것으로 요청되며 그러한 방향으로 진행되어 가고 있다. 이 같은 상황에서 재래의 유학사상이 이를 감당하고 지도 이념을 산출할 수 있겠는가. 또한 유학사상이 서구 근대문명을 거부 내지 도피하지 않고 이와 대결하고 수용하여 초극할 수 있겠는가가 문제이다. 근대화의 물결에 역행하지 않고 이를 섭취·보완할 수 있는 유학사상이 요청된다. 재래 유학의 경향이 인간 중심의 사고방식이라고 한다면, 현대사상은 제도의 합리화와 조직화에 역점을 둔다. 인간이 아무리 선량하다 하더라도 제도가 불합리하고 비조직적이면 대형의 사고를 방지하기 어렵다. 유교의 현대적 제도가 마련되지 않는 한 구체제로서는 현실에 부합하기 어려운 것이 사실이다.

일찍이 청대의 실학자 황종희黃宗羲가 '인치人治' 보다도 '법치法治'가 중요하다고 말한 것은 제도의 합리적 개혁과 운영을 지적한 것이다.[7] 성선설적 연역법이 아니라, 성악설적 현실성과 경험론적 실증성을 중시하는 태도라 하겠다. 이같은 태도를 소홀히 한 것은 한국유학의 한계성으로 지적될 수 있다.

그러나, 유학의 원리는 인간의 생명과 자유를 제정하고 독립성과 평등성을 전제로 한 평화적 인도정신이다. 유교의 모든 경전은 보편적 도리를 구현하기 위하여 성립된 것이다. 유학의 근본정신은 한 민

---

**7** 황종희, 『明夷待訪錄』, 「原法」 참조.

족, 한 지역에 국한된 것이 아니요, 역사를 넘어서 영원히 생동하는 정신이다. 시공의 제약에 따라 인간 생명이 실현되기 위하여 환경을 조절하고 능동적으로 제어해 가는 것을 공자는 '시중지도時中之道'라 하였고, 이 시중지도를 행하기 위해서는 인간의 성실한 주체가 대상 세계를 '손익損益'하는 것이라고 하였다. 특정 시대의 사상을 고집하여 현실을 왜곡하고 생生을 저해하는 것은 유교의 본지라고 하기 어렵다. 따라서 유학사상은 그 자체가 자기탈피의 원리를 내포하고 있으며, 항상 성찰과 존양으로서 비판 정신, 창조적 의지가 발현되고 있는 것이요, 고정화된 체계가 아니라, 새롭게 생을 실현해 가는 것이라 할 수 있다.

야스퍼스(K. Jaspers)나 베버(M. Weber) 등은 공자의 '군자불기君子不器'[8]란 말을 도道(형이상)가 아닌 기器(형이하)를 부정하는 뜻으로 해석하였다. 즉, 유학사상은 인문주의 사상으로 노동과 직업을 천시한다고 하여, 동양의 침체 원인이 유교의 원리에서 비롯되는 것처럼 말하였다. 그러나 이는 "군자란 어느 한 가지에만 국한되지 않고 제반에 능통하다"는 진의를 온당하게 이해한 것이 아니다. 또한 공자가 주공을 이상적 인간으로 사모한 이유로서 주공은 도를 아는 '노겸군자勞謙君子'라 하였다. 『예기』 「예운」 편에 "노력하지 않는 사람을 미워하지만, 그 노력은 자기만을 위해서가 아니라"(力惡其不出於身, 不必爲己)고 하였으니 근로와 겸양은 유교의 근본 덕목이라 하겠다.

흔히 유교의 약점으로 과학적 사고의 결여를 지적하기도 한다. 그러나 이는 과학을 부정해서가 아니라, 그 과학관 내지 자연관의 차이에서 오는 것이 하겠다. 동양에서 일찍부터 과학 사상의 맹아萌芽와 그 나름의 발전을 가졌으니 고대 천문학으로서 성좌星座의 이동, 역

---

8 『논어』, 「爲政」

법의 계산, 지남거指南車의 발명, 수학·건축학·의약의 발달 등을 보았으나, 이같은 동양의 과학적 대상은 인간과 자연의 조화적 관계 속에서 관찰되었고, 서양의 과학관은 자연을 객관적으로 대상화하여 그 법칙과 현상을 실증적으로 추구하였다. 이같이 동서양 자연관의 차이를 이룬 배경은 모든 학문과 예술과 문화의 차이를 낳았고 종교성까지도 상이함을 보게 하였다. 현대의 과학과 기술의 위력을 부정하려는 것이 아니고 적극적으로 이를 섭취·활용하되 이를 인간화하려는 것이며, 또한 현대 과학 기술의 문명사회에서 인간의 지위를 다시금 회복하려 함에 동양의 지혜와 예술과 종교는 새로운 의미를 갖는 것이라 하겠다.

지금까지의 유학사상은 '억음존양抑陰尊陽'이라 하여, 전근대적 신분사회의 논리를 뒷받침한 측면이 있었다면, 현대의 유학사상은 '조양율음調陽律陰'의 조화 원리[9]로 개개의 독립과 성숙을 전제로 한 인간 완성과 세계 완성을 추구하여 홍익인간의 이상을 실현하는 방향으로 추진되어야 할 것이다. 인도를 구현함으로써 군자국의 진면목을 드러내는 것이 한국 유학사상의 바람직한 방향이라 하겠다.

---

9 金恒, 『正易』, 8면 "抑陰尊陽 先天心法之學 調陽律陰 后天性理之道."